생명의 열쇠

생명의 열쇠

펴낸날 ‖ 2019년 3월 21일 초판 1쇄
2020년 11월 27일 초판 2쇄

지은이 ‖ 장요셉
펴낸이 ‖ 유영일
펴낸곳 ‖ **올리브나무** 제2002-000042호

경기도 고양시 일산동구 정발산로 82번길 10, 705-101
Tel. (070) 8274-1226, 010-7755-2261
Fax (031) 629-6983

ⓒ 장요셉, 2019

ISBN 978-89-93620-74-0   03230

값 15,000원

생명의 열쇠

* 드림보이 장요셉 지음

올리브
나무

현대판 사도행전의 이야기들

이희재 목사
러시아 선교사
미르 선교회, 러시아 한인선교사 협의회 회장 역임

러시아 상트페테르부르크(구 레닌그라드)로 주께서 강권하여 보내신 지 24년이 지나가고 있습니다. 황폐한 이 땅에 영적 각성과 부흥의 꿈을 안고 주의 인도하심에 따라 디베랴교회, 미르 한인교회, 미르 고려교회, 미르 신학교와 미르 선교회 등 다양한 사역을 하게 되었습니다. 실로 수많은 이들을 만났고 그중 대부분은 지금까지도 계속 관계가 이어지고 있습니다. 하지만 1년여 전 사랑하는 신학교 동기요 연해주 선교사인 최진선 선교사로부터 소개받은 장요셉 선교사와의 만남은 아주 특별합니다.

요셉 선교사는 창세기의 요셉과 같이 꿈꾸는 자이며, 하나님과 동행하는 선교사입니다. 34년간 저의 믿음의 친구요 형제자매인 새하늘 선교회에 한 번 소개했는데, 그들 역시 저와 똑같이 공감하고 있지요. 요셉은 최근 코아미션월드 선교회와도 동역하고 있습니다.

주께 자신의 모든 삶을 드린 요셉이기에, 때마다 살아계신 생명의 놀라운 역사들이 있어 왔습니다. 그의 간증과 스토리들은 독특한 면이 있습니다. 현대판 사도행전의 이야기들이라고 하기에 조금도 부족함이 없습니다. 영혼을 사랑하는 마음과 전도의 열정과 순종이 돋보입니다. 지금 요셉 선교사는 주의 긍휼로 제가 오랜 동안 기도해오던 어려움을 많이 겪은 디베랴교회를 천레나 전도사와 함께 맡아 사역하면서, 미르선교회 사역도 틈틈이 돕고 있습니다. (특히 여러 해에 걸쳐 헌당된 미르 수양관에서 심히 생사의 고비에 있는 곤란한 형제들을 위해 매주일 예배를 인도하고 있습니다.)

수많은 러시아와 CIS(구소련)에 흩어져 있는 선교사들을 알고 있지만 실제 현지인들과 교류하면서 삶을 나누는 분들은 많지 않은데, 요셉은 그 생생한 교류와 변화의 역사들 중 일부를 엮어서 러시아말로 『사랑의 열쇠』(크류치 류보비)라는 제목으로 이미 출간한 바 있습니다. 러시아의 성도들 사이에 뜨거운 반응을 일으키고 있는 그 책의 확대 증보판인 『생명의 열쇠』가 한국어로 출간되어 이제 한국의 독자들을 만나게 되었습니다. 주님을 귀로 들어왔으나 삶의 현장 속에서는 만나지 못하고 어려움에 처해 있거나 문제에 직면한 분들에게 적극 추천해 드리고 싶습니다. 선교의 부담을 안고 있는 분들에게도 틀림없이 영감을 줄 것입니다.

물론 그도 우리와 같이 연약한 부분이 있는 형제이기에 사랑과 후원과 중보기도의 도움이 필요합니다.

강원도 태백산 기슭 하사미리 마을의 대천덕 신부가 생각납니다.

신부님은 강론을 하시기에 앞서, 하나님의 뜻을 행하기로 결정한 사람이라면, 지금 듣고 있는 이 강의가 하나님께로부터 오는 말씀인지 인간 대천덕이 하는 말인지 성령께서 분별해 주실 것이라고 강조하셨지요.

> "유대 사람들이 놀라서 말하였다. '이 사람은 배우지도 않았는데, 어떻게 저런 학식을 갖추었을까?' 예수께서 그들에게 대답하셨다. '나의 가르침은 내 것이 아니라, 나를 보내신 분의 것이다. 하나님의 뜻을 따르려는 사람은 누구든지, 이 가르침이 하나님에게서 난 것인지, 내가 내 마음대로 말하는 것인지를 알 것이다. 자기 마음대로 말하는 사람은 자기의 영광을 구하지만, 자기를 보내신 분의 영광을 구하는 사람은 진실하며, 그 사람 속에는 불의가 없다'"(요 7;15~17).

무엇보다도 그가 건네주는 이 '생명의 열쇠'가 많은 이들의 손에 쥐어져서 살아 있는 말씀을 성령으로 마음 깊이 새기는 계기가 되기를, 그리하여 더욱 풍성한 예수 생명, 예수 사랑의 스토리들을 저마다 직접 써 내려가게 되는 놀라운 역사가 펼쳐지기를 간절히 기원합니다.

산소 같은 역할 하기를

이시온 목사

코아월드미션 이사장

내가 아는 "장요셉 선교사" 그분은 한 마디로 성령의 사람입니다. 세상의 어떤 경험이나 지식이나 지혜 혹은 어떤 대단한 스펙으로도 해결되지 않는 일들을 성령님과 동행함으로써, 그것들의 한계를 뛰어 넘고 그 능력을 무색케 하는 믿음의 승리를 목도하게 됩니다. 그리스도 예수 안에서 진정으로 사랑하고 감동하며 희구하고 전율하는 삶들을 통하여 성도가 성령으로 기도할 때 나타나는 열매는 당연히 아버지 하나님의 승리입니다.

하나님의 사람들은 언제나 속이 깊었고 신중했으며, 성숙한 자리에서 영이신 그분을 좇아서 약하고 부끄러운 것이 튕겨져 나가는 장력이 있었습니다. 우리들의 "장요셉 선교사"께서도 믿음의 반열에서 주님의 특별한 도구로 쓰임을 받는 영광스러운 자리에 있음이, 내심 부럽기도 하고 또한 자랑스럽습니다. 이를 아름답고 귀하게 사용하시는 하나님께 영광을 돌리고 싶습니다. 이 한 권의 책이 이 탁한 세상에 산소와 같은 역할을 할 수 있으리라 생각하며 기대합니다.

그분이 우리와 함께했던 이야기들

나의 이름은 요셉입니다. 요셉이란 이름은 "그는 더하실 것"이라는 뜻을 갖고 있습니다. 나는 어려서 말을 배우면서부터 아버지로부터 하나님께 기도하는 법을 배웠습니다. 아버지는 늘 말씀하셨지요. "너 자신이 하나님께 바라고 원하는 것이 있듯이, 하나님도 너에게 원하는 것이 있단다!"

무엇이 먼저여야 할까요? 아버지는 나에게 나의 뜻보다 하나님 아버지의 뜻에 따라 순종하며 살아야 한다고 가르쳐주셨습니다. 아버지의 가르침 덕분에 나는 항상 하나님이 인도해 주시는 대로 살려고 노력하고 기도했습니다.

"예수님! 나를 인도하여 주세요! 순종하겠습니다." 나는 잠자리에 들기 전에 늘 이렇게 기도합니다.

어느새 러시아 땅을 밟은 지 8년째가 되었습니다. 나의 러시아 친구들이 "요셉은 왜 러시아에 오게 됐지?"라고 묻곤 합니다. 그러면 나는 러시아와 러시아 사람을 사랑하기 때문이라고 곧바로 대답하곤 합니다. 하나님께서 부족한 나를 러시아로 인도해 주셔서 러시아를 품고 사랑하게 되었습니다.

8년 동안에 많은 러시아 친구들을 만났고, 그곳에서 수많은 일이 일어났습니다. 주님이 우리와 함께했던 놀라운 감동의 이야기들이 시간 속에서 잊혀져버려지는 일이 안타까운 마음이 들어 글로 남기기 시작했고, 그 글을 통해서 많은 분들의 믿음과 신앙이 견고히 세워지길 바라게 되었습니다.

그리하여 1년여 전 나의 선교 간증집이 한국어판보다 앞서 러시아어판 (Ключ любви, "사랑의 열쇠"라는 제목으로 출간됨)으로 출간되었습니다. 책의 출간은 나의 선교사역에 날개를 달아줬습니다. 현지교회에 책이 두세 권만 전달되어도 많은 성도들이 돌려가며 읽었습니다. 너무나 재미있고 감동적이어서 하룻밤 사이에 다 읽어버렸다는 분들이 많았습니다.

"당신이 요셉입니까?" 주일예배를 마치고 난 후, 어느 러시아 할머니가 나를 보고 물었습니다. 내가 요셉이라고 말하자마자, 할머니는 나를 껴안으며 책을 무려 일곱 번이나 읽었다면서, 나에게 계속해서 글을 써 달라고 부탁하셨습니다.

무엇이 그들을 그렇게 감동하게 했을까요? 물론 그 감동의 중심에는 항상 예수님이 계셨을 것입니다. 이 책은 어느 누구의 이야기가 아니라 살아계신 하나님과 독생자 예수님, 그리고 우리와 늘 함께하시는 성령님께서 진정한 사랑과 간절한 기도 가운데 기적으로 역사하는 이야기입니다.

한국어판을 먼저 출간하지 않고 러시아어판을 먼저 출간하게 된 이유는 러시아에서의 선교가 어려웠기에 빨리 무기를 장착하고 싶은 마음이 컸기 때문입니다. 예상을 뛰어넘는 러시아 독자들의 반응에 은혜가 넘쳐서 한국 독자들에게도 감동의 이야기를 전해주고자 책을 출간하게 되었습니다.

아무쪼록 이 책을 읽는 한국독자들도 살아계신 예수님을 만나고 그 사랑 가운데 평안을 누리길 기도합니다.

끝으로 지금 사역하고 있는 상트페테르부르크 미르선교회 가족들과 코아월드미션에 머리 숙여 감사드립니다.

요셉

차 례

제2부 생명에 이르는 문

풍랑 속에서 만난 예수님

"승객 여러분께 알려 드립니다. 강풍으로 인해 출항이 내일로 연기되었습니다."

강원도 동해항에서 블라디보스토크 행 크루즈에 몸을 싣고 출항을 기다리고 있는 승객들 위로 갑작스런 소식이 전해졌다. 떠나기로 예정된 시각에서 이미 30여 분이 지난 뒤였다. 객실 안에 있던 여행객들은 모두 서로를 바라보며 어리둥절해 했다. 동해시의 날씨 는 쾌청 그 자체였기에, 강풍으로 출항이 연기된다니 더욱 의아스러 웠다. 그러나 먼 바다는 사정이 다른 모양이었다. 해양청에서 출항 금지령이 내려져 나의 가슴 벅찬 러시아행은 다음날로 연기될 수밖에 없었다. 이렇게 큰 배가 뜨지 못할 정도면 그만큼 거센 풍랑이 일고 있는 모양이라고 짐작할 뿐이었다. 모두가 입을 모아 말하기를, 여러 차례 크루즈를 이용해서 러시아를 오갔지만 이런 경우는 처음이라고 했다.

나는 8인용 객실에 머물렀는데, 그날은 나를 포함하여 네 명의 승객이 함께했다. 그중 나이가 지긋하신 어른께서 나서서 우리가 이틀 밤을 함께 지낼 운명이니 서로 통성명이나 하자고 했다. 그분이 먼저 인사를 하자, 모두 돌아가며 이름, 나이, 직업, 고향 정도의 인사를 나누었다.

이미 여권심사를 마치고 승선했기에 배 밖으로 나갈 수가 없었다. 여러 가지로 생각이 많아졌다. 갑자기 왜 배가 뜨지 못하게 되었을까? 러시아행이 하루 미루어진 데에는 무슨 까닭이 있는 것일까? 하지만 미루어 알 수 있는 것이라고는 아무것도 없었다.

60대의 가죽공장 사장님, 30대 중반의 기계 기술자 두 명, 그리고 나. 우리는 저마다 다른 계획을 가지고 러시아를 향하고 있었다. 그런데 갑자기 두 청년이 큰소리로 말다툼을 하기 시작했다. 한 청년이 다른 친구를 향해 "너 때문에 배가 안 뜬다."면서 쏘아붙였고, 그 친구는 터무니없는 소리라면서 잡아떼고 있었다.

내가 나서서 왜 그러느냐며 사연을 물어보니, 한 청년이 다른 친구를 가리키며 대답했다. 저 친구가 이번 일요일에 교회에서 세례를 받기로 한 날인데, 세례를 거부하고 도망치듯 러시아로 돈을 벌러 가기 때문에 하나님께서 화가 나서 풍랑을 일게 하셔서 배가 뜨지 못하게 되었다는 것이다. 독실한 교인이라는 그는, 러시아로 가려는 친구를 성경의 요나에 비유하며 친구를 나무랐다. 그러자 비난을 받고 있던 친구가 항변했다.

"내가 믿음이 없는데 세례가 다 무슨 소용이야?"

마음에 없는 세례는 받아 보았자 헛것이라는 것이다. 그러자 교인 친구는 세례를 먼저 받고 보면 신앙도 생겨난다고 주장했고, 아직 비신자인 친구는 신이 있는지 없는지 알 수 없는 데다 믿음이 없는데 세례를 어떻게 받느냐면서 대들었다. 사정을 알고 보니, 세례를 받기로 되어 있었던 친구는 온 가족이 세례교인으로서, 혼자만 세례를 받지 않았다. 그래서 엄마가 늘 새벽기도를 다니면서 아들이 세례받고 구원 받기를 염원하고 있던 터였다.

한참 이야기를 듣던 가장 나이 많은 어른께서 제안했다. 우리 방에 선교사님이 계시니 선교사님께 물어보는 것이 좋겠다고. 그러자 그들이 나에게 와서, 이럴 땐 어떻게 하면 되느냐고 물어 왔다.

나는 믿음이 없는 세례는 의미 없다는 친구의 말이 틀리지 않다고 했다. 본인이 직접 예수님을 만나보지 않고서는 믿을 수 없다고 했다. 신이 계시느니 안 계시느니 하는 생각을 다 내려놓고, 오늘 밤 내가 시키는 대로 기도해 보라면서 이렇게 가르쳐주었다.

"예수님, 저를 인도해 주세요! 저를 인도해 주시면 순종하겠습니다."

모든 판단을 내려놓고 딱 이렇게 기도하고 자라고 가르쳐 주었다. 그러면 예수님께서 영상 편지를 주실 거라고 했다. 간절한 마음으로 기도를 하면 주님께서 여러 가지 채널로 응답해 주실 것이니 의심하지 말고 그 현상들을 나에게 이야기해 달라고 했다. 청년은 의외로 나의 요청에 순순히 응해 주었다. 기도를 안 해봐서 하지 못한다고 했던 청년은 내가 제시하는 기도법이 너무 쉽다면서, 배도 안 뜨고 집에서 자기를 걱정하는 엄마를 생각해서라도 기도하고 자겠다고 말했다.

러시아로 향하던 나는 첫날밤을 그렇게 항구의 크루즈 안에서 보내게 되었다. 고요하고 따뜻한 밤이었다.

새벽 5시쯤 되었을 것이다. 누군가 내가 자고 있는 매트리스 위에 앉는 기척이 느껴졌고, 그 진동에 잠을 깼다. 기도를 해보겠다던 청년이었다. 그는 "주님, 나를 인도해 주세요!"라고 기도를 하고 잤는데, 새벽에 신기한 꿈을 꿨다고 했다. 주님을 만났다는 것이다. 그는 아르바이트로 밤엔 택시 운전을 했는데, 주님이 그의 택시에 손님으로 타시더니 자신의 집이 있는 인천으로 가자고 했다는 것이다. 이것이 그가 꾼 꿈의 전부였다.

러시아를 향해 가고 있는데 집으로 가라는 꿈을 꾸었다는 것은, 의미가 너무나 분명했다. 예수님의 응답은 천둥 번개가 내리치듯이 주어질 수도 있지만, 비몽사몽간에 스치는 영상 편지나 꿈을 통해서 메시지가 오는 경우가 많다. 나는 그 친구에게, 집으로 돌아가는 것이 주님의 뜻이라고 했다. 그리고 엄마와 가족들이 애타게 기도해 왔으니, 세례를 받고 믿음생활을 하라고 이야기해 주었다. 그는 꿈이 너무나 생생하게 느껴졌다면서, 신기한 일이라고 감탄을 거듭했다. 그 친구는 결국 러시아행을 포기하기로 결정을 내렸다.

한 방에 있던 모두가 이 이야기를 귀 기울여 듣고는 "아멘"을 연발하였다. 객실 안의 분위기가 새벽부터 진지해지고 숙연해졌다. 가장 나이 많은 아저씨가 자신의 인생 이야기를 시작했다.

그는 모태 신앙인으로서 부산에서 가죽공장을 운영하고 있었다. 1990년 러시아가 개방된 후 가죽제품을 수출해서 많은 돈을 벌게 되었지만, 어느 날 교통사고로 목발을 짚고 다니는 처지가 되었다. 지금 러시아에 가는 이유는 수출을 많이 할 당시에 받지 못했던 외상값을 받기 위해서였다. 그는 자신이 왜 목발을 짚고 다니는 장애인이 되고 말았는지 하나님에 대한 불신이 가득했다. 교회도 열심히 다니고 목사님도 잘 섬겼는데, 왜 그런 고통과 불행이 닥치는 지 원망이 많았다. 그랬던 그가 어제와 오늘, 배 안에서 오가는 이야기와 꿈 이야기를 듣고는 크게 깨달았다면서, 지난날의 잘못을 회개하였다. 많은 돈을 벌 당시, 러시아의 고려인들이 겪는 어려움을 보고는 우수리스크에 있는 고려문화 마을에 여러 채의 집을 지어주겠다고 하나님께 서약했었다. 그런데 많은 돈을 벌게 되자, 러시아 상인 친구들과 매일 저녁 술을 마시며 방탕했다고 했다. 그 약속을 까마득하게 잊어버리고 외상값 받으러 다니다가 교통사고가 나서 장애인이 되었다는 것이다.

그는 하나님께 약속을 지키지 못한 것에 대해서는 조금도 반성할 줄을 모르고 하나님만 원망하고 지냈다고 했다. 그런데 이제야 자신이 큰 잘못을 저질렀다는 것을 깨달았다는 것이다. 회개의 눈물을 흘리는 아저씨의 고백에 모두가 숙연해졌다.

우리 사이에는 어느새 한 가족이 된 것 이상의 유대감이 흐르고 있었다. 우리는 가져온 음식을 나눠 먹으며 신앙 이야기에 열을 올렸다. 나는 그들에게 내가 만난 하나님 이야기를 들려주었고, 모두들 진지하게 귀를 기울여 주었다.

사장님은 엄청나게 큰 나의 짐가방을 가리키며 무엇이 들어 있기에 저리도 크냐고 궁금해 하셨다. 러시아 선교지에서 불우한 사람들에게 전해줄 속옷들이었다. 선교지에서 속옷 20벌만 사다 달라는 부탁이 왔는데, 내가 시장에서 많은 속옷을 구입하자 매장 주인이 궁금해 했다. 내가 사연을 말하자, 주인은 감동적이라며 나에게 잠시 기다려 달라고 했다. 가게가 한가해지자 주인은 나에게 유행이 지난 속옷들이 많이 있는데, 나에게 모두 전해주고 싶다고 하셨다. 속옷이 유행을 타면 얼마나 타겠는가? 더구나 모두 새옷들이어서 감사한 마음으로 받아서 챙겨 가져가는 중이었다. 20명에게 속옷을 입혀줄 계획이었는데, 가게 주인의 선심으로 200명에게 입혀주게 된 것이다.

사장님은 선하신 하나님의 역사를 목격했다면서 우리 모두에게 크루즈 레스토랑에서 식사를 대접해 주셨다. 그분은 "나도 지금의 여러분처럼 젊은 시절이 있었다. 그때 나도 세상과 돈에 빠지지 않고 신앙과 믿음을 갖고 살았어야 했는데, 그러지 못하니 지금 이 모양이다. 그러니 여러분들은 제발 신앙을 잘 갖고 살기 바란다." 라고 당부하셨다.

세례를 피해 도망친 청년에게 예수님께서 꿈을 통해 응답해 주신 일로 인해, 우리 모두는 한껏 고무된 상태였다. 사장님은 물론 두 청년도 기도에 대한 응답이 그토록 신속하게 이루어질 수 있는 것에 대해 감당하지 못할 정도로 놀라고 있었다. 식사를 하는 중에도 신성하고 거룩한 기운이 우리 모두를 떠받쳐 주고 있는 것 같았다.

먼 바다의 풍랑으로 인해 배가 뜨지 못하게 된 상황은 지내놓고 보니 전혀 장애가 아니었다. 그 덕분에 한 청년은 가족과 예수님의 품으로 돌아가 안길 기회를 얻었고, 한 사업가는 크게 돌이켜 회개함으로써 다시 태어날 기회를 잡았다. 한 객실에 머물게 된 네 사람 모두가 세상의 어떤 일도 우연은 없으며 정밀한 하나님의 계획이 작용하고 있다는 것을 실감할 수 있었다.

세례를 피해 러시아로 도망치려 했던 청년의 갈등은 사실 작은 것이 아니었다. 블라디보스토크행 크루즈에 올라탈 때까지만 해도 그의 심사는 여러모로 복잡하고 심란했다. 그가 살아온 과정 또한 문제의 연속이었다. 러시아행은 최후의 비상구나 마찬가지였다. 그런 그가 "이것이 나의 길!"이라고 확신 속에서 극적으로 길을 찾을 수 있었던 비결은 어디에 있었을까?

많은 이들이 기도에 대한 응답을 받고 싶어 하지만, 살아 있는 예수님의 인도를 받지 못하는 것은, 입으로는 주님을 찾으면서도 마음속으로는 자신의 견해를 내려놓지 못하기 때문이다. 주님의 인도를 바라기보다는 자신의 뜻과 의지를 관철하려는 마음을 품고는, 주님께서 주님의 뜻이 아닌 자기 자신의 뜻을 이루어주실 것을 바라기 때문이다. 청년이 자신의 모든 견해를 다 내려놓고, 아주

쉽고 단순하게, "주님, 나를 인도해 주세요!"라고 기도하자, 주님은 꿈을 통해서 길을 보여주셨던 것이다.

하룻밤 사이에 놀라운 변화들이 일어났건만, 바다는 아무것도 모른다는 듯 파도만 출렁이고 있었다. 눈으로는 확인할 길이 없는 보이지 않는 길을 찾아 크루즈 선박이 망망대해를 헤쳐 나아가고 있었다. 러시아를 향하는 내 인생도 그렇게 길이 보이지 않는 셈이었다. 하지만 나는 너무나 분명하게 믿고 있는 것이 있었다. 푸른 파도를 바라보고 있노라니, 지금껏 내 인생을 이끌어온 것은 단 네 마디였다는 것이 더욱더 실감이 났다. "주님, 나를 인도해 주세요!"

오직 그 네 마디뿐이었다. 거기에 길이 있었고, 빛이 있었고, 생명이 있었다. 그리고 앞으로도 내내 거기에 길이 있고, 빛이 있고, 생명이 있을 것이었다.

"주님, 나를 인도해 주세요!"

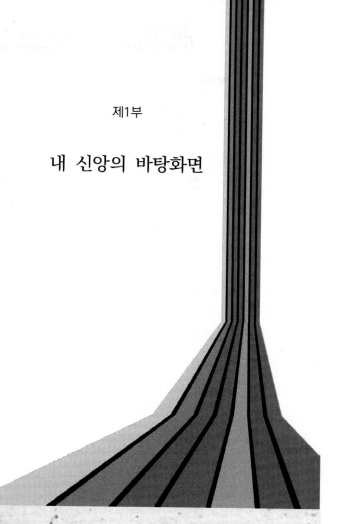

제1부

내 신앙의 바탕화면

하늘에서 지팡이 하나가 내려오더니 만화처럼 둥둥 떠서 어디론가를 향했다.
내가 그 지팡이를 따라가 보니 부엌 뒷문과 장독대 사이에서 멈추더니
땅바닥에 동그라미를 그리는 것이었다. 지하수 기계를 안착시켜야 할,
물줄기가 있는 곳을 표시해 주신 것이다. … 모터로 하루 종일 품어내고
품어내도 맑은 생수가 계속 나왔다.

나의 믿음, 그리고 첫 번째 기도

내 생애 처음으로 한 가지 기도제목을 갖고 열심히 기도를 드렸던 것은 초등학교 3학년 때였다. 목사이신 나의 아버지는 가족과 함께 매일 저녁예배를 드렸다. 성경을 읽고 찬송을 부르며 함께 기도하는 생활이 너무 좋았다. 하나님은 전지전능하신 분이니까 무엇이든지 하나님께 기도하라는 아버지의 말씀을 나는 귀 기울여 듣곤 했다.

어느 날, 내 책상 서랍 속에서 손목시계를 하나 발견했다. 누구의 시계이고 왜 그 시계가 거기에 들어 있는지 알지 못했지만, 시계를 꺼내어 보니 고장이 났는지 움직이지 않고 있었다. 나는 고장 난 시계를 보자마자 '아! 이 고장 난 시계를 붙잡고 하나님께 고쳐 달라고 기도해야겠다.'는 마음이 들었다. 그래서 잠자리에 들기 전에 고장 난 시계를 끌어안고서 "하나님, 고장 난 이 시계를 고쳐주세요."라며 기도했다. 나는 아침이 되면 시계가 백 퍼센트 고쳐져서 움직일 거라는 믿음을 갖고는 잠자리에 들었다.

아침에 눈을 뜨자마자 나는 끌어안고 잤던 시계를 바라보았다. 그런데 어제와 똑같이 움직이지 않고 그대로였다. 어린 나는 실망했다. "이게 뭐야. 그대로잖아?!"

시계를 방바닥에 던져놓고는 학교에 갔다. 그리고는 그날 밤, '내 기도가 부족했나? 다시 한번 간절히 기도해야 하나?' 하는 생각이 들어, 또다시 시계를 품고 두 번째 기도를 했다. "하나님 믿습니다. 고쳐주세요."라고. 그러나 다음날 역시 마찬가지로 시계는 움직이지 않았다. 또다시 실망한 나는 아무 말도 하지 않고 학교로 향했다.

사흘째 되는 날 밤에도 또 기도를 했다. 이번에는 더욱더 간절히 무릎을 꿇고 두 손을 모아 기도했다. 그리고 잠자리에 들었다.

이번에는 그래도 뭔가 달랐다. 꿈을 꾼 것이다. 꿈속에서 내가 그 시계를 들고서 시계를 고쳐주는 시계방으로 들어가는 것이었다.

아침이 되어 시계를 봤으나 여전히 고장 나 있었다. 사흘에 걸쳐서 기도했는데도 그대로 고장 나 있는 시계를 보고는 실망했다. 그러나 꿈을 꾼 것이 생각나서 사흘 동안 기도를 드렸던 내용을 아버지께 말씀드렸다. 아버지는 웃으시며 학교에 다녀와서 동네 시계방으로 가보라고 하셨다.

학교가 끝나자마자 얼른 집으로 달려와 고장 난 시계를 가지고 시계방으로 달려갔다. 시계방 아저씨는 시계를 받아들고는 여기저기 만져보시더니 "이 시계는 고장 난 것이 아니라, 배터리가 없어서 안 움직이는 거다." 하시며 새 배터리로 교체해 주셨다. 배터리를 교체하니 시계가 정상적으로 움직였다.

세상에 이런 일이! '배터리가 없어서 안 움직였구나.' 나는 잠시 멍하니 시계를 바라보며 생각했다. 나는 분명 하나님을 믿고 믿음 가운데 간절히 기도했으나, 움직이지 않는 시계를 보며 기도가 통하지 않았다고 실망했는데, 하나님께서는 어린 나에게 꿈을 통해 확실히 보여주셨던 것이다. 그리고 내가 꾼 꿈대로 시계방에 가서 배터리를 교체하니 시계가 움직였던 것이다. 너무나 신기했다.

가끔은 그때 일이 생각나 미소를 짓곤 한다. 어린 마음에도 사흘 동안이나 정성을 바쳐 기도를 하고, 꿈을 통해 해결책을 계시 받은 셈이었다. 그때 그 일은 두고두고 새김질하게 하면서, "응답 받는 기도의 비결"이 어디에 있는지를 숙고하게 한다.

내가 하나님께 물을 생각을 내지 않았더라면 어떻게 되었을까? 이틀 동안 기도를 해도 아무런 응답이 없다고 실망을 하여 사흘째엔 아예 기도할 생각조차 내지 않았더라면 어떻게 되었을까? 이 질문 속에 많은 해답이 들어 있다고 생각한다. 묻지 않으면 응답받을 길도 없다는 것. 열심히 온 마음으로 묻지 않으면 응답받기가 어렵다는 것.

많은 사람들이 저마다 자기들의 문제를 시원스레 풀고 싶어서 기도를 한다. 소원 성취를 위해 여러 날은 말할 것도 없고 몇 년째 정성을 바쳐 기도를 하는 모습을 볼 수도 있다. 왜 어떤 사람들은 응답을 받고 어떤 사람들은 응답을 받지 못할까? 무작정 자신의 바라는 바를 위하여 기도를 할 것이 아니라, 어떻게 해야 하나님께서 기도를 들으시고 응답을 해주시는지 그 원리를 궁구하고 이해해야 한다고 믿는다.

전 재산을 하나님께 바치다

열일곱 살의 어느 봄날, 나는 나에게 10만 원이라는 거금이 모아졌다는 것을 알았다. 뿌듯했다. 용돈을 모았더니 마침내 10만 원이 된 것이다. 이번 토요일에는 신발가게에 가서 유명 브랜드의 신발을 사야겠다고 마음먹었다.

금요일 저녁, 평상시와 마찬가지로 기도를 마치고 잠자리에 들었는데 꿈을 꾸었다. 내가 하얀 봉투에 돈을 담아 하나님께 감사헌금을 하는 꿈이었다. 아침에 일어나니 그 꿈이 생각났다. 암만해도 신발을 사러 갈 수가 없었다.

당시 아버지는 하나님의 인도로 직장을 그만두신 뒤, 홀로 노방전도를 다니시며 조그만 초막교회에서 오직 하나님을 알리고 하나님의 뜻대로 정직하고 공의롭게, 의롭게 살라고 외치는 하나님의 사역을 하고 계셨다. 그 주 일요일, 나는 초막교회에 가서 신발을 사려고 했던 10만 원을 바쳤다.

나는 그때부터 다시 용돈을 모으기 시작했고, 또다시 10만 원이라는 거금이 되었다. 이번엔 가방을 사야겠다고 계획했다. 그런데 이게 웬일인가. 기껏 모은 그 거금을 또다시 헌금하는 꿈을 꾸었다. 꿈의 계시를 어찌 어길 수가 있겠는가. 결국은 교회에 가서 헌금을 하고 말았다.

가을이 되자 또다시 10만 원의 거금이 모아졌다. 두 번의 경험 탓일까. 이번에는 기도도 하지 않았다. 무엇을 사야겠다는 계획도 세우지 않았다. 그러나 나는 또다시 헌금을 했다. 이렇게 세 번째로 헌금을 하고는, 기도하고 잠이 들었는데 신기한 꿈을 꾸었다.

우리 마을에는 내가 공부하고 졸업한 초등학교가 있다. 그런데 내가 학교명이 새겨져 있는 현판을 교문의 벽에서 떼어내더니 나의 겨드랑이에 끼는 것이 아닌가. 그러고는 교문을 열고 학교로 들어가서는 운동장에서 뛰어놀고 있는 아이들에게 이렇게 말하는 것이었다. "오늘부터는 이곳이 나의 집이야. 그러니 모두들 자기 집으로 돌아가." 그러면서 아이들을 모두 학교 밖으로 내보내는 꿈이었다.

꿈을 깨고 나니 헛웃음이 나왔다. 도대체 이게 무슨 꿈이란 말인가? 아무리 꿈이라지만 그렇게 큰 학교를 어떻게 나의 집이라고 우길 수가 있을까? 왜 하필 내가 졸업한 학교가 내 집이 된단 말인가? 그 당시만 해도 그 학교에는 백여 명이 넘는 아이들이 다니고 있었다. 폐교되리라고는 상상도 할 수 없었다.

아버지께 그런 이상한 꿈을 꾸었다고 말씀드렸더니, 아버지는 한참 생각하시더니 이렇게 말씀하셨다. "하나님께서 계획하셨다면 불가능한 일은 없는 것이다. 안 된다고 단정할 것도 없고, 두려워할 것도 없는 것이다."

그렇게 큰 학교가 구입하려면 돈이 많이 필요할 텐데, 도대체 무슨 수로 그런 큰 돈을 벌 수 있단 말인가? 나는 그런 것까지도 걱정이 되었다. 그 당시 우리 가족의 삶은 너무나 곤궁했다. 생계를 책임지시던 아버지께서 직장을 그만두신 후 집에 쌀이 떨어져 김치나 밥을 얻어다 먹는 일이 다반사였다. 그 흔한 전화도 놓을 형편이 못 되었다.

어느 이른 아침에 일어난 일은 잊을 수 없다. 정미소를 운영한다는 한 여인이 찾아왔다. 여인의 말에 따르면, 철야기도를 하던 중 영안이 열려 빛으로 인도하심을 받아 12킬로미터나 떨어져 있는 우리 집까지 오게 되었다는 것이다.

"이 집에 기도하는 분이 계십니까?"

여인의 첫 물음이었다. 아버지와 한참을 얘기하며 사정 이야기를 다 전해들은 여인은, 그동안 정미소를 하면서 주님을 위해 쓰려고 모아둔 돈이 있는데 바로 이럴 때를 위한 것 같다고 했다. 여인은 상당한 돈을 헌금하고, 우리 집에 전화도 놓아주었다. 아버지는 "예수 믿을 만하네"라고 말씀하시며 웃으셨다.

이런 식으로 보이지 않는 손길의 도움에 의해 살림을 꾸려 나가고 있긴 했지만, 학교가 우리 집이 될 정도로 여유가 있어진다는 것은 상상도 할 수 없었다. 도대체 어떻게 해서 학교가 우리 집이 된다는 것일까? 꿈을 꾸고 난 다음, 나는 '우리의 사정과 형편이 이러한데 무슨 수로 그리 큰 학교가 우리 집이 된단 말입니까?' 하고 걱정 속에서 기도를 하고 잠자리에 들었다. 그런데 뜻밖에도 주님의 음성이 들리는 것이었다. "걱정하지 말고 묵묵히 기다리고 있으라."

그때 나는 열일곱 살이었고, 그 후 시간이 흘러 입대를 했고, 제대를 했다. 그 꿈이 실현될 기미는 전혀 보이지 않았고, 거의 잊고 지냈다. 그리고 스물일곱 살이 되었다.

나는 신학교 연수원에서 공부하며 생활하게 되었다. 신학교 학장님은 나를 많이 사랑해 주셨다. 90세의 할아버지 목사님은 나의 신앙심을 끔찍이 아끼고 사랑해 주셨다. 학장 목사님은 나에게 미국으로 건너가서 공부하여 목사가 되라고 하셨다. 미국 유학 비용은 걱정하지 말라고 하셨다. 장학금을 줄 테니 공부나 열심히 하라고 하셨다. 나는 날아갈 듯이 기뻤다. 내가 소원하던 신학공부를 미국에 가서 장학금으로 할 수 있는 기회가 주어지게 되다니!

미국행을 앞두고 있던 어느 날, "주님, 나를 인도해 주세요!" 그렇게 간단히 기도를 하고 잠을 잤는데, 내가 고향 집 아버지에게로 가는 꿈을 꾸었다. 미국이 아닌 시골 아버지에게로 돌아가는 꿈을 꾸다니! 나는 깊은 고민에 빠지게 되었다. 고민 끝에 결국 모든 것을 접고 시골 아버지 집으로 왔다.

집으로 돌아와서 6개월이 지난 어느 날, 우리 마을의 초등학교를 공개입찰 한다는 소식을 듣게 되었다. 그 학교가 우리 집이 된다는 꿈을 꾼 지 정확히 10년 만이었다. 그러나 과연 그럴 수가 있을까?

공개입찰 과정을 인터넷에서 살펴본 후 교육청으로 찾아갔다. 예정된 날짜에 입찰을 통해서 가장 많은 금액을 적어낸 사람이 학교를 매입할 수 있다고 교육청 직원이 설명해 주었다.

예비소집일에 교육청에 나가니 학교 매입을 희망하는 사람들이 대여섯 명이나 웅성거리고 있었다. 그런데 교육청 관계자가 내 이름을 호명하여 따로 사무실에 들어갔더니, 모인 사람들 중에 나 혼자만이 고장 사람이라면서 정말 이 학교를 사고 싶은지를 묻는 것이었다. 그리고는 최소 입찰 금액은 3억인데, 그보다 조금 더 높여 써내면 낙찰 가능성이 크다고 했다. 그 소리를 듣고 집으로 돌아오는 길에 나의 마음은 참으로 착잡했다. 입찰이 바로 다음날인데 그렇게 큰돈을 어디서 어떻게 장만한단 말인가? 나는 정말 눈물이 나도록 슬펐다.

사실 학교를 매입할 생각을 낼 수 있었던 것은, 서울 강남에 빌딩을 가지고 계시는 한 사장님의 약속 때문이었다. 아버지를 통해 금식기도를 하시고 심장병이 호전되자 그분은 자기 재산의 절반이라도 내놓겠다면서 걱정하지 말고 학교 매입 계약을 하라고 하셨다. 일단 계약을 하기만 하면 그 뒤에 들어가는 돈을 다 대주겠다고 하셨다. '아, 정말 하나님께서 준비해 두신 사람이구나!' 이렇게 생각하며 감사기도까지 했었다. 그런데 그 사장님은 막상 학교가 폐교되고 공개입찰에 들어가자 더 이상 연락이 닿지 않았다.

내가 예수님께 약속받았다고 생각했던 학교 건물이 눈앞에서 날아가 버린 느낌이었다. 그렇다면 그때의 그 꿈은 개꿈이었단 말인가? 나 혼자만의 착각이었단 말인가? 이런저런 생각으로 쉽게 잠이 오지 않았다. 그런데 새벽에 예수님이 나에게 오셔서 "아무것도 걱정하지 마라!"하고 말씀하시는 것이었다.

　일어나 보니 꿈이었다. 그리고 그 순간부터 신기하게도 모든 걱정이 사라져버렸다. 돈은 없었지만 내가 약속받았던 학교를 도대체 누가 입찰을 받는지 구경하기 위해 교육청으로 나갔다. 그런데 입찰 예정시각이 되어도 웬일인지 입찰이 진행되지 않았다. 예정시각이 가까워서야 입찰이 연기되었다는 교육청 직원의 안내 방송이 나왔다. 입찰을 주관하는 도 교육청 기관에 노사분규가 일어나 무기한 연기한다는 것이었다. 입찰일이 정해지면 나중에 알려주겠다고 했다.

　그렇게 연기된 입찰 일정이 5개월이 지난 8월에야 재개되었다. 입찰 공고가 인터넷에 다시 올라온 것이다. 자, 이제 어떻게 될 것인가? 그런데 하나님의 놀라운 계획이 이때부터 펼쳐지기 시작했다.

　학교는 이미 3월에 폐교가 되었고, 아이들은 모두 다른 학교로 전학을 갔다. 그 후 학교는 5개월 동안 방치되었고, 학교는 정글로 변해버렸다. 교정의 나무들도 관리가 되지 않아서 상태들이 모두 엉망이었다. 게다가 동네 아이들이 지나가다가 돌을 던졌는지 유리창도 곳곳이 깨져 있었다. 폐가 그 자체였다.

8월에 다시 입찰에 참여하고자 학교에 들러본 사람들은 모두들 기겁을 하고 놀랐다. 3월에 봤던 그 아름답던 학교는 어디로 사라지고 폐허처럼 변한 학교가 을씨년스럽게 서 있는 것이 아닌가! 그 모습을 본 입찰 희망자들은 모두 포기하고 돌아가 버렸다. 다 돌아가고 나 혼자만 남게 된 셈이었다.

결국 나는 국가와 단독으로 입찰 계약을 하게 되었다. 단독 입찰이기 때문에 국가에서 정한 최소한의 금액으로 우리는 학교를 매입할 수 있게 되었다. 하지만 국가가 정한 최소한의 금액이라고는 하지만 3억이라는 돈이 우리에게는 쉽게 모을 수 있는 액수가 결코 아니었다.

그런데 어느 날, 하나님의 뜻에 따라 써 달라며 학교 매입에 필요한 자금을 한꺼번에 넣어준 독지가 나타났다. 아버지는 그 금액이 너무 크고 우리는 갚을 길이 없으니 차라리 학교 매입을 포기하겠다면서 그 돈을 다시 가져가라고 말씀하셨다. 그분은 아무 조건 없는 돈이니 돌려주시지 않아도 된다며, 그저 하나님의 인도대로 살고 싶고 하나님의 딸이 되고 싶다고 했다. '아, 예수님이 아무 걱정하지 말라고 하신 까닭이 바로 이것이었구나!' 하나님은 그렇게 미리 다 예비해 놓으셨던 것이다.

하나님의 약속은 시간차가 있을 뿐, 믿고 기다리면 반드시 이루어진다. 러시아 선교가 활발하게 이루어지게 되면서, 우리 집이 된 학교는 러시아 친구들이 머무는 선교센터로 아주 유용하게 쓰임받고 있다. 그러면 그렇지, 하나님께서 그냥 아무 뜻 없이 이 큰 학교를 주셨겠는가?

나의 아버지

사랑하는 형제자매 여러분! 요셉의 아버지 이야기를 조금 해볼게요. 나의 러시아 친구들은 우리 아버지를 모두 '아빠'라고 부른다. 어린아이부터 일흔이 넘은 할머니 할아버지들도 모두들 '아빠'라고 부른다. 그렇게 부르는 그들이 나는 더욱 사랑스럽다. 왜냐하면 나의 아버지는 어느 누구에게나 '아빠'같이 좋은 사람이기 때문이다. 러시아 속담에 "마음에 맞는 친구끼리는 속옷도 벗어준다."는 말이 있다. 그런데 우리 아버지는 자기 옷을 벗어서 주어 보았자 한 벌밖에 줄 수가 없을 것이므로, 남들에게 나눠 주려고 여벌을 늘 손에 들고 계신다. 그 정도로 정이 많고 특별히 러시아 사람들을 사랑하신다.

아버지는 하나님의 사람이다. 하나님께서는 아버지에게 아주 특별한 달란트를 주셨다. 지혜와 명철, 그리고 총명과 재주를 하나님께서 선물로 주셨다. 아버지 손은 약손이다. 병든 사람들을 위해 기도해 주시면 영육 간에 씻은 듯이 치유함을 받곤 한다. 나는 어려서 말을 배울 때부터 아버지의 삶을 지켜보면서 아버지로부터 살아 계신 하나님과 그의 아들 독생자 예수님에 대해서 배웠다. 그리고 예수님만 따라가는 순종을 알게 되었다.

아버지의 이름은 '금옥'이다. 금처럼 옥처럼 귀한 아들이어서 할머니께서 그렇게 이름을 지으셨다. 모든 아들, 자식은 다 귀하지만 할머니에게 우리 아버지는 특별히 귀했다. 아버지 위로 두 형이 있었다. 그런데 5세, 3세 때 무서운 질병에 걸려 죽고 말았다. 큰아들, 작은아들이 잘 자라다가 죽고 말자, 할머니는 아이들을 잘못 키웠다는 미움을 받아 집안에서 쫓겨나게 되었다. 집안의 대를 이어주는 역할이 가장 큰일인데, 큰아들에게 시집와서 낳은 두 아들이 죽고 말았으니 그 죄를 뒤집어쓰고 쫓겨날 수밖에 없었던 것이다.

그러던 중 시간이 흘러 할머니가 다시 임신하셔서 아버지를 낳으셨다. 아들을 낳고 나서야 할머니와 할아버지는 다시 집으로 들어와 가족들과 합류할 수 있었다. 그러니 할머니에게는 엄청 귀한 아들이었던 것이다. 하지만 아버지 역시 어린 시절 형들을 죽음으로 몰아간 것과 똑같은 무서운 병에 걸리고 말았다.

늘 병원을 들락거리고 약을 달고 살았지만, 병이 심해져서 거의 죽게 될 지경에 이르렀다. 그때만 해도 우리 집안은 예수님을 믿지 않고 샤머니즘을 숭배했다고 한다. 그런데 할머니가 아픈 아들을 업고 여기저기 다니다가 외국 선교사를 통해서 예수님을 알게 되었다. 아들이 나을 수 있다는 말에 교회를 다니며 예수님께 지성으로 기도하기 시작하셨다. 그러자 죽음의 문턱까지 갔던 아버지가 기적적으로 새 생명을 얻어 살아나게 된다.

그 일이 있은 후, 할아버지와 할머니는 할아버지의 고향 땅에 교회를 세우셨다. 교회가 세워져서 많은 사람들이 예배드리고 찬양할 수 있게 되어, 그 지역에 복음의 빛이 비추기 시작했다.

아버지도 어느덧 건강을 되찾게 되어 17세의 어린 나이에 소년기술행정병으로 입대를 하셔서 건설공병단 중장비과에 배치되었고, 3년 넘는 군 생활도 잘 마치셨다. 아버지는 군대에서 별명이 '마태복음'이었고, 모두들 앞으로 큰 선지자가 될 거라고 말했다고 한다. 아버지는 군생활을 통해 건설과 건축에 필요한 기술들, 취사반에서 요리와 미용기술 등 많은 것을 배우게 되셨던 것 같다. 하나님께서는 아버지에게 여러 가지 일을 잘하는 달란트를 주셨다. 어떻게 저런 생각을 하실까 싶을 정도로 아이디어도 샘솟듯이 튀어나오곤 한다. 전기, 산소용접, 건축, 미술, 글쓰기를 잘하시고, 형제들과 함께 기초무술도 연마하셨다. 무엇보다도 재활용품으로 예술적 취향이 돋보이는 작품을 곧잘 만드신다. 우리 집 식당의 비품들과 장식품들은 모두 아버지가 재활용품으로 만든 작품들이다.

아버지는 제대 후에 철도청에 들어가셔서 10년간 열심히 일하셨다. 철도청에서는 150톤 크레인 기사로도 일하시고, 철도 노동조합 일도 열심히 하셨다. 아버지는 직장에서 성실한 데다 일도 잘해서 모든 직원들에게 사랑을 받았다고 한다. 무엇보다도 아버지는 효자 중의 효자였다. 철도청에 다니시는 동안 월급봉투를 단 한 번도 열어본 적이 없이 고스란히 할아버지께 갖다 드렸다고 한다.

어느 날 새벽, 아버지는 늘 그랬던 것처럼 교회에서 새벽기도를 한 후에 잠이 들었다가 꿈을 꾸셨다. 철도청 직원들의 가족, 곧 아내들과 아이들이 상복을 입고서 단체로 울고 있는 꿈이었다. 이것이 도대체 무슨 뜻일까? 아무리 생각해도 알 수 없어 다시 기도를 드렸다. 기도 중에 철도청 일을 그만두라는 말씀을 들었다. 그래서 또다시 기도를 했다. 이번에는 더욱더 분명하게, 철도청의 유니폼을 벗어버리고 떠나라는 소리가 들렸다. 아버지는 고민 끝에 1977년 2월 1일 철도청을 그만두셨다.

효자 아들이요 성실한 직원이었던 아버지가 하루아침에 직장을 그만두었다. 아버지는 예수님의 명령인 것을 얼마나 확신하셨던지, 퇴직시 이리역 전 직원들에게 앞일에 대한 예언을 하시면서 하나님이 계획하신 일들을 상세하게 전달했다. 하나님이 떠나라고 했다면서 사표를 던지니, 누구 한 사람 이해해 주려 하지 않았다. 직원들은 아버지에게 미쳤다고 손가락질을 했다. 할아버지, 할머니, 그리고 모든 집안 어른들에게 그들의 말을 안 듣고 좋은 직장 그만두었다고, 예수를 너무 잘 믿어 그만 미치고 말았다고, 범죄자 취급을 당해야 했다. 아버지는 하루아침에 직장만 그만둔 것이 아니었다. 좋은 아들, 좋은 직장인, 좋은 교인 또한 그만둔 것이었다. 아버지에게는 핍박과 박해와 채찍의 나날이 시작되었다. 아버지는 그때부터 성경책을 들고 다니며 예수님을 믿으라며 전도하고 다녔다고 한다.

철도청을 떠난 지 9개월 후인 11월 11일, 아버지가 근무하셨던 이리역(현재의 익산역)에서 세상을 뒤흔든 엄청난 사고가 일어났다.

화약을 싣고 가던 열차가 폭발하는 사고가 일어난 것이다. 사고 여파로 지름 30m, 깊이 10m의 거대한 웅덩이가 파였고, 이리 시청 앞까지 파편이 날아갔다. 이리역 주변 건물 9,500여 채에 달하는 건물이 대부분 파괴되었다. 사망자는 59명, 이 중 아버지의 직장 동료 16명이 순직하였다. 아버지가 운전했던 거대한 크레인도 폭발의 위력으로 50~60미터나 이동하였다. 화차 차량의 부속들이 백 미터 이상 멀리 날아갔다는 뉴스가 텔레비전을 통해서 보도되었다. 해외에서도 크게 보도될 정도로 엄청난 폭발 사고였다.

할아버지는 그 사고가 일어나기 전까지는 철도청을 그만둔 아들을 용서할 수가 없었다. 그래서 집에도 못 들어오게 하고 밥도 같이 먹지 않았다. 집에서 밥도 주지 말라고 해서 아버지는 늘 밖으로 나돌아다녀야 했다. 그런데 그런 참사가 일어나자 할아버지는 비로소 살았으니 됐다고 하시면서 어서 집에 들어와 같이 밥을 먹자고 하셨다고 한다. 아버지는 지금도 그때 당신을 죽음에서 살리신 건 하나님이셨다고 말씀하신다. 그리고 늘 이렇게 말씀하신다. "사람 편에 서지 말고 하나님 편에 서서 걸어가라."

오늘날 내가 러시아에서 선교하는 것도, 러시아 사람들에게 사랑을 전하고 다니는 것도, 모두 아버지를 통해서 배운 신앙의 소산이다. 그것은 단 두 마디로 간결하게 요약된다. 살아 계신 하나님, 그리고 우리를 인도하시는 하나님!

성경 속에서 길을 찾다

열여덟 살 때 처음으로 성경을 완독했다. 처음이 어려웠지 성경은 두 번째, 세 번째 읽어 나갈수록 재미가 있었다. 그렇게 계속해서 일곱 번을 읽었다. 사실 읽기는 읽었지만 이해가 가지 않는 곳이 너무 많았다.

엘리야 선지자의 활약상은 정말 통쾌했고, 예수님의 제자 베드로가 예수님을 세 번 부인할 땐 정말 꿀밤을 먹여주고 싶었다. 어린 나는 성경을 읽으면서 인물 한 사람 한 사람이 하나님을 만나 자신들의 인생을 살아가는 이야기에 푹 빠져버렸다. 너무 재미있었다.

성경을 거듭 읽다 보니 성경 속의 한 사람 한 사람이 각자 처해 있는 상황이 다르고, 그때마다 하나님의 역사하심과 멘트가 다르다는 점에 주목을 하게 되었다. 모두 각자 각자의 처지와 환경 속에서 하나님을 만났던 것이다. 축복된 땅을 찾아가기 위해서, 포로된 삶에서 자유함을 얻기 위해서, 전쟁에 승리하기 위해서, 병든 고통

속에서 치유함을 받기 위해서…. 모두가 각자 원하고 바라는 것들을 위해서 각기 다른 환경 속에서 하나님을 찾고 하나님께 도움을 구했다.

시대마다 하나님을 찾던 성경의 주인공들의 신앙자세가 저마다 달랐다. 그렇다면 나는 지금 무엇을 구해야 할까? 나는 지금 어떤 처지 어떤 환경에 처해 있나? 지금은 무슨 일이 벌어지고 있으며, 어떤 시대인가? 전쟁도 없고, 신앙의 억압도 없고, 자유롭고 평화로운 시대가 아닌가? 이 자유롭고 평화로운 시대에 나는 어디에서 무슨 일을 어떻게 펼쳐 나가야 할까?

구약시대 이스라엘 백성의 삶을 통해 이 시대의 성향을 비추어보기도 했다. 평안의 시대엔 백성들이 우상을 섬기면서 방황과 음란을 일삼고 죄악의 구렁텅이에 빠졌다. 그러다가 어려움을 만나 고통에 처하게 되면 땅을 치고 회개한다. 그러면 하나님께서는 선지자나 사사를 통해서 구원해 주시곤 하셨다.

성경은 이렇게 죄악과 고통과 회개와 축복의 반복되는 역사를 보여준다. 이것은 오늘날이라고 해서 크게 달라진 것 같지는 않다. 복이 넘치면 그것을 누리는 것에서 더 나아가 자만하고, 자만하면 중심을 잃고 넘어져서 다시 고통 속에서 신음하게 되고, 눈물로 회개하여 다시 일어서는 기회를 붙잡고, 그러다가 또 다시 넘어지는 이런 운명을 되풀이하지 않으려면 어떻게 해야 할까? 그리스도가 가슴에서 살아나야 할 것이다. 그리스도의 빛이 내 삶의 중심에 자리하고 있어야 할 것이다.

그리스도는 학문의 담 안에 갇혀 계시지 않는다. 교회 안에 갇혀 계시지도 않고, 심지어는 성경 안에도 갇혀 계시지 않는다. 성경조차도 달을 가리키는 손가락일 뿐이지 달 자체는 아닐 것이기 때문이다.

지금 이 시각에도 그리스도는 살아 계시고 나의 갈 길을 인도해 주신다. 그것이 아니라면, 그것을 실감할 수 없다면, 그는 명목상의 기독교인일 뿐이다. 아무리 교회가 커도 그 안에서 살아 있는 성령의 역사가 없다면, 그 교회를 어찌 살아 움직이는 교회라고 할 수 있겠는가?

비빔밥에서 제일 중요한 것은 무엇일까? 고추장도 아니고, 참기름도 아니다. 두말할 나위도 없이 가장 중요한 것은 밥이다. 그렇듯이, 기독교에서는 예수님이 가장 중요하다. 예수님이 없는 기독교는 밥이 없는 비빔밥과 같다. 자명한 이 진리를 큰 소리로 귓가에 외쳐주고 싶은 기독교인들을 만날 때가 너무 많다. 얼마나 슬픈 일인가.

만 마리 오리아빠가 된 요셉

스무 살 때, 나는 아빠가 되었다. 청둥오리 아빠. 그것도 무려 만 마리에 달하는 오리들의 아빠.

아버지께서 나에게 무엇인가를 한번 키워 보라고 조언을 해주셔서, 나는 무릎을 꿇고 기도를 드렸다. 신통하게도 답이 왔다. 예수님께서는 나에게 청둥오리를 키우라고 가르쳐주셨다. 다 성장한 수컷 30마리, 암컷 100마리를 사들였다. 스무 살이 되던 해 1월이었다. 수컷과 암컷의 비율이 1대 3이 되어야 유정란이 잘 생긴다는 말을 듣고, 그렇게 130마리의 오리를 사들이는 것으로, 나의 오리아빠로서의 책무가 시작되었다.

1월에 사들인 오리들이 2월 하순이 되자 알을 낳기 시작했다. 청둥오리는 푸른 색깔의 알을 낳아 청란이라고 부른다. 하루에 오리 알을 80~90개씩 낳아서, 한 달을 모으니 2,500개 이상이 되었다. 3개월을 모으니 8천 개 이상이 되었고, 어느새 만여 개가 모아졌다.

나도 모르는 사이에 오리알이 창고 안에 가득해진 것이다. 알을 팔 것인가, 부화시킬 것인가? 고민이 되었다. 그래서 무릎을 꿇고 예수님께 다시 기도했다.

아주 커다란 알에서 병아리가 쏟아져 나오는 꿈을 꾸었다. 해답은 너무나 분명했다. 나는 알을 부화시켜야겠다고 결론을 내렸다.

4천 개짜리 부화기를 구입해서 오리알을 부화시키기 시작했다. 28일 동안 부화기 안에 있던 알들이 부화되어서 병아리가 나오는데, 그 광경을 직접 보지 않은 사람은 감히 상상도 할 수 없을 정도로 신기했다. 어느새 부화된 병아리가 3개월 만에 만 마리가 되었다. 130마리에서 5개월 만에 만 마리로 늘어난 것이다. 나의 고생길이, 그리고 경제 및 경영 수업이 이때부터 시작되었다.

갑자기 오리 만 마리가 생겨나니 준비할 것들이 너무 많았다. 내 삶의 90퍼센트가 없어진 것만 같았다. 철없이 뛰놀던 소년이 오리 만 마리의 아빠 역할을 한다는 것은 참으로 쉬운 일이 아니었다. 어릴 때에는 따뜻하게 해주어야 하고, 더 커지면 더 넓은 공간으로 이동시켜 주어야 했다. 아무튼 오리를 키우면서 나 자신이 무척 부지런해지지 않으면 안 되었다. 잠시도 쉴 시간이 없었다.

오리의 먹성은 어떤 동물도 따라오지 못한다. 흙마저 파먹을 정도인 오리들에게 먹을거리를 제대로 충분하게 제공해 주기란 쉬운 일이 아니었다. 오리들을 건사하기가 내겐 너무 힘든 일이었다. 지금 생각해보면 재미있는 추억으로 떠오르곤 하지만, 그때는 참 힘들었던 배움의 시간이었다.

오리 울음소리는 정말 시끄럽다. 흔히 '꽥꽥'이라고 표현하는데, 그 표현이 정확하게 들어맞는다. 그렇게 '꽥꽥'거리면서 아침이면 만 마리의 오리 떼가 밥을 달라고 울어대니, 온 동네가 떠나갈 듯이 시끄러워졌다. 그렇게 시끄러워지기 전에 오리들보다 일찍 일어나서 밥을 줘야 했다.

어느 날, 나도 모르게 늦잠을 자고 말았다. 오리들은 여느 때와 마찬가지로 밥을 달라고 떼창을 해댔다. 온 동네가 들썩거릴 정도였지만, 나는 그 떼창 소리를 듣지 못하고 깊은 잠에 빠져 있었다. 우리 시골 마을은 방송 시스템이 갖추어져 있어서 무슨 일이 있을 때마다 이장님이 방송으로 전달해주곤 하였다.

"요셉아! 빨리 오리 밥 줘라!"

나는 마을 방송 소리에 잠에서 화들짝 깨어났다. 밖으로 나가 보니 오리 떼가 합창을 하고 있었다. 온 동네에 민폐를 끼친 나는 다시는 이런 방송을 하게 하는 일이 없어야겠다는 다짐을 저절로 하게 되었다. 그리고 이후로는 한눈팔 시간도 없이, 친구들과 놀러 다닐 시간도 없이 늘 오리들과 함께했다.

어느 날 오후, 날갯짓을 하기까지 성장한 오리들을 돌보고 있었는데, 이게 웬일인가! 어이없는 일이 벌어지고 말았다. 오리 한 마리가 그물 너머로 높이 날아올라 울타리 밖으로 탈출하는 일이 발생한 것이다. 한 마리에서 그친 것이 아니었다. 그 한 마리를 따라 수백 마리의 오리들이 날갯짓하며 오리장 그물을 넘어서 날아가고 말았다. 그 광경을 목격한 나는, 하도 어이가 없어서 망연자실해지고 말았다. 날개 달린 짐승이 2미터 높이의 그물을 넘어 날아가니 손을 쓸 도리가 없었다. 나도 모르게 눈물이 앞을 가렸다. 나는 울면서 기도했다. 한없이 의기소침해진 나는 언덕에 앉아 우울해하고 있었다. 어떻게 키운 오리들인데 한순간에 다 날아가 버리다니…. 일이 전혀 손에 잡히지 않았다. 경찰서에 신고할 수 있는 일도 아니었고, 경찰이 이런 일에 참견해 줄 리도 없었다. 참담했다.

그런데 놀랍게도, 해질녘 저녁밥 먹을 시간이 되자 탈출했던 오리들이 집단으로 날아서 돌아왔다. 몇 마리가 날아서 탈출했는지도 몰랐지만, 돌아온 오리의 수효도 알 수 없었다. 아무튼 집 나갔던 오리들이 저녁이 되자 날아 돌아오는 놀라운 일이 벌어졌던 것이다. 나는 나도 모르게 두 팔을 들어 올리며 "하나님, 고맙습니다!"라고 목청 높여 외쳤다. 집 나간 오리들이 돌아왔던 사실은 나의 인생에서 가장 기억에 남는 일 중의 하나가 되었다.

나는 그 다음날 그물망의 높이를 조금 더 올려서 탈출하려는 마음을 아예 없애버렸다. 당시의 일은 내가 감당하기에는 매우 힘들었지만, 생명이 있는 동물의 주인이 된다는 것이 어떤 것인지를 몸으로 배울 수 있었다. 무슨 일이든 성심성의껏 해야 한다는 것을 그때 그 일로 거의 다 배웠던 것 같다.

오리를 키운 경험은 그 후 군대에서도 제대로 활용되었다. 공교롭게도 우리 부대 오리 관리 사병으로 뽑혔기 때문이다. 제대할 때까지 오리를 키우고 알을 받고 부화시켜서 오리의 수효를 늘렸다. 행사가 있을 때는 오리를 잡아서 다 같이 나누어 먹곤 하였다. 이것이 군대에서의 나의 임무요 보직이었다. 우리 부대에는 없었던 보직을 하나님께서 내게 만들어 주셔서 남다른 군 생활을 하게 되었던 것이다.

그날 집단으로 날아 탈출을 시도했던 오리들은 집에서 길들여진 오리들인지라 밖에 나가서 먹을거리를 찾지 못하였고, 결국은 귀소 본능이 작동하여 집으로 돌아오게 되었을 것이다. 우리에게도 역시 돌아가야 할 본향이 있다. 그분의 품 밖에서는 제대로 된 먹을거리를 구할 수가 없다. 그분의 품에서 그분으로부터 양분을 공급받아야 한다. 그분의 품 밖에서 내 뜻과 의지로 찾아낸 것들은 결국 공허한 것들이었음을 나중에야 깨닫게 된다. 그것들은 진정으로 우리를 채워줄 수가 없다. 진실한 믿음 가운데 사는 사람은, 설령 잠시 잠깐 길이 아닌 곳에서 헤매는 일이 있을지라도, 돌아가 안길 수 있는 넉넉한 예수님의 품이 있다는 것을 상기할 수 있게 된다.

지하수가 솟아나는 곳

스무 살 때, 특별한 경험을 했다. 이 경험은 나에게 다른 종교를 이해하게 해주었고, 그 종교를 믿는 이들도 하나님의 재산이란 걸 알게 되었다. 우리 교회의 집사님 한 분은 지하수를 개발하시는 사업가이셨다. 그 집사님이 어느 날 목사님께 찾아와서 질문을 했다. "절에서 지하수를 파 달라는 요청이 들어왔는데, 어떻게 해야 합니까?"라는 내용이었다.

나도 그 자리에 있어서 그 이야기를 나도 듣게 되었는데, 목사님은 나에게 숙제를 주셨다. 나의 짧은 생각으로는, 절에서 불교 믿는 사람들은 모두 우상을 섬기는 사람들이었고, 그런 사람들이 물이 없어서 힘들어하니 그저 "쌤통이다!"였다. 더 말해서 무엇 하겠는가? 나는 새삼 질문거리도 못 된다고 생각했다.

내 생각을 다 들으신 목사님은 그러나 이렇게 말씀하셨다. 모든 것은 다 내 생각일 뿐이니, 밤에 하나님께 물어보라고.

그날 밤 나는 주님께 기도를 드렸다. "하나님! 우상 섬기는 절 사람에게도 지하수를 파주어야 합니까?"

새벽에 꿈을 통해서 소식이 왔다. 하나님께서 해주신 답변은 놀라웠다. "그들도 내가 지었느니라!"

높은 산 중턱에 자리 잡은 오래된 사찰은 샘이 있어서 그 샘물로 사람들이 충분히 마셔 왔다. 하지만 근래에는 그 샘이 말라버려서 기도하러 사찰에 오는 사람들이 물을 산 아래에서 통에 담아 가지고 와야 하는 불편을 겪고 있다는 것이었다. 집사님과 나는 함께 그 사찰을 탐방하였다. 아무 곳이나 시추한다고 해서 지하수가 나오는 것이 아니므로, 물이 나올 만한 데가 있는지, 또 대형 장비가 올라갈 만한 길은 되어 있는지 등을 알아보기 위해서였다.

산세가 높은 탓인지 절로 가는 길 또한 좁고 매우 비탈졌다. 집사님은 "5톤 트럭이 겨우 올라갈 수는 있을까?" 하는 염려를 했다. 이렇게 높은 산에서 수맥을 찾아내어 지하수를 개발한다는 결코 쉬운 일이 아니었다.

여기저기를 모두 살펴보고 나서 집으로 돌아왔다. 집사님이 지하수 탐사기로 여기저기 돌아다니며 살펴보았으나, 그럴듯한 물줄기가 있는 곳을 아직 찾지 못한 터였다. 나는 하나님만 믿고 의지할 수밖에 없었다. "주님! 그들도 주님의 재산이라 하셨으니, 저에게 지하수 물줄기가 있는 장소를 가르쳐 주세요!"

간절히 기도를 하고서 잠을 잤다. 주님께서는 비몽사몽간에 두

가지 환상을 보여주셨다. 첫 번째는, 산속에 이끼들이 있는데, 그 이끼가 들썩들썩하더니 물이 지상으로 올라오는 광경이었다. 많지는 않지만 생수를 얻을 수 있다는 것은 분명했다. 두 번째는, 하늘에서 지팡이 하나가 내려오더니 만화처럼 둥둥 떠서 어디론가를 향해 움직이기 시작했다. 내가 그 지팡이를 따라가 보니 사찰 부엌 뒷문과 장독대 사이에서 멈추더니 땅바닥에 동그라미를 그리는 것이었다. 지하수 기계를 안착시켜야 할, 물줄기가 있는 곳을 표시해 주신 것이다.

새벽에 일어나 나는 하나님께 감사의 기도를 올렸다.

며칠 후, 집사님과 함께 5톤 트럭 두 대에 장비를 싣고서 사찰로 향했다. 사찰로 올라가는 길은 역시 험했다. 겨우겨우 장비가 사찰 마당에 모두 도착하자, 그 사찰의 가장 어른 스님이 산 정상에서 기도하고 내려오더니 기계를 마당 한가운데에 안착시키고 물을 파라고 했다. 그래서 내가 스님께 여쭈었다. "스님이 원하시는 대로 이곳에 시추를 해서 물이 안 나오면 어떻게 합니까? 물이 안 나와도 처음 계약한 대로 돈을 주실 겁니까?"

그러자 스님은 큰 목소리로 "물이 나오지 않는데 왜 돈을 주느냐"면서 한 발 뒤로 물러나셨다.

우리는 하나님께서 나에게 가르쳐주신 부엌과 장독대 사이에 기계를 안착시켰다. 그러자 그 공간이 시추하기 딱 알맞은 공간이 되었다. 기계를 세팅하고 나자, 집사님은 걱정스런 표정으로 "자,

모험과 같은 일을 지금부터 시작한다!"고 말했다. 지대가 그렇게 높은 산 중턱에서 지하수를 파려고 한다는 것은 어찌 보면 어리석은 일이 아닐 수 없었다. 그렇지만 우리는 하나님의 인도대로 시추를 시작했다. 조금씩 파들어 갔다. 바위산이라 처음부터 암반에 부딪혀 암석을 깨고 파나가야 했기 때문에 시간이 오래 걸렸다. 그렇게 사흘 동안을 파내려갔다. 100미터를 내려가자 작은 지하수층이 나왔다. 그래서 20미터 정도를 더 파내려간 후, 기계를 옆으로 옮기고 수중모터를 설치하여 물을 품어 올리는 시험을 했다.

그 암반수가 바로 하나님께서 보여주신, '이끼를 들고 일어났던 생수'였다. 모터로 하루 종일 품어내고 품어내도 맑은 생수가 계속 나왔다. 그렇게 고대하던 지하수 공사가 성공적으로 끝났다. 그곳에 거주하는 사찰 식구들은 물론 기도하러 올라오는 많은 신자들에게 큰 선물이 주어지게 된 셈이다.

나는 하나님을 믿는 사람이다. 나의 하나님은 지구를, 인간을 창조하셨다. 창조주 하나님을 나는 아버지라고 부른다. 나의 아버지는 나의 기도를 들어주신다. 그리고 나에게 응답해 주신다. 나는 그 응답을 소중히 여기고 순종한다. 어느 종교를 믿든지, 숨 쉬는 모든 생물은 하나님의 창조물이다. 그 창조물은 모두 하나님의 재산이다. 하나님이 괜찮다고 하면 괜찮은 것이다. 전능자의 말씀, 전능자의 뜻이 가장 먼저이기 때문이다. 나 스스로 내 의견을 주장하지 말고 먼저 아버지의 뜻을 구하는 기도가 되어야 한다.

세상에는 수많은 사람들이 다른 종교, 다른 문화, 다른 가치관을 지니고 살아간다. 그들을 내 주의주장에 따라 심판하지 말아야 한다. 그리스도의 사랑을 품고 그들을 사랑하고, 그들을 섬길 때, 정녕 그것이 그리스도인으로서의 삶이 아닌가 싶다.

믿음은 때로 급성장한다

나의 신앙과 믿음은 군대에서 많이 성장했다. 각자 다른 개성을 지니고 직업은 물론 성장한 배경과 환경이 다른 성인 남성들이 한 집합장소에서 2년여 동안을 같이 생활하고 훈련받는다는 것이 쉬운 일이 아니다. 입대한 초창기에는 많이 힘들었다. 그러나 시간이 지남에 따라 차츰 익숙해져서 나름대로 재미를 느끼게 되었다.

군 생활을 통해 가장 기억에 남는, 아니 하나님과 나를 하나로 묶어버리는 일생일대의 사건에 대해서 이야기하고 싶다.

자대 배치를 받고 처음으로 대대장님과 면담 시간이 있었다. 그런데 대대장님 또한 대대장 임무를 받고 우리 부대에 처음 부임하게 된 처지였다. 대대장님은 "이 부대가 처음인 건 서로 마찬가지니 잘 지내자."는 말씀을 하셨다. 한 계급만 높아도 엄청 높아 보였던 때라 중령 계급장의 대대장님은 대통령처럼 높아 보였다. 그런데 대대장님은 불교신자였다. 가끔 가까운 절에서 주지스님이 부대에 오셔서 염불도 하시고 대대장님과 친하게 지내는 모습을 멀리서 목격하였다.

나는 대대장님을 전도해야겠다는 마음을 품고 예수님께 기도했다. 이십대의 혈기왕성한 기독교인인지라 아마 그런 기도를 했을 것이다. 기도를 열심히 하라는 메시지를 받았지만, 전도의 의지를 강하게 표명하는 것은 하지 못하도록 만류하시는 느낌을 받았다. 그렇게 기도를 하면서 6개월이 흘렀다.

1994년은 한국 기상 관측 사상 100년 만에 가장 큰 가뭄이 들었던 해였다. 댐, 호수, 강 들이 모두 말라버려서 논과 밭은 갈라지고, 곳곳에서 산불이 나고, 상수도까지 단수가 되는 등 가뭄으로 온 나라가 큰 어려움을 겪었다.

우리 부대 역시 시골에 위치해 있었는데도 가뭄으로 지하수가 고갈되는 문제가 발생했다. 도시와 멀리 떨어져 있어서 상수도 연결도 쉽지 않았고, 지하수 파는 기계가 이곳저곳을 파보아도 시원한 결과를 얻을 수 없었다. 땅속의 지하수는 사람의 혈관과 똑같은 구조로 되어 있다. 주사바늘을 아무 곳에나 꽂아서는 안 되듯이, 지하수도 혈관처럼 물줄기를 찾아서 파야 한다.

예비군 훈련이 시작되어 더욱 많은 물이 필요하게 되었다. 그래서 소방차가 매일 물을 부대로 실어 나르는 일이 생겼다. 타는 듯한 날씨에 목이 말라 모두가 힘들어했다. 소방서에서도 지쳤는지 더 이상 물을 공급할 수가 없다고 통보해 왔다. 모두가 고통을 당하고 있었지만 누구도 해결책을 내놓지 못했다. 그때 나는 헬리콥터로 호수에서 물을 퍼담아 논에 뿌려주는 작업에 동참했다.

많은 군인들이 참여하는 훈련 날짜가 다가오고 있었다. 물 때문에 더욱 힘들어질 것이 뻔했다. 나는 하나님께 기도하지 않을 수 없었다. "하나님! 하나님은 지구를 창조하셨잖아요. 많은 군인들이 물이 없어 훈련도 못하고 목말라하고 있습니다. 하나님, 저에게 우리 부대에 지하수가 있는 곳을 가르쳐 주세요."

나는 사흘 동안 엎드려서 간절히 기도를 드렸다. 사흘째 되는 날 새벽이었다. 비몽사몽간에 우리 부대의 씨름장 옆에서 물기둥이 솟아나는 신기한 꿈을 꾸었다. 이것은 하나님께서 지하수가 있는 곳을 가르쳐주신 것이 너무나 분명했다. 저절로 감사기도가 나왔다.

아침이 되자마자 나는 중대장에게 이 사실을 보고했다. 중대장은 나의 기도와 신앙을 백 퍼센트 신뢰하고 있었다. 부대에 무슨 일이 있을 때마다 나와 함께 기도를 드리며 예수님께서 인도해 주시는 대로 순종하는 중대장이었다.

중대장은 부대 회의 시간에 요셉이 수맥을 잡아줄 것이라고 말했다. 그 말을 들은 부대 간부들은 전문가들도 찾아내지 못하는 수맥을 요셉이 무슨 수로 찾아낼 수 있겠느냐면서 비아냥거렸다. 그러나 중대장은 확신에 찬 말로, 요셉이 하나님께 기도해서 수맥이 있는 곳을 지시받았으니 한번 믿고 맡겨 보자고 설득했다. 더 이상 방법이 없던 터라 결국 지하수 파는 임무가 나에게 맡겨졌다.

상급 사단부대에서 보내온 지하수 파는 기계로 두 군데를 시추해 보았으나 모두 실패하고 말았고, 그래서 기계는 이미 다른 부대로 옮겨진 상태였다. 나는 내가 잘 아는 지하수 개발 회사 사장님께 전화를 걸어 기계를 부대로 들여왔다. 그리고 기술자들에게 하나님께서 가르쳐주신 수맥 자리를 가리켜 보이고, 그곳에 기계를 고정시키고 작업을 하라고 지시했다.

　　첫날 작업을 마치고 둘째 날 오전에 한창 땅을 파고 있는데, 부대장의 차량이 현장에 도착해서 나를 데려오라는 부대장의 명령을 전했다. 대대장실도 처음이었고, 대대장과 단둘이 만나는 것도 처음이었다. 나는 긴장이 되어 떨리기 시작했다. 대대장이 나에게 말했다. "왜 그곳에 기계를 앉히고 물을 파느냐? 그곳은 물이 없는 곳이라고 지역 주민들이 진즉부터 말하던 곳이다. 그러니 기계를 다른 곳으로 옮겨라!"

　　6개월 동안 대대장님을 전도하기 위해서 그토록 간절하게 기도했는데, 대대장님과 단둘이 앉아 있는 것 자체가 놀라웠다. 나는 대대장님께 차분한 목소리로 질문했다. "대대장님은 무슨 종교를 믿습니까?"

　　대대장은 40년째 부처님을 믿는다고 했다.

　　"그럼, 늘 부처님께 기도를 하시겠네요? 부처님이 지금 우리 부대와 대대장님의 걱정에 대해 뭐라고 말씀하셨나요?"

　　그러자 대대장은 그냥 믿음만 있을 뿐이지, 거기에 대해서는 기도도 해보지 못했고 당연히 대답도 못 들었다고 했다. 나는 거침없이 대대장에게 나의 하나님을 증거하기 시작했다. 6개월 동안이나 그토록 기다려온 기회가 아닌가!

나는 살아 계신 하나님을 믿는 사람이며, 하나님은 지구를 창조하셨다. 그리고 그 하나님을 나는 아버지라고 부른다. 그래서 지구를 창조하신 하나님 아버지께 지하수가 어디 있느냐고 물었더니, 물이 있는 곳을 가르쳐주셨다. 그래서 지금 지하수를 파고 있는데, 무엇이 문제인 것이냐?

이런 논지로 말하면서, 나는 마음껏 하나님 자랑을 늘어놓았다. 대대장은 나의 말을 이해했고, 마침내 설득을 당했다. 무려 세 시간 동안이나 기꺼이 하나님 이야기를 전했고, 기꺼이 들었다. 점심시간이 훌쩍 지나서야 대대장은 본인의 1호 차량을 나에게 제공해주면서 훈련장에 있는 공사 현장까지 타고 가라고 했다.

너무 뿌듯했다. 졸병이 대대장실에서 대대장에게 하나님을 전도하며 하나님을 알렸다는 것이 너무 기뻤다. 현장으로 돌아온 나는 기술자들과 열심히 지하수를 팠다. 이틀을 파내려가자 놀랍게도 그곳에서 100톤이라는 많은 양의 물이 나왔다. 부대에 있는 엄청 큰 물탱크에 밤새 물이 가득 채워지고도 물이 넘쳐났다. 부대의 모든 병사들과 간부들이 뛸 듯이 기뻐했다.

공사를 마친 후, 대대장은 나를 다시 대대장실로 불렀다. 아무런 수맥 탐지 기계장치도 없이 물자리를 잡고 확신에 찬 하나님의 신앙으로 생수를 퍼올려 준 의지에 놀랐다고 했다. 그러면서 자신도 이제는 하나님을 믿어야겠다는 결심을 드러냈다.

하나님의 놀라운 기적으로 많은 사람들이 물을 마시며 훈련하고 씻으며 행복해했다. 그것은 곧 살아 계신 하나님에 대한 살아있는 증거였다. 이 일은 나의 믿음이 5백 퍼센트 성장하는 사건의 첫 시작이었다.

사망에서 건짐 받은 중대장 아들

성경을 일곱 번 연속해서 읽으면서 내가 가장 좋았던 인물은 이름도 없는 믿음의 백부장이다. 그래서였을까. 군대에서 백부장과 같은 믿음의 기적을 경험하게 되었다.

군대생활을 할 때 나는 틈만 나면 중대장에게 전도하러 갔다. 경주가 고향인 중대장은 누가 봐도 멋진 경상도 사나이였다. 그런데 종교가 없다는 이야기를 듣고 어떻게든 예수님을 믿게 해야겠다는 일념으로 찾아가곤 했던 것이다. 그런 나를 중대장도 싫지는 않았는지 내 이야기를 귀담아 들으려고 노력했다. 군대라는 특수집단 속에서, 그것도 졸병이 중대장을 전도한다는 것은 쉬운 일이 아니었다.

함께 생활한 지 두 달쯤 되었을까. 그날따라 아침부터 중대장의 안색이 좋지 않았다. 걱정이 가득한 얼굴이었다. 중대장실 행정병들에게 물어봐도 잘 모른다는 답변만 돌아왔다. 그러던 중 당번병이 나에게 와서 "요셉아, 중대장님 아들을 위해 기도해 줘!"라고 부탁을

제1부 내 신앙의 바탕화면 59

하는 것이었다. 당번병은 신학교에 다니던 중 입대한 전도사였다. 그도 자세한 것은 모르나 어린 아들이 아파서 병원에 입원해 있다고 했다. 그래서 중대장의 걱정이 이만저만이 아니라는 것이다.

점심시간에 중대장님을 찾아갔다. 무슨 일이 있어서 안색이 좋지 않으시냐고 물었더니, 아들이 열병이 나서 응급실에 갔는데 열이 떨어지지 않아서 가족 모두가 걱정하고 있다고 했다. 그러면서 또 한 가지 충격적인 이야기를 했다. 지금 입원해 있는 아들은 세 살인데 그 위로 큰아들이 있었다. 그런데 그 아이는 2년 전 자신이 소위였을 때 지금의 아들이 아팠던 것처럼 열병이 나서 죽고 말았다. 둘째가 또 그렇게 아프니 하늘이 무너지는 것 같다고 했다.

이야기를 듣는 순간, 나도 과연 어떻게 도와야 할지 알 수가 없어 눈앞이 캄캄해졌다. 분명한 것은, 예수님의 절대적 도움이 필요하다는 것이었다. 다음날도 아들은 병원에 있었고, 열은 여전히 떨어지지 않은 상태였다. 병원에서도 더 이상 손을 쓸 수가 없다는 결론에 이르러, 아이는 간부 관사로 옮겨졌다는 소식을 듣게 되었다.

왜 그때 그 생각이 들었을까. 목사님이신 아버지가 오셔서 안아주시고 기도해주면 병이 나을 것 같았다. 그것은 거의 확신에 가까웠다. 나는 중대장을 찾아가서 나의 의견을 강하게 이야기했다. 그랬더니 더 이상의 방법이 없었던 중대장은 아버지를 부대로 초대하였다.

나는 급히 아버지에게 전화를 걸었다. 상황을 이야기하고서 아버지께 기도를 부탁드렸다. 아버지는 알겠노라 하시고는, 다음날 아침에 부대로 오셨다. 아버지께서 관사에 들어가서 누워 있는 아이를 끌어안고 기도해 주셨다. 그리고 잠들어 있는 아이를 뉘어놓고 중대 장에게 말씀하셨다.

"이 아이가 누구의 아들인가?"

중대장은 자기의 아들이라고 대답했다.

"그럼, 누가 이 아들을 위해서 기도를 해야 하겠는가?"

아버지의 두 번째 질문에, 중대장은 당연히 자신이 기도해야 한다고 대답했다.

"맞습니다. 중대장 아들이니 중대장이 기도해야 합니다. 다른 누구도 기도해 줄 수 없습니다. 내 사랑이 아버지인 당신의 사랑보다 더 크겠소? 사랑이 큰 사람의 기도가 더 전달이 잘 되지 않겠소?"

아버지는 그러면서 중대장에게 기도의 방법을 가르쳐주셨다. 아들을 사랑하는 아버지의 기도가 가장 중요하니, 꼭 엎드려서 기도하라고 당부하셨다. 그리고 기도를 시작할 때는 예수님을 부르고 기도하라고 가르쳐주셨다.

아버지의 말씀을 모두 이해한 중대장은 고개를 끄덕이며 아버지의 이야기를 청종하였다. 아버지는 그렇게 기도를 해주시고 부대를 떠나셨다.

그날 오후, 놀라운 일이 일어났다. 오전 내내 잠을 자던 아이가 오후에 벌떡 일어나더라는 것이다. 그 후로 열이 차츰차츰 떨어지더니 마당에 나와서 걸어 다니기까지 한다는 것이다. 아이의 빠른 회복에 중대장은 너무나 기뻐했다.

그 일을 계기로 중대장은 예수님을 믿게 되었다. 그날 밤부터 기도하는 중대장, 예수님을 믿는 중대장이 되었다.

1994년 5월에 있었던 일이다. 그 아이가 잘 자라서 군대를 제대하고 지금은 부산에서 대학에 다니고 있다. 죽음의 문턱까지 갔던 아이를 살려주신 예수님! 그리고 그 일을 통해 중대장 가족을 인도하신 예수님! 이후로 나의 군 생활은 중대장과 함께 믿을 수 없는 기적 같은 나날을 보내게 된다.

하나님을 찾을 수밖에 없는, 그리고 기도할 수밖에 없는 환경을 만들어 주시는 하나님, 사랑의 하나님은 언제나 그렇게 우리가 돌아오기를 기다리신다!

무엇이 진짜 승리인가

　나의 군 생활은 놀라움 그 자체였다. 훈련을 마치고 자대 배치 후 신병 신고식에서부터 주목을 받았다. 나는 오리 키운 이야기와 예수님께 기도하면서 살아온 축복의 시간을 중대원들에게 전해주었다. 신고식이 끝나자마자 서너 명이 나에게 몰려와서 축복기도를 해달라고 했던 기억이 지금도 생생하다. 나는 그들에게 일방적으로 축복기도를 해주지 않고, 그들로 하여금 스스로 기도를 하도록 기도하는 법을 가르쳐주었다.

　다른 사람이 대신 해주는 기도가 얼마나 효험이 있겠는가? 자기 스스로 기도를 해야 하고, 응답을 받는 기도를 해야 한다. 응답을 받는 기도를 하려면, 자기 생각을 내려놓고 짧고 분명하게 마음을 다해서 정성으로 해야 한다…. 그런데 신기한 일은, 그렇게 기도법을 전수받은 고참들이 모두 응답을 받았다는 사실이다. 나는 그렇게 응답을 받은 것들을 내 나름으로 분별해 주면서, 살아 계시는 예수님을 증거하였다.

많은 병사들에게 신앙상담을 해주었는데, 기억에 남는 일은 단체로 한 가지 목적을 두고 기도했던 일이다. 부대 배치 후 처음으로 맞는 대대 체육대회를 앞두고서였다. 우리 중대는 축구가 가장 강한 팀이었다. 누군가가 나를 한적한 곳으로 끌고 갔는데, 우리 중대 축구팀 열한 명의 선수들이 전원 모여 있었다.

이등병이었던 나는 바짝 얼어붙어서 경례를 한 후, 나를 왜 부르셨느냐고 물었다. 가장 고참이 나에게 다가와 큰 목소리로 말했다. 곧 열리는 체육대회 축구시합에서 우승을 하면 5박 6일의 포상휴가가 주어진다, 요셉이 기도를 해서 하나님이 우리가 우승을 한다고 하면 열심히 뛸 것이지만 우승을 못한다고 하면 힘들게 뛸 이유가 없지 않은가? 그러니 먼저 하나님께 기도를 하여 우리 중대가 과연 우승을 할 것인지 알아봐 달라. 그런 내용이었다.

세상에, 어떻게 이렇게 믿음이 좋은 사병들이 있을 수 있단 말인가? 나는 그 소리를 들으며 처음에는 그들의 믿음에 놀라지 않을 수 없었다. 약간의 비아냥거림이 느껴지지 않은 것은 아니었지만, 발상 자체만으로도 충분히 놀랄 만한 일이었다. 하지만 내가 기도를 해서 응답을 받은 다음, 그 응답대로 그들이 움직인다 한들, 그들 자신의 신앙에는 무슨 보탬이 되겠는가? 그들 스스로 묻고 그들 스스로 응답을 받아야 가치가 있는 것이다. 그래서 나는 그들에게 한 가지 조건을 내걸었다. 나도 기도를 하겠지만, 열한 명의 선수들도 밤에 잠들기 전에 예수님께 기도를 하여 우리 중대가 우승을 하겠느냐고 물어야 한다고 했다. 그랬더니 몇 명의 병사들이, 자기는 예수를 믿지 않는데 어떻게 예수에게 기도를 하느냐고 항의했다. 그래서 그럼 예수님을 부르지 않아도 좋으니 "나를 이 땅에 보낸 신이시여!" 하고 기도를 하라고 수정을 해주었다. 그러자 모두들 그렇게는 할 수 있겠다고 했다. 그래서 사흘 동안 저녁마다 기도를 하고 4일째 되는 날 다시 그곳에서 만나기로 했다. 기도를 하면 비몽사몽간에 꿈을 꿀 것이니 소홀히 여기지 말고 잘 기억했다가 그 내용을 나에게 이야기해 달라고 했다. 열한 명의 선수들은 각자의 믿음(?)대로 기도를 하겠다고 했다.

나는 주님께 그들의 믿음대로 그들에게 응답해 주실 것을 간절히 기도했다. 주님은 나에게 승패의 결과가 어떻게 되는지 선명하게 응답해 주셨다. 나는 감사의 기도를 드리고, 4일째 되는 날 만남의 장소로 나갔다.

열한 명의 선수들이 모두 모이자, 선수들은 사흘 동안 자신들이 기도했던 이야기를 풀어놓기 시작했다. 마치 신드바드의 모험 이야기처럼 흥미로웠다. 자신이 도대체 무엇을 하고 있는 것이냐는 의문을 품으면서도 기도를 했다는 무종교 사병에서부터 예수님과 부처님과 알라신을 모두 부르며 장난을 쳤다는 사병에 이르기까지, 별별 이야기가 다 나왔다. 웃음꽃이 만발했다. 그러던 중 성깔이 사납기로 알려진 최고참이 나에게 다가오더니 나의 멱살을 잡아 위로 쳐들어 올리더니 험한 욕을 하면서 "하나님이 우승을 한다고 응답을 했어?"

라고 나에게 물었다. 우승의 응답을 받지 못했다고 대답하면, 그 모든 것을 내 탓으로 돌릴 것만 같은 기세였다. 그동안 살아오면서 욕이라고는 들은 일도 없고 한 일도 없었는데, 생전 처음으로 쌍욕을 듣고 나니 무척 당황스러웠다.

하지만 나는 하나님이 응답해 주신 대로 "우승하지 못한다!"는 답변을 하지 않을 수가 없었다. 그랬더니 그는 나를 더 높이 쳐들어 올리더니, 자기도 사흘 동안 기도를 열심히 했다면서 꿈을 꾸었는데 그 꿈을 똑바로 해석하라면서 나를 바닥으로 내동댕이쳤다.

기도한 지 사흘째에 꿈을 꾸었는데, 축구 결승전이 열렸다고 했다. 그런데 자기가 공을 드리블하고 상대 골을 향해 슛을 날리려고 하면 태클이 들어와서 공을 빼앗기고, 다시 또 슛을 날리려고 하면 태클이 들어와 공을 빼앗기는 일이 반복되었다. 그런 일이 몇 차례 되풀이되더니 결국엔 다리에 경련이 일어나서 쓰러졌고, 들것에 실려 운동장 밖으로 나오게 되었다는 것이다. 꿈이 끝날 무렵 수탉 한 마리가 자기 앞에서 자기를 노려보고 있었다고 했다. 그러면서 나에게 빨리 꿈 해석을 하라는 것이다.

신기한 것은, 열한 명 중에서 이 고참만이 유일하게 꿈을 꾸었다는 점이었다. 나는 그에게 이번 축구시합은 백 퍼센트 우승을 하지 못한다고 대답했다. 고참은 방금 전에 했던 욕보다 더 심한 욕을 퍼부으며, 우리가 만약 우승을 하게 된다면 나를 가만 안 두겠노라고 으르렁거렸다. 은혜로 시작된 기도모임이 협박과 공포로 변해버린 것이다. 나는 그렇지 않아도 졸병인데 고참이 엄포를 놓으니 더욱

주눅이 들어 하늘이 노래지기까지 했다.

고참은 나에게 주먹을 흔들어 보이며 우리 중대가 우승하기만
하면 가만 안 놔두겠다는 말을 되풀이했고, 결국 그렇게 해산했다.
다른 병사들보다 이 고참은 포상휴가가 절실한 처지였다. 그랬기
때문에 더욱 간절히 기도했고, 우승을 해야만 고참 순으로 휴가를
갈 수 있어서 더욱 애가 탔던 모양이었다. 어쨌거나 우리 중대는
일과가 끝나면 연병장에서 연습에 연습을 거듭하면서 우승의 꿈을
키워갔다.

드디어 체육대회가 열렸다. 모두 10개 팀이 토너먼트로 이틀
동안 펼쳐지는 축구시합은 예선부터 뜨거운 관심을 불러일으켰다.
그런데 이 일을 어쩌나. 우리 팀이 승승장구하더니 결승까지 진출한
것이다. 그 고참은 승리를 거둘 때마다 내 앞을 지나가면서 주먹을
흔들어 보이며 협박을 하곤 했다. 그런 고참을 볼 때마다 나는 정말
어찌할 바를 몰랐다.

둘째 날, 마침내 결승전이 벌어졌다. 나의 기도, 그리고 축구팀
전원의 기도 소문이 부대 전체에 퍼져 있어서 경기 결과에 더욱
더 관심이 집중되었다. 전후반 0대 0. 손에 땀을 쥐고 경기를 지켜보는
가운데 연장전이 벌어졌고, 우리 중대가 먼저 한 골을 넣었다. 아니,
이게 어찌된 일인가? 분명 하나님께서는 우리 중대가 우승을 하지
못한다고 응답해 주셨는데, 1대 0으로 앞서 나가고 있었다. 연장이
끝날 시간도 이제 얼마 남지 않았다. 하늘이 노랗게 보이고, 한숨이
푹푹 나왔다. 기세등등하게 우리 팀이 계속 밀어붙였다. 그런데

이변이 일어났다. 그 고참이 너무 열심히 뛰어서일까. 정말 꿈에서처럼 다리에 경련이 일어나 쓰러지고 말았다. 심판이 선수를 운동장에서 내보낸 사이에 상대팀이 동점골을 넣었다. 나는 속으로 환호성을 질렀다. 우리 편이 골을 먹었는데, 나만 환호성이라니! 그 심정은 나만이 알 수 있을 것이었다.

심판의 호루라기로 경기는 동점으로 끝났다. 승부차기로 승패를 가르게 되었다. 나는 승패를 볼 것도 없이 우리가 졌음을 확신했다. 우리 팀은 5대0으로 졌다. 하나님이 계시해 주셨던 그대로였다, 연장전까지 치르고도 패하고 만 우리 팀 선수들은 모두가 운동장에 그대로 쓰러져 드러누웠다. 선수들은 한참 후에야 자리에서 일어나 힘없이 퇴장하기 시작했다. 그동안 나를 볼 때마다 겁을 주었던 고참들은 단 한 사람도 나에게 눈길도 주지 않고 고개를 떨군 채 그라운드를 떠났다.

간절히 기도를 하기만 하면 하나님의 계시는 누구에게나 임하게 된다는 것을 깨우치게 된 사건이었다. 휴가가 절실했던 그 고참도 기도의 응답을 받은 것이 분명하지만, 자기 나름대로 그 응답을 받아들일 생각을 감히 내지 못하고 거부했었던 것뿐인 것이다. 작고 소소한 이야기 같지만, 이 일로 나는 더욱 더 하나님에 대한 믿음이 튼튼해졌다. 그리고 하늘이 노랗게 보였을 만큼 나 자신의 믿음이 약하다는 사실도 깨달았다.

승패는 축구경기에만 있는 것이 아니다. 살아가는 동안 내내 어느 순간에나 승패를 가려야 하는 일이 벌어진다. 이런 승부 저런 승부가 언제나 벌어지고 있는 중이라고 할 수 있다. 진정한 승리란 무엇일까? 내가 하나님 안에 있는 것이다. 진정한 패배란 무엇일까? 내가 하나님 밖에 있는 것이다. 겉으로 승리한 것처럼 보여도 하나님 안에서 거둔 승리가 아니라면, 그것은 진정한 승리라고 할 수가 없다. 그런 승리는 언젠가는 혹독한 대가를 치르고 반납하지 않으면 안 된다.

우리 중대가 패한다는 것을 미리 알고 있었지만, 그것이 확인이 되는 순간까지도 계속 조마조마했고, 하늘이 노랗게 되는 두려움에 빠지기도 했다. 그분의 큰 사랑 안에 한결같이 머물지 못하고, 인간적인 판단과 감정을 내려놓지 못한 채 그 사랑의 둥지를 들락거렸던 내가 부끄러워졌다.

당시 상대편으로 뛰면서 동점 골을 넣었던 고참과는 20년이 지난 지금도 가끔씩 만나면서 그때의 감동과 우리의 신앙을 이야기한다.

짐승만 살리지 않게 하소서

제대 후 일 년 동안은, 시골 아버지의 집에서 집안일을 거들면서 성경을 통독하며 지냈다. 그해 겨울에는 유난히 눈이 많이 내렸다. 어느 날, 아침식사를 한 후 뜨뜻한 방에 들어앉아 성경을 읽고 있는데 새벽에 꾼 꿈이 생각났다.

꿈은 성경 속에서도 보이지 않는 영의 세계와 이 육신의 세계를 연결짓는 아주 중요한 통로로 등장하곤 한다. 꿈쟁이 요셉은 꿈을 통해서 먼 미래를 예언 받았고, 탁월한 해몽을 통해서 이집트의 총리직에 올라 이스라엘의 미래를 열어간다. 사도 바울도 아주 중요한 시기에 꿈을 통해서 갈 길을 인도받는다. 아시아로 전도여행을 떠나려 준비했지만 성령께서 그것을 원치 않은 것을 알게 된 바울은 아시아로 가기를 포기한다. 그리고 다시 기도하니 비몽사몽간에 마게도냐(마케도니아) 사람이 도와달라고 하는 환상을 본다. 이것은 분명히 주님께서 마게도냐로 가라는 신호를 보내신 것이라 여긴

바울은 마게도냐로 전도여행을 떠난다.

이렇듯 꿈이나 환상은 주의 인도대로 살아가는 제자나 사도들에게
는 나침반 역할을 해준다. 나 또한 항상 예수님께 기도한다. "주님!
나의 길을 인도하여 주소서." 이렇게 기도하면 주님은 내가 알 수
있도록 꿈이나 환상으로 나를 인도해 주신다.

새벽에 꾼 꿈이 생각나서 성경책을 덮고 자리에서 일어났다. 동네
아저씨가 나를 부르며 도와달라고 하는 꿈을 꾸었던 것이다. 함박눈
이 펑펑 내리고 있었다. 애써 아저씨의 집을 찾아갔지만 이미 오래전
에 이사를 갔는지 텅 비어 있었다. 암만 해도 이상한 일이었다.
나에게 도와달라던 아저씨는 흔적도 찾아볼 수 없었다. 마당에 한참
서 있다가 집으로 돌아오려고 발길을 돌렸다. 그런데 그 순간, 부엌
쪽에서 무슨 소리가 들리는 것이 아닌가.

부엌으로 들어가 보니, 아궁이 옆에 큰 항아리가 묻어져 있는데
그 안에서 아주 어린 강아지 한 마리가 끙끙대며 발로 항아리를
긁고 있었다. 옛날 시골집은 부엌에 항아리를 묻어 두고는 쌀이나
물을 담아두곤 했었다. 그곳에 어린 강아지가 빠지고 만 것이다.
어떻게든지 빠져나가고 싶어서 두 발로 긁어댔는지 발에서 피가
날 정도였다. 나는 "네가 새벽에 나에게 살려달라고 했구나?"라고
말하면서, 두 손으로 강아지를 들어올렸다.

강아지를 바닥에 내려놓으니, 강아지가 쫄래쫄래 길을 나섰다.
자기 집을 향해 가는 모양이었다. 따라가 보니 동네 할머니 집으로

들어가는 것이었다. 할머니는 강아지를 끌어안고 반가워 하셨다.

할머니를 만나서 강아지를 구해주게 된 내력을 말씀드렸다. 할머니는 강아지가 집을 나간 지 이틀째였다고 하셨다. 강아지가 어미를 따라 산책을 나갔는데, 어미와 다른 두 마리 강아지만 돌아왔다는 것이다. 한 마리가 없어져서 여기저기 찾아다니면서 걱정을 하셨다. 추운 겨울이라서 분명 어디선가 얼어 죽었거나 누군가가 데려가 버린 모양이라고 생각했는데, 이렇게 돌아오니 얼마나 기쁜지 모르겠다고 하셨다. 말 못 하는 짐승이 항아리에 빠져 위험에 처해 있었는데, 하나님께서 그 강아지의 사정을 아시고 나에게 꿈으로 가르쳐주셨던 것이다.

강아지의 생명을 살린 일이 너무나 대견하고 또 신기했다. 그날 밤, 나는 다시 기도했다. "말 못하는 강아지의 생명을 건져주신 하나님, 앞으로는 죽어가는 영혼을 건져내는 일을 할 수 있게 저를 인도해 주세요!"

다음날 새벽, 비몽사몽간에 환상이 보였다. 내가 열차를 타고 알고 지냈던 어느 형을 찾아가서 전도하는 모습이었다. 아침이 되자 나는 그 형에게 전화를 하고는 찾아갔다. 그는 미술대학에서 조교로 일하면서 대학원 진학을 계획하고 있었다. 갑작스레 찾아온 나를 반기며 웬일이냐고 물었다. 나는 살아 계신 예수님이 당신에게 예수님을 전도하라고 해서 왔다고 했다. 그랬더니 자신은 종교에 전혀 관심이 없다는 것이었다. 그래서 나는 그렇지 않다, 예수님은 우리 모두에게 필요한 존재이기 때문에 고민과 걱정이 있으면 혼자서 고민하지 말고, 예수님께 기도해야 한다고 말해 주었다.

특전사 출신답게 "무슨 일이든지 의지를 갖고 강한 추진력으로 해나가면 되는 것이지, 기도는 무슨 기도냐?"라고 반문했다. 그래도 이렇게 먼 길을 왔으니 점심식사나 하고 가라고 권했다. 점심을 먹은 후 차를 마시는데, 그가 나에게 한 가지 고민이 있다면서 털어놓았다. 자신은 미술가로서 교수가 되고 싶은데 자기의 앞날을 알 수가 없어서 어떻게 해야 할지 고민이라는 것이었다. 그 말이 끝나자마자 나는 '그런 것도 예수님께 물어보면 가르쳐주실 것'이라면서 기도하는 법을 가르쳐주었다. 그는 교회나 성경이나 기도와는 아무런 상관 없이 살아왔다면서, 자기 집안은 대대로 불교 집안이라고 했다. 그래도 나는 물러서지 않았다. 내가 가르쳐준 대로 딱 사흘 동안만 밤에 잠들기 전에 예수님께 기도해 보라고 했다. 그러면 예수님께서 꿈이나 환상으로 당신에게 편지를 보내주실 테니, 그러면 소홀히 여기지 말고 잘 기억했다가 나를 찾으라고 당부했다.

사흘 후, 그에게서 전화가 왔다. 다짜고짜로 이번에는 자기가 나를 찾아오겠다고 했다. 약속시각에 맞추어 그가 우리 집으로 찾아왔다. 선물로 쇠고기 세 근을 사가지고서였다. 사흘 전, 그는 내가 다녀간 뒤 정말 무릎을 꿇고 예수님께 자기 인생의 진로에 대해서 묻는 기도를 했다. 미술교수가 자기에게 맞는 진로인지, 대학원 진학이 과연 옳은 길인지를 간절하게 물었다. 그러고는 잠이 들었는데, 비몽사몽간에 환상을 보았다.

칠판에 그림을 그리는데, 모델을 보면서 그림을 그리는 것은 아주 똑같이 잘 그려졌다. 그런데 갑자기 모델이 사라지면서 창작 그림을 그리라는 주문을 받게 되었다. 그는 아무런 그림을 그리지 못하고 분필만 들고 서 있다가 꿈에서 깨어났다. 꿈이 너무 선명하고 재미있었다. 그래서 본인도 신기해서 나를 찾아왔다는 것이다.

나는 하나님께서 형을 많이 사랑하신다고 말해주었다. 누가 보아도 그건 백 퍼센트 하나님의 인도하심이라고 했다. 형에게는 미술교수로서의 미래가 없다는 것이 하나님의 뜻이라고 말했다. 그는 쉽사리 받아들이려고 하지 않았다. 지금까지 미술을 10년이나 공부했는데 꿈 하나 꾼 것 때문에 진로를 바꾸어야 한다니 받아들일 수 없다고 했다. 그러면서 좀 더 생각해 보겠다고 했다.

그 후 3개월쯤 지났을까, 그에게서 전화가 왔다. 나를 찾아오겠다는 것이었다. 3개월 만에 만난 그는 싱글벙글하였다. 무슨 일로 나를 찾아왔느냐고 물으니, 그때 그렇게 헤어지고 나서 집으로 돌아가서 다시 예수님께 기도를 했다는 것이다. "예수님, 10년간 그림공부를 해왔는데 단번에 그만둘 수가 없으니 다른 확신을 주세요. 주식을 살까요?"

그렇게 기도를 했는데, 그날 밤 건설주와 금융주가 붉은 선을 그리며 상향가로 치솟는 꿈을 꾸었다. 너무도 확실한 그림을 꿈에서 보았기 때문에, 50만 원인 월급 전부를 들고 증권사를 찾았다. 건설주 25만 원, 금융주 25만 원어치를 샀다. 그런데 한 달 후 그가 주식을 샀던 건설회사는 2002년 월드컵 경기장 건설사로 선정되고, 금융사는 그 후원은행으로 선정되었다. 주식 가격이 치고 올라가더니 3개월 만에 애초에 구입했던 가격의 20배가 되었다. 50만 원의 투자금액이 천만 원으로 뻥튀기된 것이다.

그는 그 주식을 모두 팔았고, 천만 원 중에서 내 몫이 300만 원이라고 했다. 이런 축복이 쏟아진 것은 예수님께 기도했던 결과라면서, 나에게 고마움을 표하기 위해 돈을 가져왔다고 했다. 그는 이어서, 미래가 불투명한 미술 공부를 그만두기로 했다고 했다.

"살아계신 예수님, 그를 간섭해 주시고 인도해 주셔서 감사합니다." 저절로 기도가 나왔다. 이렇게 살아 있는 체험을 한 후에 그는 물론 예수님을 믿게 되었다.

그리고 정유회사에 취직해서 새로운 길을 가게 되었고 지금은 신앙생활도 잘하며 주님과 동행하는 삶을 살고 있다.

경제적으로 어려우세요?

살다보면 누구나 다 큰 위기를 만날 때가 있다. 2001년, 우리 가족은 경제적 난관에 봉착했다. 폐교를 매입하고 나서 꽤 많은 세금을 내고 나니 은행잔고가 0원이 되었다. 처음으로 약간의 빚도 지게 되었다. 살아가려면 무슨 일이든지 해야 하는 상황에 이르렀다.

일반 가정집 생활비로는 학교살림을 꾸려 나가기가 힘들었다. 아버지와 나는 그때까지 단 한 번도 은행대출이라는 것을 받아본 일이 없었다. 그런데 두 달 동안 매입한 학교를 정리하느라 경제활동을 할 수 없었고, 그러다 보니 전기요금을 두 달이나 내지 못하는 상태가 되었다. 어떻게 해야 이 어려운 시간을 헤쳐 나갈 수 있을까? 예수님께 호소하는 수밖에 다른 길이 없었다. "예수님, 어렵습니다. 어떻게 이 어려운 경제상황을 이겨나가야 하죠?"

우리는 돈이 절실히 필요했다. 무슨 일이든지 해야 했다. 기도를 하고 나서 잠을 자는데, 꿈속에서 내 손에 페인트칠하는 롤러가

쥐어져 있었다. 페인트칠이라니! 롤러라니! 경험도 없는데!

어떻게든 일을 해야 했기에 페인트칠을 배워야겠다고 결심했다. 평소에 잘 알고 지내던 페인트 가게 사장님을 찾아가서 일을 배우게 해달라고 부탁했다. 낡은 학교를 매입했기에 옥상부터 여기저기 페인트칠을 해야 했고 방수도 해야 했다. 페인트를 구입하기 위해 찾아갔던 가게 사장님을 사귀었던 것이 계기가 된 셈이었다. 다음 달부터 페인트칠을 배워 가면서 일을 시작할 수 있었다.

처음엔 서툴렀지만 무슨 일이든 계속하다 보면 숙달되고 기능인이 되게 마련이다. 한 달 동안 열심히 일해서 월급을 받게 되었고, 모두 아버지에게 갖다 드렸다. 당시 나의 월급은 초보자여서 150만 원 정도였다. 그 돈으로 아버지는 전기요금과 생활비를 충당하셨다.

어느 정도 일이 손에 익어가자 사장님은 차츰 나에게 일을 맡기셨고, 책임시공을 할 수 있게 일감도 밀어주셨다. 일 년쯤 일을 배우니 어느 정도 잘할 수 있게 되었다. 그때부터는 나 스스로 일을 맡아서 해야겠다고 생각하고는 기독교 신문 광고란에 교회 방수 페인트 광고를 냈다. 하나님의 큰 도움이 있었던 것이 분명했다. 전국 여기저기에서 공사를 해달라고 연락이 왔다.

페인트칠은 참 재미있다. 색 바랜 건물을 청소하고 갖가지 예쁜 색을 만들어 칠을 하다 보면 어느새 새 건물이 되어 주위를 밝게 만들어 준다. 페인트칠은 5년 주기로 해야 하기 때문에 한번 성실하게 잘해주면 다시 또 찾게 되어 있다. 페인트칠은 경제적으로 많은 도움이 되었다.

무엇보다도 우리 집이 된 학교가 낡은 콘크리트 건물들이어서 여름철에 비만 내리면 여기저기에서 물이 새는 일이 많았고 페인트가 벗겨져서 영 보기가 좋지 않았다. 방수공사를 해야만 하는 상황이었다. 방수업체에 견적을 물으니 수천만 원이 필요했다. 그런 터에 내가 직접 일을 하면서 틈틈이 배운 바가 있어 학교 방수공사와 페인트칠을 할 수 있게 되었다.

20년이 지난 지금도 나는 한국에 있을 땐 가끔 페인트칠을 한다. 요즘은 인건비가 그 당시와는 비교도 안 되게 올랐다. 나 같은 기술자가 많지 않아서인지 여기저기에서 일을 해달라는 요청이 온다. 어려웠던 시절, 하나님께서 나에게 페인트칠을 하는 일을 하라고 가르쳐 주신 것을 생각하면 지금도 눈물이 나도록 감사할 뿐이다.

여러분, 지금 경제적으로 어려우세요? 그럼 기도하세요! 그리고 일하세요!

중풍에서 일어나신 외할아버지

2017년 4월, 외할아버지께서 96세를 향수하고 돌아가셨다. 돌아가실 때까지도 식사를 잘하시고, 시간에 맞춰 산책도 하시며, 눈이 밝아 큰소리로 성경도 읽으셨다. 할아버지는 노환으로 앓아누우신 지 한 달 만에 돌아가셨다.

할아버지가 70세 때인 25년 전, 한 차례 무서운 병마가 찾아왔었다. 중풍으로 갑작스레 쓰러지신 할아버지는 급히 큰 병원으로 실려가 치료를 받았으나, 병원에서는 완치가 안 된다며 퇴원시켰다. 나는 급히 연락을 받고 할아버지 댁으로 갔다. 할아버지는 오른쪽 뇌에 충격을 받아 오른쪽 신체를 움직이기가 힘들었다. 말하는 것도 힘들었고, 침을 계속 흘리셨다. 발도 마찬가지로 오른쪽을 사용할 수 없어서 걷는 것조차 힘들었다. 며칠 전까지만 해도 농사일을 잘하셨던 할아버지께서 하루아침에 병자가 된 것이다. 말도 제대로 못 하시고 식사도, 걷는 것도 불가능하여 완전히 딴사람이 되어 누워 계셨다.

나는 그렇게 누워서 침을 흘리고 계시는 할아버지를 바라보며 무엇을 도와드려야 할지 막막하기만 했다. 큰 병원의 의사선생님들이 병원에서는 치료를 할 수 없다고 집으로 보냈으니 더욱 희망이 없을 수밖에 없었다. 가족들 모두가 침울한 분위기 속에서 할아버지를 그저 바라볼 뿐이었다.

나는 지금도 그날을 생생히 기억한다. 내가 할아버지를 위해서 할 수 있는 일은 주님께 기도하는 것밖에 없었다. 그날 밤 할아버지를 뵙고 온 나는 간절히 예수님께 기도했다. "주님! 할아버지는 영영 이렇게 돌아가시나요? 도와주세요!"

이렇게 기도하고 잠자리에 들었다. 그날 밤, 나의 기도를 주님이 들어주셨는지, 응답해 주셨다. "요셉아! 아무것도 걱정하지 마라! 회개하면 일어날 것이다." 그것이 주님께서 나에게 응답해 주신 말씀이었다.

나는 일어나서 다시 엎드려 주님께 감사 기도를 드렸다. 그리고 다시 할아버지를 찾아갔다. 할아버지는 방에 누워서 괴로운 듯 온몸을 뒤척이셨다. 나는 무릎을 꿇고서 할아버지를 바라보며 큰소리로 말씀드렸다. "할아버지, 걱정하지 마세요. 하나님께서 할아버지를 치료해 주신다고 했어요. 그런데 할아버지께서 회개해야 한다고 하셨어요." 그리고 계속해서 이렇게 말씀드렸다. "할아버지가 지금까지 장로로서 교회도 세우시고 신앙생활을 열심히 하셨지만, 하나님 보시기에 회개하실 일이 있는 것 같아요. 그 문제들을 찾아서 할아버지께서 회개하세요. 그러면 절대 돌아가시지 않고 다시 건강을 회복시켜 주신다고 하나님께서 저에게 말씀하셨어요!"

그리고 할아버지의 손을 잡고 다시 한 번 간절히 기도를 드렸다. 할아버지는 하시고 싶은 말씀이 있는 것 같았으나, 혀가 제대로 움직이지 않아서 옹알거리기만 하셨다. 그러나 왼쪽 손에 힘을 주어 나의 손을 꽉 잡아주시면서 알겠다는 표현을 하셨다.

그 일이 있은 후 나는 입대를 했고, 몇 개월이 흘렀다. 그리고 기적이 일어났다. 큰 병원에서도 못 일어난다고 했던 할아버지께서 조금씩 좋아지시더니 일어나서 걷게 되셨고, 일도 조금씩 하게 되었다. 6개월 후에는 예전의 모습으로 완전히 돌아오셨다.

어느 날, 할아버지께서 쌀을 두 가마니나 가지고 우리 집을 찾아오셨다. 죽을병에서 고침을 받고 나서 가장 먼저 생각났던 사람이 요셉이라고 하였다. 그래서 건강한 몸을 이끌고 농사지은 쌀(다른 사람이 대신 농사를 지어주었다)을 선물로 가져오셨다. 다른 누구도 병을 고칠 수 없다고 했는데, 어린 손자 요셉이 찾아와서 힘을 주었다는 것이다. "걱정 하지마세요!"라고 했던 요셉의 말에 용기를 얻었고, "회개하라!"는 말에 누워서 하나하나 주님 앞에 잘못한 것들을 회개하셨다고 했다. 그랬더니 차츰 건강이 회복되고 좋아졌다며 요셉의 하나님, 그리고 요셉의 기도를 믿었다고 말씀하셨다.

나는 그날을 지금도 잊지 못한다. 평생토록 하나님 믿고 교회

세우고 칭찬받고 축복받아야 할 할아버지가 중풍에 쓰러져서 침을 흘리고 계시던 모습을. 그리고 "회개하라!"는 하나님의 말씀에 흘리셨던 그 회개의 눈물을. 할아버지는 나에게 평생토록 간직할 말씀을 해주셨다. "요셉아, 아무쪼록 하나님이 기뻐하는 삶을 살아라! 하나님 뜻대로 살아야 한다!"

96세로 돌아가실 때까지도 할아버지는 지난날 자신이 아파서 누워 있을 때 요셉의 기도로 일어났다면서 그때를 늘 감사하셨고, 나를 끔찍이 사랑해 주셨다. 할아버지는 그때 무엇을 회개하셨을까? 할아버지는 크게 두 가지를 회개하셨다고 했다. 그중 한 가지는, 교회에서 파벌이 생긴 일이었다. 목사님을 바꾸자는 파와 바꾸면 안 된다는 파로 나뉘어 싸웠는데, 두 목사가 예배를 1, 2부로 나누어 보는 사태가 일어났다. 그것 자체가 하나님 보시기에 잘못되었음을 회개했다고 했다. 또 다른 한 가지는, 어떤 사람이 너무 미워서 오른손으로 그 사람의 뺨을 때린 적이 있다고 하셨다. 용서와 사랑의 하나님을 외치면서 정작 자신은 그러지 못하고 화를 못 이겨 성질을 부렸던 것이다. 그래서 자신의 오른쪽 몸이 중풍에 걸리게 된 것이라고 하셨다.

할아버지는 이 두 가지를 간절히 회개하시면서 모든 것이 자기 잘못임을 고백하고, 사람은 사람을 심판해서는 안 된다는 것도 고백하셨다. 할아버지의 회개 시간은 아름다웠다. 믿음의 모든 식구들에게 많은 것을 생각하게 했던 시간이었다.

위암을 이겨내신 아버지

아버지는 어릴 적부터 병마와 싸우셨다. 초등학교 시절에는 간디스토마로 생사를 다투셨고, 군대에서는 맹장수술 그 후엔 백내장수술을 하셨다. 60세 무렵, 80kg이 넘는 체중에 건장하셨던 아버지께서 살이 조금씩 빠지셨다. 처음엔 더위 때문이거나 식욕이 떨어져서 그럴 거라고 생각하고는 병원을 찾지 않았다. 그런데 자주 복통이 생기고 식은땀이 흐르고 새벽에 통증을 느끼셨다. 나는 아버님을 모시고 가까운 내과병원을 찾아갔다. 운동으로 다져진 체력에 우리보다 일도 더 잘하셔서 큰 병이라는 생각은 일 퍼센트도 하지 않은 채 위염 정도로만 예상했다. 그런데 내시경 검사를 받은 결과, 위암 말기로 진단되었다. 장례를 준비하라는 의사선생님의 말씀에 하늘이 무너지는 것 같았다.

위에 벌써 암이 백퍼센트 꽉 찼기 때문에 다른 장기로 전이되었을 확률도 거의 백 퍼센트라고 했다. 의대 교수 출신인 동네 의원 선생님의 진단은 우리 가족 모두를 순식간에 슬픔으로 몰아넣었다. 울고 또 울었다. 수도꼭지에서 물이 나오듯 눈물을 흘려보기는 처음이었다. 그렇게 눈물을 흘리는 나에게 아버지는 "네가 울면 안 된다. 정신을 차려야 한다."고 말씀하셨다.

아버지의 말씀대로 운다고 해결될 일이 아니었다. 나는 대학병원에 근무하는 동생에게 전화를 걸어 현재의 상황을 설명했다. 동생 또한 놀라서 말을 잇지 못했다. 동생은 다음날 다시 대학병원에 가서 검사를 받을 수 있도록 조치를 하고는 아침을 드시지 않은 상태에서 병원으로 모시고 오라고 했다. 동네 병원에서 잘못 진단했을지도 모른다는 1퍼센트의 가능성에 기대면서 우리는 다음날 전북대학병원으로 갔다.

동생은 우리가 도착하자마자 모든 수속을 밟아 아버지의 검사를 다시 하게 했다. 내시경, CT, MRI, 뼈 검사까지 할 수 있는 검사란 검사는 모두 했다. 검사를 마친 동생은 불행 중 다행이라는 말을 시작으로 검사 결과를 알려주었다. 위암은 분명하고, 위 전체에 암이 퍼져 있는 것은 맞지만, 신기하게도 다른 장기로는 전혀 전이가 되지 않은 상태라는 것이다. 따라서 위 수술만 받으면 된다는 것이 의사 선생님의 소견이라고 했다. 되도록 빨리 날짜를 잡아서 수술만 하면 된다고 했다. 그런데 전북대 병원에서는 환자가 밀려서 일주일 후에나 수술이 가능하다고 했다.

그날 밤, 나는 기도했다. "하나님, 생사를 주관하시는 하나님, 나의 아버지를 어떻게 할까요?" 눈물로 기도했다. 하나님은 새벽에 두 가지의 꿈을 통해서 앞길을 보여주셨다. 아버지와 내가 자동차를 운전하고 길을 달리는데, 연료가 떨어져서 연료계에 불이 깜박이고 있었다. 이러다가 차가 멈추기라도 하면 큰일인데 하면서 어두운 밤길을 달리는데 멀리서 주유소 불빛이 보였다. 간신히, 극적으로 주유소에 도착해서 우리는 기름을 가득 채웠다. 그리고 꿈에서 깨었다. 나는 알 수 있었다. 아버지의 생명이 연장된다는 것을 놀랍고 감사한 하나님의 인도하심이었다.

다시 잠이 들었는데, 두 번째 환상이 보였다. 서울대학교병원에서 근무하시는, 예전에 알고 지내던 목사님을 찾아가서 아버지의 상황을 설명하면서 눈물을 흘리는 꿈이었다.

나는 아침이 되자, 곧바로 서울대학교병원을 찾아갔다. 그리고 병원에서 근무하시는 목사님을 찾아가서 상황을 말씀드렸더니 그동안 검사했던 자료를 요구하셨다. 목사님은 자료를 모두 가지고 어디론가 가셨다. 한참 후에 돌아오신 목사님은 "요셉아, 걱정하지 마."라고 안심부터 시키셨다. 서울대학교병원 최고의 외과 선생님이 검사 결과를 살펴보시더니 바로 이틀 후에 수술을 해주신다고 하셨다는 것이다. 아니, 어떻게 그렇게 빨리 수술날짜를 잡을 수 있느냐고 여쭈니, 일본에서 세미나가 있어서 모레 출발하게 되어 있었는데, 하루가 연기되었다는 것이다. 그 바람에 그날 수술 일정이 잡혀 있지 않아서 아버지의 수술이 가능하게 되었다고 말씀하셨다. 나는 곧바로 김제로 내려가 아버지를 모시고 올라왔다.

"오, 세상에 이럴 수가! 하나님, 감사합니다." 나는 너무 기쁜 소식을 가슴에 안고 집으로 내려와서 그동안 있었던 일들을 말씀드렸다. 다음날 서울대학교병원에 아버지를 입원시켰다. 수술을 해주실 선생님은 백발의 할아버지 의사 선생님이셨다. 서울대 최고수 외과 의사 선생님, 아시아에서 위암수술 1위의 권위자이시라는 목사님의 말씀에 나는 크게 위안이 되었다.

아버지를 입원시킨 후, 목사님과 수술해 주실 선생님께 인사를 갔다. 교수실에 들어서자 나도 모르게 눈물이 왈칵 쏟아졌다. 나는 모든 것에 최선을 다해 주실 것을 부탁드렸다. 그런데 의사 선생님은 나에게 아주 뜻있는 말씀을 하셨다.

"인명(人命)은 재천(在天)이야. 많은 수술을 해봤지만 사람의 목숨은 하늘에 달려 있다는 것을 날이 갈수록 느끼게 돼. 수술을 아무리 잘해도 죽을 사람은 죽더라고. 그런데 이 사람은 죽을 거야 하면서 수술을 했던 최악의 상태인 사람도 기적적으로 살아나는 경우를 평생 지켜봐 왔어. 그러니 젊은이, 나를 믿지 마. 나는 아무것도 아닌 기술자일 뿐이니까. 생명은 하나님께 달려 있는 거야."

선생님은 내 어깨를 두드려 주시며 용기를 주셨다. 나는 그 말씀에 "아멘!"이 저절로 나왔다. 왜냐하면 하나님께서는 이미 아버지가 건강을 되찾으신다는 것을 꿈을 통해 예시해 주셨기 때문이다. 아버지의 생명에는 다시 한번 기름이, 생명의 에너지가 백 퍼센트 충전될 것이다.

수술은 잘 되었다. 5년에 걸친 항암 치료가 이어졌고, 그것도 무사히 끝났다. 그리고 어느새 완치된 지 15년이 지났다.

눈물로 기도했던 요셉의 모습이 마치 딴사람의 모습처럼 그림 그려지곤 한다. 우리를 생명의 길로 인도해 주신 주님, 감사합니다.

거울이 거울에게

2001년 시골 학교를 매입한 후 지역 사람들과 더불어 할 수 있는 사업을 고민하시던 아버지는, 유기질 비료회사를 내 명의로 세우셨다. 처음엔 내가 어떻게 사업을 할 수 있을까 걱정도 했지만, 하나님께서 용기와 희망, 그리고 성공하는 꿈을 미리 꾸게 해주셨다.

비료에 대해서 잘 몰랐던 나는, 비료사업을 통해서 과일나무와 채소, 토양의 영양에 대해서 공부하면서 하나씩 알아가게 되었다. 모든 토양작물은 유기질 비료가 필요하다. 내가 취급하는 비료는 한포에 20킬로그램이고 가격은 3천 원이다. 이른 봄엔 복숭아, 사과, 배, 포도, 고추, 파, 배추 등을, 가을엔 양파, 마늘, 무, 딸기 등을 재배하게 마련인데, 이러한 모든 작물은 토양에 영양이 충분히 있어야만 잘 자라고 튼실한 열매를 맺어 수확할 수 있게 된다. 농사를 짓는 농민들은 비료를 구입해서 밭에 살포한다.

비료사업을 시작하고 나서 내 이름이 적혀 있는 명함이 생겼다.

하지만 나는 비료회사 명함에 요셉이라는 이름이 새겨진 것이 사실 마음에 들지 않았다. 그래서 사람들에게 명함을 주기가 꺼려졌다. 어려서부터 내 이름에 맞게 선교사의 명함을 갖고 싶었는데, 첫 명함이 비료회사 명함이어서 별로 자랑스럽다는 생각이 들지 않았던 것이다.

비즈니스의 경험이 전혀 없던 나는, 어떻게 일을 시작해야 할지 몰라서 예수님께 엎드려 기도하고 잠자리에 들었다. 예수님은 나에게 꿈을 통해 편지를 보내주셨다. 앞 동네 아저씨가 밭에서 일을 하는데 내가 그 아저씨를 도와주는 꿈이었다.

아침이 되자 나는 자전거를 타고 꿈에 본 아저씨를 만나러 갔다. 정말 아저씨가 꿈에서 본 것처럼 밭에서 혼자 지난해 씌웠던 양상추 비닐을 벗겨내고 계셨다. 인사를 드린 후, 내가 일손을 돕겠다고 하고는 함께 일을 시작했다. 혼자서 할 일을 둘이 하게 되니 빠른 시간 안에 일이 마무리되었다.

아저씨는 계획에 없던 일을 더 해야겠다고 작정하셨다. 아저씨가 트랙터로 밭을 갈고 나면 새로운 비닐을 같이 씌우자고 부탁하셨다. 우리는 같이 일을 하면서 도란도란 이야기도 나누었다. 그러다가 자연스럽게 내가 판매하는 비료 이야기도 하게 되어, 가격이며 성분에 대해 말씀드릴 수 있었다. 잠깐 도우면 될 줄 알았던 일이 오후 네 시가 되어서야 끝이 났다. 나는 그렇게 하루 종일 일을 하고는 자전거를 타고 다시 집으로 돌아왔다. 그야말로 아무런 조건 없이 그냥 순수하게 아저씨를 도와주고 왔을 뿐이었다.

6개월쯤 지나서였다. 농업협동조합에서 한 통의 전화가 걸려왔다. 비료 견적을 받기 위해 저녁에 우리 회사를 방문하겠다는 것이다. 약속 시간이 되자 한 젊은 친구가 찾아왔다. 여섯 달 전에 일을 도와드렸던 아저씨의 아들이라고 했다. 자기 아버지가 한국양상추협회 전라북도 회장인데, 내년에 이 지역 양상추 재배 농가가 모두 우리 비료를 쓰기로 확정하였고, 그래서 계약을 하러 왔다고 했다. 금액이 아주 컸다. 나는 계약한 대로 한 달 안에 많은 비료를 공급할 수 있었다. 어떻게 이런 일이 내게 일어난 것일까. 너무 신기했다. 하나님의 인도하심에 그저 감사할 뿐이었다.

세상 살면서 힘든 일이 많지만, 그중에서도 빌려준 돈을 받는 일과 사람의 마음을 얻는 것이 가장 힘든 것 같다. 비료사업을 시작한 지 3년 정도 되었을 때, 어느 농민에게 비료를 가져다 달라는 전화를 받았다. 급하게 고추를 심어야 하는데 비료가 필요하다며 250만 원 정도의 비료를 주문했다. 다음날 큰 트럭에 비료를 싣고 약속 장소에 도착했다. 고추밭에 비료를 내려주고 비료대금을 달라고 하니 급히 밭으로 나오는 바람에 돈을 가져오지 않았다면서 통장으로 입금을 해주겠노라고 약속했다. 아저씨의 말을 믿고 돌아온 나는, 다음날 은행에 가서 확인을 하니 돈이 입금되지 않은 터였다. 하지만 그 후로도 아저씨는 차일피일 결제를 미루기만 했다.

봄이 가고 여름이 가고 가을이 되었다. 전화를 하니 고추를 팔아서 비료대금을 주려고 했는데, 고추가 병들어 다 죽어버렸다면서 오히려 나에게 화를 냈다. 1년이 지나고 2년이 지나도 해결이 되지 않았고, 그 일이 잊히지 않아서 늘 마음이 불편했다. 혹시 내가 너무 어리고 착하게 보여서 아저씨가 나를 우습게 아는 걸까? 그래서 나는 거울을 보면서 일부러 화난 표정을 지어 보기도 하고, 큰소리로 인상 쓰며 악하게 말하는 연습을 하기도 했다. 어느 날, 내일은 꼭 그 돈을 어떻게든 받아야겠다고 단단히 마음먹고 잠자리에 들었다. 그런데 새벽에 아주 무서운 꿈을 꾸었다.

꿈속에서 비료대금을 받으러 그 집으로 갔다. 아저씨에게 돈을 달라고 하면서 작은 칼을 꺼내서 아저씨의 목에 대고 협박을 하고 있었다. 그러자 아저씨는 더 길고 무서운 장칼을 어느새 꺼내들고는 나의 목에 들이댔다. 나는 꼼짝도 못하고 내가 들고 있던 칼을 바닥에 버리고는 도망쳤다. 도망치다가는 놀라서 꿈을 깼다. 너무 무서운 꿈이었다.

나는 무릎을 꿇고 예수님께 기도했다. "예수님, 제가 악한 마음을 먹었습니다. 잘못했어요. 용서해 주세요." 돈을 받겠다는 마음 때문에 내가 사람을 해치는 칼을 들고 가다니…. 미워하는 마음을 품고 아저씨를 협박하고 윽박지르려고 했던 자신이 너무 부끄러웠다.

아침이 되자 나는 아저씨에게 오히려 미안한 마음이 생겼다. 그래서 집에서 농사지은 상추 한 상자를 담아서 전화도 하지 않고 아저씨 집으로 찾아갔다. 부부가 마당에서 일을 하다가 나를 보더니 깜짝 놀라셨다. 나는 아무 말 없이 상추상자를 안겨 드렸다. 아저씨는 미안해하시며 의자에 앉으라고 권하면서 우유를 한 잔 따라 주셨다. 우유를 다 마시고 나니 아저씨가 부인에게 방에 들어가 장롱 안

본인의 양복 주머니에서 봉투를 찾아서 가져오라고 했다. 잠시 후 부인이 봉투를 가져와서 나에게 주었다. 비료값의 절반을 주시면서 오늘은 이것만 가져가라고 하셨다. 한 달 안에 나머지는 입금해 주겠다는 것이다. 그리고 "너무 미안하다."고 사과하셨다.

내가 갑자기 나타나 돈 달라고 고함치며 싸울 줄 알았는데, 오히려 상추 상자를 선물로 주자 자기 마음이 녹았다고 하셨다. 돈을 받아들고 그 집에서 나오는데 너무너무 감사했다. 하나님께서 나를 꿈으로 훈계해 주시고 내가 착한 마음으로 아저씨를 찾아갔던 것, 그리고 아저씨가 나의 선한 마음을 보고 마음을 여신 것, 내가 죄를 짓지 않고 일을 잘 마무리 지었다는 것, 그 모든 과정이 너무 감사하고 행복했다. 아저씨는 약속대로 나머지 금액도 보내주셨다.

그때의 일을 통해서 내 마음이 악하면 상대방도 악하게 되고, 내 마음이 선하면 상대방도 선하게 된다는 것을 알았다. 서로가 서로에게 거울인 것이다. 하나님께서 선하시니, 우리 또한 선하게 살아야 한다.

제2부

생명에 이르는 문

러시아에 도착한 첫날, 나는 유조차에 기름을 가득 싣고 와서 기름이
바닥난 자동차에 기름을 공급해주는 꿈을 꾸었다. 무슨 꿈인지는
너무나 분명했다. 성령님은 러시아에서 내가 할 일을 선명하게 보여주
신 것이다.

뜻밖의 행운과 함께 첫발을 딛다

"우와, 정말 춥다!"

블라디보스토크 항에 도착해서 처음 느낀 러시아에 대한 소감은 느낌표를 몇 개나 찍어도 부족할 것 같은 맹추위였다. 12월 중순의 한국의 추위와는 차원이 달랐다. 나는 러시아 출발 전에 한 달가량 지독한 감기로 인해 기침과 콧물을 달고 살았다. 그러한 나의 몸의 컨디션을 가지고 한국보다 훨씬 더 추운 러시아로 간다고 하자, 가족들의 걱정이 이만저만이 아니었다. 나 역시 은근히 두려운 마음이 저 가슴 밑바닥에서 일렁이는 것을 느낄 수 있었다. 그러나 러시아로 가야겠다는 목적이 분명했기에, 한 달가량 머물 예정을 하고는 생애 처음으로 동토의 나라 러시아의 땅을 밟게 된 것이다.

그런데 정말 신기하게도 블라디보스토크 항구에서 영하 20도의 그 알싸하고도 차가운 공기를 마시는 순간, 한국에서 한 달 여 동안 고생했던 감기가 싹 사라지고 말았다. 한국에서 그렇게도 기승을 부리던 감기 바이러스가 러시아의 맹추위 앞에서 전혀 힘을 쓰지 못하고 만 것이다. 블라디보스토크 여객 터미널에서 마중 나오기로 했던 목사님을 기다리며 러시아인들이 러시아어로 대화 하는 걸 듣고 있자니, 갑자기 내가 정말 낯선 이국 땅 러시아에 떨어지고 말았다는 사실이 비로소 실감되었다.

워낙 풍랑이 심해서 배 안에서 지낸 20여 시간의 여정이 여간 힘든 것이 아니었다. 30여 분을 기다리자 마중 나오기로 하신 목사님이 도착하셨다. 그분은 나를 태우자마자 목적지도 말씀하시지 않고 어디론가 바쁘게 가셨다. 나는 당연히 숙소가 있는 선교지로 갈 줄 알았는데, 도착지는 블라디보스토크에 있는 현대호텔 대연회장이었다. 내가 도착한 바로 그날, 러시아 프리모리에 주에 살고 있는 한국 사람들이 새해맞이 밤 행사를 하고 있었던 것이다. 행사장 안으로 들어서자 "요셉 오는 날 환영식을 성대하게 준비했다."면서 모두들 나를 반겨주셨다.

백여 명의 한인들이 모여서 식사를 하고, 블라디보스토크 총영사의 지난 일 년 동안의 활동보고에 이어, 교민들의 노래와 춤과 장기자랑 등 갖가지 행사가 흥겹게 이어졌다. 그렇게 흥겨운 잔치 속에서도, 20여 시간이나 성난 파도에 흔들리는 배를 타고 온 탓인지, 나에게는 모든 것이 어리둥절하기만 했다.

그런데 뜻밖에 나에게 행운이 돌아왔다. 그것도 한 가지가 아니고 두 가지나 말이다. 첫 번째는 난센스 퀴즈를 내가 맞힌 것이다. "절에서 스님이 인터넷을 검색하는 것을 세 글자로 줄이면 무엇일까?"라는 퀴즈였다. 사회자는 쉽게 생각하고 낸 문제인데, 시간이 꽤 지나도록 아무도 맞히는 사람이 없게 되자 상품을 내걸게 되었다. 그런데도 선뜻 나서서 답을 말하는 사람들이 없었다. 결국 아무도 알아맞히지 못하였는데, 사실 나는 그 답을 단번에 알아차리고 있었다. 그러면서 누군가가 알아맞히겠지 하고 있었는데 아무도 맞히는 사람이 없었던 것이다. 심지어 사회자가 힌트를 주기까지 하는데도 좌중은 여전히 잠잠했다.

그때 내가 살며시 손을 들었다. 그러자 사회자가 나에게 와서 정답이 뭐냐고 하면서 마이크를 건네주었다. 나는 "검색 중!"이라고 정답을 말했고, 사회자는 맛있는 과자 한 박스를 상품으로 가져다주었다. "아니, 이게 웬 떡, 아니 웬 과자야!" 하면서 나와 한 테이블에 앉았던 사람들이 순간 환호성을 올렸다. 이렇듯 과자 한 박스에 환호하던 나에게 그쯤은 아무것도 아니라는 듯이 또 다른 행운이 이어서 기다리고 있었다. 행사장에 입장할 당시 입장객 모두에게 행운권을 나눠주었는데, 행사 중간 중간에 추첨을 해서 TV, 전화기, 자전거 등의 경품을 나누어주는 깜짝 이벤트를 하였던 것이다.

맨 마지막으로 일등 추첨 시간이 되었다. 일등 당첨은 동해와 블라디보스토크 왕복 크루즈 2인실 일등석 티켓 2매를 받게 되었다. 그런데 이게 웬일인가! 일등 당첨의 행운의 여신이 나에게로 걸어왔다! 입장시에 받은 나의 번호표가 당첨되어 2매의 왕복 티켓을 받았던 것이다. 마국 달러로 천 달러가 넘는 큰 금액이었다.

우리 테이블은 그야말로 축제의 중심이 되었다. 오랫동안 한인회 송년회에 참석했지만 퀴즈 당첨은 물론 일등까지 당첨된 것은 처음이라면서 선교지 식구들 모두가 기뻐해 주었다.

행사를 마치고 우리 교회 식구들은 승합차를 타고 블라디보스토크 시내에서 1시간 30분 정도 떨어진 라지돌리노예에 있는 교회로 향하였다. 내가 받은 행운의 선물 이야기로 꽃을 피우다보니 금방 선교지에 도착하였다. 선교지는 정말 추웠다. 뼛속까지 파고드는 그 추위는 어떻게 표현해야 할지 모를 지경이었다. 영하 25도에서 영하 35도를 오르내리는 강추위였다. 그런데 나는 그 추위 속에서도 그날 밤 단잠 속에 빠져들 수 있었다. 20여 시간 동안이나 거세게 출렁거리는 파도 속에서 한숨도 못잔 데다가, 첫발을 디딘 낯선 곳에서 처음 대하는 사람들과 행사를 치르고 나니 여간 고단한 게 아니었다.

사람은 어떠한 환경에라도 적응할 수 있는 동물이라 했던가! 나 역시 그 추운 땅에 발을 내딛기 전까지는 따뜻한 방에서 편하게 지냈지만, 한순간에 강추위에 노출되었음에도 그저 "감사합니다!"하고 기도하고는 이내 푹 단잠에 떨어졌으니 말이다.

단잠에서 깨어난 나는 지난밤에 송년회에서 받은 두 개의 상품을 어떻게 할까를 고민하였다. 크루즈 일등석 왕복 티켓 2매, 과자 한 박스. 나는 블라디보스토크에 올 때 가장 싼 등급의 표를 사서 쪽잠을 자면서 왔다. 크루즈 선내를 둘러보았을 때 일등석을 보면서 그렇게 좋은 방에서 편히 TV를 보면서 여행하는 사람들은 도대체 어떤 사람들일까를 상상하며 부러워했던 것이다. 그렇기에 상품의 가치를 누구보다 더 실감할 수 있었다.

나는 굳이 오랜 동안 망설일 필요가 없었다. 모든 상품을 선교지에 헌금하기로 결심하였다. 거저 받았으니 거저 드리자는 마음의 발로 였다. 그렇게 드리고 나니 내가 그 선물들을 받았을 때의 기쁨보다 두 배나 더 기쁜 것 같았다. 당시 나의 그러한 두 배의 기쁨은 3개월이 채 지나기도 전에 20배의 축복이 되어 나에게로 되돌아왔다. 마치 강냉이 알갱이들이 축복의 알갱이가 되어 뻥튀기기를 한 듯이 말이다!

"하나님, 감사합니다!" 독감도 물리쳐 주시고, 처음 방문한 곳에서 예기치 않은 선물도 받게 해주시고….

나의 러시아 첫 방문은 그렇게 매우 인상적인 일들로 시작되었고, 그만큼 나는 러시아에서 펼쳐질 나의 일상생활을 기대하게 되었다.

누가 내 몸의 주인인가?

한 고려인 가정을 방문하여 그곳에 머물게 되었다. 호스트는 병원에서 일하는 50대 여성 나제즈다였다. 그녀는 손님으로 온 나에게 매일 밥을 해주고 빨래거리도 챙겨서 세탁해 주는 등 무척이나 자상하게 대해주었다. 그녀의 집에서 사흘쯤 지나서였을까, 고마운 마음이 일어나면서 그녀를 위해 기도해야겠다는 생각이 들었다.

나제즈다는 평소에는 참 좋은 사람이었지만, 자기 비위를 건드리는 일이 생기거나 상대방이 못마땅하면 입에 담을 수 없는 독한 말들을 쏟아내어 다른 사람들을 압도하는 무서운 성질을 지니고 있었다. 그렇다는 것을 알게 된 이후로는 나도 늘 그런 그녀를 조심하던 터였고, 바로 그녀의 그런 성깔 때문에 예수님께 특별히 기도해야겠다는 마음을 품게 된 것이다. 기도를 올리고 잠을 청했는데, 무서운 꿈을 꾸게 되었다.

나제즈다 뱃속에 독한 뱀이 도사리고 있는 것이었다. 독사를 본

순간, 깜짝 놀란 나는 나도 모르게 기도를 하였다. "예수님, 독사를 죽여주세요!" 그러자 순간 번갯불이 내려와 독사를 태워 버렸다. 나제즈다 속에는 사탄이 들어 있어서 늘 공격적이고 사나운 성질을 갖고 있었던 것이다.

아침에 일어나 하나님께 감사기도를 드렸다. 사람의 힘으로는 사탄을 물리칠 수 없는데, 믿음으로 기도했더니 주님께서 사탄을 물리쳐 주셨다니 이 얼마나 놀라운 일인가.

일주일쯤 지난 어느 날, 나제즈다와 차를 마시게 되었는데, 그분의 입에서 놀라운 말이 흘러나왔다.

"요셉이 우리 집에 오고 나서부터 이상하게 내 마음이 평안해졌어."

나는 이미 그녀의 평안이 어디에서 왔는지를 아는 터여서 빙그레 미소를 지었다. 그러자 나제즈다가 왜 그렇게 웃느냐면서 사연을 말하라고 채근하였다. 나는 사흘 전에 꾸었던 꿈 이야기를 숨김없이 해주었다. 당신을 위해서 예수님께 기도를 하고 잠이 들었는데, 이러저러한 꿈을 꾸게 되었노라고 말해주었다. 그러면서도 한편으로는 나의 솔직한 이야기가 제대로 받아들여질지, 조마조마한 것도 사실이었다. 하지만 나는 그녀 안의 독사가 이미 죽었다는 것을 믿었기 때문에 있는 그대로 꿈 이야기를 전해주었다.

과연 나제즈다는 요셉의 말을 백 퍼센트 믿는다면서, 모두 받아들여 주었다. 그렇게 반응하는 것이 내 쪽에서 오히려 의아스러울 지경이었다. "어떻게 그렇게 내 이야기를 그대로 믿고 받아들일 수 있느냐?"고 물었더니, 뜻밖의 고백을 해왔다. 새벽마다 꿈을 꾸는데, 자기 혀가 두 갈래로 갈라져서 뱀의 혀같이 입 밖으로 길게 나오곤 한다는 것이다. 그 혀를 잡으려고 하면 입속으로 쏙 빨려 들어가곤 해서 결국은 잡지 못한 채 꿈에서 깨어나곤 했다는 것이다. 그런 동작이 반복되어서인지 잠에서 깨어나 보면 입이 아프곤 했다고 한다.

어떻게 이런 일이 있을 수 있을까? 내가 사흘 전에 꾸었던 꿈과 나제즈다가 지금까지 반복해서 꾸면서 괴로워하던 꿈이 똑같다는 사실에, 놀라지 않을 수 없었다.

나제즈다는 왜 자신이 그런 꿈을 꾸는지 알고 있었다고 하였다. "내 속에 사악한 뱀이 있구나. 그래서 뱀의 혀가 나오는구나."하고 꿈속에서도 알고 있었다는 것이다. 그런데 그 뱀의 혀를 단 한 번도 붙잡지 못하여 많이 괴롭고 무서웠다는 것이다. 그런데 요셉이 자신을 위해 기도하고, 예수님께서 자기 안의 독사를 죽여 주셨다는 꿈까지 꾸었다는 말을 들으니 백 퍼센트 믿음이 간다고 했다. 나제즈다는 "아멘! 할렐루야!" 하면서 기뻐했다.

"내 속에 주님이 계시기는커녕 독살스럽고 악한 뱀이 자리를 잡고는 나 대신 주인 노릇을 하고 있었던 거예요. 그러니 누가 조금만 나를 건드려도 독을 품은 독사처럼 쏘아붙이곤 했던 것이지요. 관용과 사랑을 베풀고 살아야 한다는 것을 성경을 통해서, 목사님을 통해서 늘 배웠지만, 나에게는 먼 나라 이야기였어요. 저지르고 후회하고 저지르고 후회하는 일이 반복되었으니 삶 자체가 괴로움의 연속이었어요."

심리적인 병은 자기 스스로 자각하기가 어려운 법인데, 그녀는 누구보다 자신의 상태를 잘 알고 있었다. 그리고 나의 말을 백 퍼센트 믿어 주었을 뿐만 아니라, 나, 요셉을 러시아에 보내주신 하나님께 진심으로 감사했다.

그런 나제즈다가 나는 고맙고 감사했다. 바로 이런 일을 위해서 내가 러시아로 온 것이 아닌가 하는 생각이 들었다. 러시아에 도착한 첫날, 나는 유조차에 기름을 가득 싣고 와서 기름이 바닥난 자동차에 기름을 공급해주는 꿈을 꾸었다. 무슨 꿈인지는 너무나 분명했다. 성령님은 러시아에서 내가 할 일을 선명하게 보여주신 것이다. 메마른 사람들의 심령과 그들의 마음에 기름을 부어 다시 살아나게 하는 일! 그런데 지금 내 앞에서 나제즈다가 그런 일이 어떤 일인지를 온 몸과 마음으로 보여주고 있었다.

그 일이 있은 후, 나제즈다와 나 사이에는 보이지 않는 '무엇'이 서로 통하는 사이가 되었다. 그 집에 머무는 동안 내내 나제즈다의 마음 씀씀이가 느껴졌다.

어디로 가야 할지 고민이라면

"요셉, 나를 위해서 기도해 줘!"

백발의 할아버지 선교사님께서 나에게 기도를 부탁하셨다. 러시아에서의 선교 일정이 끝나서 다음 행선지를 정해야 하는데, 어디로 가야 할지 모르겠다고 하셨다. 중국, 몽골, 필리핀 중 한 나라를 정해야 하는데, 어디로 가야 할지 고민이라고 하셨다. 중국은 월급이 많고, 몽골은 주선교사가 좋은 사람이고, 필리핀은 자연환경이 좋다고 하셨다.

그 말을 듣는 순간, 나도 모르게 반감이 솟구쳤다. 아니, 누구보다 기도에 힘쓰며 세상에 빛을 퍼뜨려야 할 선교사가 아닌가! 그런데도 자기 앞길도 가리지 못하여 남에게 기도를 부탁하다니! 나보다 훨씬 연장자이신데도 나는 무릅쓰고 충고의 말씀을 드리지 않을 수 없었다. 이것저것 조건을 따지지 말고, 자기 생각을 내려놓고, 자기 계획을 버리고, 오직 주님의 인도를 간구하고 그 응답에 따라 순종하는 선교사가 되어야 하지 않겠느냐고. 그리고는 이렇게 주문했다.

"선교사님, 목사님이 선교사님이 맞다면, 오늘 밤에 당장 무릎을 꿇고 기도하십시오. '주님, 나를 인도하소서! 순종하겠습니다.'하고 기도를 하세요. 꼭 그렇게 기도를 하고 나서 잠자리에 드십시오. 꼭 그렇게 하셔야 합니다. 당신의 형편과 사정을 아시는 주님이 인도해 주시고 응답을 주실 것입니다."

중언부언하는 기도를 하시지 말고 짧고 단순하고 담백하게, 자기 의견이나 토를 달지 말고 기도해야 한다고도 말씀드렸다. 주님을 자기 뜻대로 인도하려고 하지 말고, 주님의 뜻이 무엇인지를 먼저 물어야 한다고 했다. 그러자 선교사님은 "내가 왜 그런 기도를 못했을 까?"라고 말씀하면서, 정신이 번쩍 난다고 하셨다.

다음날 아침, 몇몇 분들이 둘러앉아 식사하는 자리에서였다. 선교 사님은 지난밤 요셉과 대화한 후 간절히 기도를 드리고 잠을 잤는데, 신기한 응답을 받았다고 하셨다. 비몽사몽간에 환상이 보였는데, 구름 가득한 동산에서 주렁주렁 매달린 방울토마토 한 송이씩을 따서 한국에 있는 자기 부인과 아들딸, 사위, 며느리, 손자에게 차례로 돌아가면서 먹여주는 꿈을 꾸었다는 것이다. 내 생각엔 하나 님의 응답임이 분명했다.

꿈 이야기를 들은 사람들 중 몇 분이 각자 자신의 생각대로 꿈풀이 를 했다. 하지만 목사님은 그분들의 풀이를 들어도 시원치 않았는 지, 나에게 어떻게 생각하는지를 말해 달라고 하였다. 나는 조금도 주저하지 않고 말했다. "목사님은 짐을 싸서 한국에 있는 가족의 품으로 돌아가셔야 합니다. 오늘 당장이라도 돌아가시는 것이 좋을 것 같습니다. 돌아가셔서 이곳에서 러시아 교인들을 섬기고 사랑해 주었듯이 한국 가족들을 사랑해 주고 잘 섬기도록 하세요. 그것이 바로 하나님께서 당신을 향한 뜻인 것 같습니다."

하지만 목사님의 생각은 달랐다. 당신은 선교지에서 선교하면서 생을 마치는 게 소원이라고 하셨다. 그러니 한국의 가정으로 돌아가는 것이 주저되는 것이 당연했다.

"그러면 목사님의 자녀들은 십계명 중 제5계명인 '네 부모를 공경하라, 그러면 장수하리라'라는 축복과는 거리가 멀겠네요. 그러지 마시고 자녀들에게 부모를 공경할 수 있는 기회를 주어야 합니다. 더구나, 꿈에서처럼 방울토마토를 가족들 한 분 한 분에게 먹여 주셔야지요."

우여곡절 끝에 그 목사님은 러시아에서의 모든 일들을 정리하고 마침내 서울에 있는 가족의 품으로 복귀하셨다. 나는 그분에게 가족들을 잘 섬기는 것이 주님의 명령이라고 다시 한번 말씀드렸다.

목사님은 귀국한 지 2년쯤 후, 몸이 아파서 검진을 받은 결과 백혈병(혈액암)이라는 진단을 받으셨다. 치료를 위해서는 많은 돈이 필요했다. 그분은 선교를 위해서 줄곧 외국에서만 지냈기에 그만한 돈이 있을 리 없었다. 치료비 걱정이 컸는데, 자녀들이 각각 500만 원씩을 모아서 큰돈을 만들어 주었다.

대학병원에서 항암 치료를 받던 어느 날, 나와 점심식사를 하게 되었다. 러시아에서 나와 처음 만났을 때 나의 말을 듣지 않고 러시아에서 다른 나라로 고집 피우고 떠났더라면 어떻게 되었을까? 혈액암이라는 병을 과연 찾아낼 수가 있었을까? 어쩌면 병명조차 알지 못한 채 낯선 땅에서 죽음의 길을 갈 수도 있었을 것이다. 목사님은 그때 귀국한 것이 얼마나 다행인지 모른다고 거듭 말씀하셨다. 주님이 가정으로 돌아가라고 인도해 주셔서 한국에 돌아와 가족들과 지내다가 병도 발견하였고, 죽으면 안 된다고 울고불고하는 자녀들의 사랑을 한몸에 받으며, 힘들긴 하지만 치료를 잘 받고 있다고 하셨다. 이 모든 상황이 그저 하나님께 감사할 뿐이라고 하시면서, 요셉을 만남으로써 하나님께 기도하는 방법을 새롭게 배우게 되었다고 하셨다.

목사님은 대학병원을 출입하게 되면서, 그곳 환우들과 오가는 분들에게 전도지를 나누어주면서 전도하는 기쁨을 누리고 계셨다. 지금까지만도 3천 명이 넘는 분에게 전도지를 나누어 주셨다면서, 이 얼마나 감사한 일인가를 재차 강조하였다.

사도행전의 역사는 그 먼 옛날에 일어난 것만이 아니다. 성경에 갇혀 있는 것도 아니다. 지금 이 시각에도 쓰여지고 있다. 살아 계신 주님! 인도하시는 주님! 우리의 갈 길을 인도하여 주세요!

내 친구 미하엘, 그리고 사랑의 열쇠

"오, 나의 형제 요셉!"

미하엘은 항상 나를 이렇게 부른다. 러시아 친구가 여러 명 있지만, 그 중에서 첫 번째로 나에게 마음을 준 친구였다. 미하엘과 그의 아내 에카테리나 이야기를 전해주고 싶다. 미하엘은 경험도 많고 실력도 있는 치과의사이다. 치료를 받고자 먼 곳에서 비행기를 타고 찾아오는 일도 적지 않다고 한다.

미하엘과 에카테리나 부부를 만난 지 어느새 7년이 훌쩍 넘었다. 그들은 병약한 레나의 먼 친척이었다. 내가 나의 두 번째 선교지인 하롤에서 처음으로 전도했던 레나는 많이 아팠고, 나는 레나를 한국에까지 데려가서 치료해 준 적이 있었다. 이 사연이 소문이 나서, 러시아의 레나 집안 사람들 모두에게 알려지게 되었다. 그렇게 나를 알게 된 마하엘 부부가 나를 블라디보스토크로 초대하였다.

우리는 처음 만났을 때부터 마음이 통했다. 나와 비슷한 연령대인

미하엘은 술과 담배를 하지 않고, 착실한 성품이었다. 처음 만나던 날 두 사람이 나를 따뜻하게 안아주었던 기억이 지금도 생생하다. 우리들 사이에는 수많은 이야깃거리가 있지만, 특별히 열쇠 이야기를 하고 싶다.

마하엘 부부는 블라디보스토크에 오면 언제든지 자기들의 집을 내 집처럼 사용하라면서 열쇠를 나에게 건네주었다. 참으로 진기한 선물이었다.

진기한 그 선물을 처음 써먹어 본 것은 6년 전의 일이다. 그때 처음으로 미하엘 집에서 잠을 잤는데, 한국의 우리 집에서 자는 것처럼 마음이 편안했다. 5년 전에는 블라디 바닷가에 4층짜리 멋진 집을 짓고 이사했다. 부부는 나에게 새집 열쇠도 챙겨주었다. 이 집을 요셉의 집처럼 생각하고 언제든지 이곳에 와서 지내라고 했다. 러시아 속담에 "마음이 맞으면 속옷도 벗어준다."라는 말이 있다고 한다. 그들이 바로 나를 위해 '속옷'을 벗어준 경우가 아닌가 싶다. 한번 믿음으로 맺어진 친구관계는 죽을 때까지 이어진다는 러시아 사람들의 말이 러시아인들을 볼 때마다 되새겨지곤 한다.

열쇠 이야기는 여기에서 막을 내리지 않는다. 또 다른 러시아인인 안드레이 가족으로부터 초대를 받아 저녁식사를 마친 후 밤늦게까지 이야기를 나누었다. 안드레이의 아내 마리아는 자기 집에 가족이 아닌 외부인이 손님으로 온 것이 15년 만의 일이라고 했다. 그만큼 친구들도 초대하지 않고 폐쇄적으로 문을 닫고 살았다면서, 오늘 요셉이 손님으로 와서 너무나 뜻깊은 하나님 이야기를 들려줘서 한없이 기쁘다고 했다. 밤이 점점 깊어지자 그들은 내 잠자리를 걱정했다. 나는 미하엘의 집 열쇠를 보여주며, 사연을 이야기해 주었다. 가족들은 모두 놀라워하면서, 같은 러시아 사람이지만 미하일은 참 좋은 친구라고 극찬하였다. 안드레이는 나를 그 밤중에 자기 차로 데려다주면서, 다음번엔 꼭 자기 집에서도 자고 가야 한다고 내 다짐을 받았다.

얼마 후, 나는 그 집을 다시 방문하였고, 그곳에서 하룻밤을 보내게 되었다. 역사적인 날이 아닐 수 없었다. 우리는 새벽까지 이야기를 나누었고, 그들은 기쁘게 나에게 잠자리를 제공해 주었다.

미하엘의 열쇠 선물 이야기는 안드레이 가족을 시작으로 다른 많은 친구들에게도 전해졌다. 그리하여 내가 방문하는 곳마다 친구들의 마음의 문이 열렸고, 넘치는 사랑 속에서 한 집 두 집 열쇠가 늘어나게 되었다. 늘어나는 열쇠와 함께 나의 친구, 아니 가족들도 늘어났다.

어느 날 돌이켜보니, 바이러스라는 말이 떠올랐다. 감기 바이러스가 감기를 곳곳에 옮기듯이, 우리의 마음속 사랑의 바이러스도 곳곳에 사랑을 옮긴다는 것을 실감하게 되었다. 열쇠 바이러스도 분명 존재한다. 그 첫 번째 바이러스의 시작은 미하엘의 열쇠였고, 그것은 마음을 여는 열쇠이기도 했다. 그 열쇠로 문을 여는 순간마다, 나는 그들의 마음까지 열고 있는 것이었다. 그 열쇠를 보고 만질 때마다 나는 늘 감사하고 또 감사했다.

3년 전 1월, 한국에서 방송학과 대학생 30명이 일주일 동안 블라디보스토크에 촬영 여행을 온 적이 있었다. 숙소를 정하지 못한 학생들에게 나는 미하엘의 집을 소개했다. 학생들도 미하엘의 집에서 지내는 것이 좋겠다고 하였다. 그들은 두 개 층에 나눠서 숙박을 하면서 촬영을 잘 마치고 돌아갔다. 열쇠 바이러스, 사랑의 바이러스가 그만큼 퍼져나간 셈이다.

나에게는 러시아의 세 도시에 머물 수 있는 열쇠가 있다. 내 소유의 집은 아니지만, 그보다 백배 더 기쁘고 값진 사랑의 열쇠들이다. 미하엘의 첫 번째 사랑의 열쇠 이야기가 담긴 책이 『사랑의 열쇠』(러시아어판)라는 제목으로 발간되어, 많은 사람들에게 전해졌다. 하룻밤 사이에 다 읽었다는 분들이 많다. 평생 잊지 못할 감동의 책이라고 말씀하시는 분들도 적지 않다.

얼마 전 8년 동안의 러시아 동쪽에서의 사역을 마치고 서쪽 상트페테르부르크로 떠나던 날, 미하엘과 에카테리나에게 사랑의 열쇠를 돌려주면서 그동안 감사했다고 말했다. 그러자 에카테리나는 눈물을 흘리며 왜 이별을 말하는 것이냐고 몹시도 서운해 하였다. 그만큼 우리의 신뢰와 사랑은 각별한 것이었다.

사랑의 열쇠! 이 열쇠로 맺어진 친구들과의 사랑은 지금도 여전히 변함이 없다. 그리고 앞으로도 변하지 않을 우리들의 사랑이다!

샤샤와 나리사가 특송하던 날

블라디보스토크에 있는 한국 선교지에서 선교사님과 함께 지내면서 일하는 샤샤와 나리사라는 40대 러시아인 부부의 이야기를 나누고 싶다. 이 두 친구는 평소에는 일도 잘하고, 말도 잘하고, 정도 많은 사람들이다. 그런데 술을 한번 먹으면 코가 비뚤어지게 먹을 뿐만 아니라, 끝내는 한바탕 싸움을 벌이고 나서야 술판이 끝나는 일이 다반사였다. 이런 그들을 볼 때마다 목사님은 술이 깨고 나면 그들을 내보내고 말겠다고 결심을 하곤 하셨다. 그러다가도 그들이 맨정신이 되어 잘못했다고 싹싹 빌면 어쩔 수 없이 용서해주곤 하는 일이 반복되었다.

그러던 어느 날, 목사님 부부가 한국에 일이 있어 여러 날 러시아의 선교지를 떠나야 하는 일이 생겼다. 그래서 내가 그들과 함께 지내게 되었다. 이 부부가 신뢰를 받지 못했기 때문에 우리 교회의 러시아 사람들도 "그들은 절대 새 사람이 안 된다."하고 말하면서 그들을 대놓고 낮추어 보고 천대하였다.

나는 그들과 함께 겨울에 사용할 장작을 패기 시작했다. '노동과 전쟁을 함께한 친구는 절대 잊을 수 없는 친구가 된다.'는 속담이 있다. 나야 워낙 농촌 일에 익숙한 터여서 함께 일을 하게 되면 낯선 사람과도 쉽게 사이가 가까워진다는 것을 익히 알고 있었다. 나는 열심히 나무 쪼개는 일을 했고, 아침에 내가 먼저 일을 시작하면 그 소리를 듣고 샤샤가 나와서 돕곤 하였다. 그렇게 우리의 관계가 시작되었다.

일을 하면서 흠뻑 흘린 땀을 시원한 음료수 한 잔과 아이스크림 한 개로 식히다 보니, 우리는 어느 사이에 그 어떤 좋은 말로도 맺어질 수 없는 돈독한 관계가 되어가고 있었다. 같이 일하면서 시간을 가져 보니 샤샤 역시 우리 모두와 마찬가지로 사랑받기 위해 태어난 사람이었다. 나는 서투른 러시아어로 그들과 이야기를 나누면서, '당신들은 러시아 말을 잘하니 나를 좀 잘 가르쳐 달라.'고 하였다. 이렇게 다가가자 우리들 사이는 더욱더 가까워질 수밖에 없었다.

누구나 사랑받기를 좋아하고, 사랑받기를 기대한다. 내가 잘하는 것을 가지고 다른 누구에게든 최선을 다하는 것, 그것은 상대에게 감동을 주게 되고, 상대의 마음을 열게 하며, 그로써 그 사람의 마음을 얻게 된다. 사랑은 사랑을 낳는다. 사랑의 가장 큰 보답은 사랑이다. 그리고 세상에서 가장 큰 사랑은 주님의 사랑이다. 다른 모든 사랑을 다 합하고도 주님의 사랑의 깊이와 크기를 당할 길은 없다. 그 큰 사랑을 받아본 사람은 다른 사람을 사랑할 수 있는 마음의 여유와 크기를 지니게 된다. 내가 주님의 사랑을 흠뻑 받았기에 흘러넘치는 그 사랑을 주변 사람들에게 전달해 줄 수 있기 때문이다.

나는 그들과 함께 일하고, 함께 식사하였다. 밤에는 한 시간씩 러시아어로 찬송하고 교독문을 읽는 시간을 가졌다. 그들의 언어로 그들이 중심이 되어 찬양하고 교독문을 읽으며 기도하기를 계속해서 반복하였다. 그러던 어느 날 문득, 이 친구들과 찬양 연습을 해서 주일에 특별 찬송을 하면 어떨까 하는 생각이 들었다. 그래서 이들 부부에게 주일 예배 때에 특송을 하자고 제안했다. 아내인 나리사는 좋다고 하는데, 샤샤는 절대로 하지 않겠다며 손사래를 쳤다. 하지만 샤샤는 찬송을 부르는 데에 아주 열심이었다. 심지어는 나에게 가르쳐주기까지 하였다. 그처럼 열정적인 모습을 보고, 나는 또다시 특송을 하자고 제안하였다. 그러자 그는 못 이기는 척, '그렇다면 시골 작은 교회에서 하자.'고 하는 것이었다.

당시 우리 선교지에는 세 곳에 교회가 있어서 오전, 오후 예배를 각각 다른 교회에서 드렸다. 그 중 시골 교회의 고려인 전도사님께 우리가 특송을 하겠다고 미리 연락을 취했더니, 날짜를 정해 주셨다. 우리는 날짜가 다가올수록 더욱 열심히 특송을 연습하였다. 하루 이틀 시간이 지날수록 그들의 자세와 마음가짐이 달라졌고, 술을 한 달 동안이나 마시지 않는 기적도 일어났다.

드디어 우리가 특송을 하는 날이 다가왔다. 시골 교회인지라 반주

조차 없는 가운데 하게 되었다. 우리는 '예수 사랑하심은'이라는 찬송을 불렀다. 나는 그날의 두 부부를 잊을 수 없다. 두 부부는 사시나무 떨듯이 온몸을 부들부들 떠는 것이었다. 그러면서도 4절까지 찬양을 마쳤다. 그냥 긴장해서 떠는 정도가 아니었다. 누군가 그들을 붙잡고 흔드는 것처럼 온몸을 떨었다.

특송을 마치고 나서, 그들은 예배가 끝날 때까지 내내 침묵했다. "샤샤와 나리사는 안 돼!"라고 하던 러시아 친구들도 그들의 찬송에 귀를 기울였고, 찬송을 마치는 순간 기쁨의 박수로 환호했다. 이렇게 처음 특송을 하기까지는 사탄의 시험을 거쳐야 했다. 그럼에도 그 모든 시험을 이기고 우리 세 사람이 주님 앞에서 찬송을 했다는 것이 얼마나 기쁘고 영광스러운 일인지!

예배를 마친 후 우리는 서로 힘껏 포옹을 하였다. 그들은 진정으로 하나님께 감사의 찬양을 올린 것이었다. 특송을 했다는 사실이 놀랍고 기쁘다고 하였다. 샤샤와 나리사가 주일 예배 때 특송을 했다는 소문이 당연히 다른 교회에도 알려지게 되었다. 그리하여 우리는 다음 주, 또 다음 주를 연달아 다른 교회에서도 특송을 하게 되었다. 특송이 거듭될수록 그들의 얼굴이 밝아지면서 영적으로 치유되는 것을 나는 확실히 느낄 수 있었다. 그들 또한 자신들이 주님의 어린 양이라는 것을 확인했다고 간증했다.

세 교회에서 특송을 마칠 때까지 두 달이 걸렸다. 그 사이에 그들은 일체 술을 마시지 않았다. 이 또한 주님의 은혜였고, 감사한 일이 아닐 수 없었다. 이러한 일을 통하여 나는 찬양과 특송의 위력을 절실히 느꼈다. 밝게 웃는 나리사와 샤샤가 사랑스러웠다.

어느덧 4년여의 세월이 흘러, 나의 첫 러시아어판 신앙 간증집인 『사랑의 열쇠』를 샤샤에게 전달하기 위하여 다시 그 선교지를 방문하게 되었다. 선교사님과 선교지 가족들의 환대를 받은 후에 제일 먼저 샤샤를 찾았다. 우리는 반갑게 서로의 안부를 물었다. 그동안 샤샤 부부에게도 많은 변화가 생겼다. 우선 그들의 아파트가 생겨서 독립을 했고, 샤샤는 선교지에서 선교사님을 도와 교회를 건축하는 일을 하면서 지낸다고 하였다.

더 기쁘고 놀라운 일은 곧 건축이 완공되어 헌당예배를 드리게 되는데, 헌당예배 중에 샤샤가 대표로 감사패를 받는다는 것이었다. 선교사님은 샤샤가 교회건축 처음부터 완공까지 헌신적으로 일했다면서 변화받은 샤샤를 입이 마르게 자랑하셨다.

술에 취해서 난장판을 벌이곤 하던 샤샤의 옛모습과 현재의 순한 양 같은 모습이 교차되어 떠올랐다. 보면 볼수록 샤샤가 정겨워지고 사랑스러웠다. 나는 다시 한번 힘찬 포옹을 하고는 아쉬운 발길을 돌렸다.

뿌린 것 이상으로 거두리라

내가 일했던 첫 선교지의 선교사님은 '나 같은 청년을 선교지에 보내주세요.'라며 일 년간 예수님께 기도했다고 하셨다. 그러다가 나를 알게 되었고, 내가 선교지에 홀로 와서 지내게 될 것이라는 사실에 너무 기뻐하셨다. 그러면서 일 년간 기도했더니 하나님께서 자신의 기도를 들어주신 것이라고 말씀하셨다.

그렇게 두 달 정도가 지났을 때, 더 깊은 시골 하롤 선교지에 초대를 받아서 우리 선교지 식구들이 방문하게 되었다. 하롤 선교센터는 예전 공군정비부대 자리에 세워져 있었는데, 옛 군부대의 폐기 잔재물들인 콘크리트 더미들이 군데군데 수북이 쌓여 있었다.

말이 선교센터이고 교회였지 첫인상은 폐기물 처리장이나 다름없었다. 러시아는 영하 40도라는 강추위를 이기기 위해 단열에 꽤나 신경을 써서, 벽 두께가 무려 70센티미터나 되었다. 그런 두께의 건물들이 무너지고 지붕만 걷혀 있으니 폭격 맞은 전쟁터와 흡사했다.

그날의 손님은 우리뿐만이 아니었다. 한국에서 오신 목사님, 장로님, 집사님들께서 무엇인가 중요한 회의를 위해 모이신 것 같았다. 회의실에서 한창 회의를 하시더니 그분들이 나를 찾으셨다. 왜 그러나 싶어서 회의실 의자에 앉으니 대뜸 포클레인에 관해 아느냐고 물었다. 나는 포클레인을 한국의 우리 집에서 운전해 본 적이 있어서 잘할 수 있다고 대답했다. 그러자 오늘 모여서 회의하는 내용이 선교센터에 포클레인을 구입해주는 문제에 대해서 회의를 하는 중이었다고 하였다. 어느 정도 크기의 어느 회사 제품을 구입해야 하는지에 대해서 아무것도 알지 못하고 회의를 계속하다 보니 나에게 혹시 포클레인 운전경험이 있는가를 물었던 것이다. 그들은 포클레인에 경험이 있는 나에게 이것저것을 물어보았다. 그들의 이야기를 다 들은 후에 나는 나의 의견을 이야기해 주었다. 영업할 장비가 아니고 이곳 센터의 6헥타르 정도의 땅만 정리할 것이라면 굳이 새것을 살 필요가 없다고 말했다. 한국에서 3-4년 간 사용한 장비를 구입하면 값도 저렴하고 빨리 들여올 수 있다는 이야기도 덧붙였다.

결국 장비에 대해 알아보고 구입해 달라는 수입 업무가 나에게 떨어졌다. 그러면 누가 장비를 운전해서 이곳 선교센터를 아름답게 만들 것인가? 장비를 운전할 기사를 구하는 것이 더 중요한 문제로 대두되었다. 한국에서 포클레인 운전기사 월급은 대략 300만 원이 넘는다. 하루 이틀 간 봉사할 사람은 있어도 적어도 일 년을 이곳에서 머물면서 작업할 사람을 구하기란 결코 쉽지 않을 터였다. 그러니 운전기사를 구하는 것이 가장 시급하고도 큰 문제였다. 그 이야기를 듣고 있던 내가 장비 구입만 이루어지면 내가 하겠노라고 자신 있게 말했다. 이렇게 두어 시간 만에 모든 것이 결정되었다. 나에게 할 일이 생긴 셈이었다.

하롤 선교센터의 목사님 부부는 포클레인을 운전할 수 있는 사람을 보내 달라고 3년 동안 기도하셨다고 했다. 그렇다면 1년 기도하신 목사님과 3년 기도하신 목사님 부부의 기도를 하나님께서 한꺼번에 다 들어주신 결과가 바로 나 장요셉의 러시아행으로 이어진 것인가? 어찌 되었든, 그날부터 나는 한국의 업체에 의뢰하여 이곳에서 필요한 장비를 알아보기 시작했고, 적당한 장비를 구입할 수 있게 되었다.

수입절차를 알아보기 위해 블라디보스토크 항에 있는 한국 선박업체를 찾아갔다가 한국과 블라디보스토크를 오가는 크루즈에 싣고 올 수 있다는 것을 알게 되었다. 내가 늘 타고 다니는 크루즈였다. 크루즈 회사 대표는 젊은 세례 집사였다. 그 대표의 도움을 받아 수입절차대로 일정에 맞추어 안전하게 그 포클레인이 선교센터에 도착하였다.

비자 기간이 만료되어 한국에 다녀와야 했을 때의 일이다. 늘 하던 대로 가장 저렴한 등급의 크루즈 티켓을 사들고 승선하려는 나를 크루즈 선박 대표가 발견했다. 그는 나를 자기 사무실로 데려가 티켓을 보여 달라고 하더니 직원에게 내 티켓을 업그레이드 시키라고 지시하고는 자필로 사인까지 해주었다. 승선해서 승무원에게 사인한 것을 보여주면 잘 안내해줄 것이라고 했다.

아무것도 모르는 채 어리둥절해진 나는 왜 나에게 이렇게까지 대해주시는 것인지를 물었다. 그러자 "선교사님은 예전에 포클레인을 우리 업체를 통해 수입하시고 통관, 이동 등 모든 것을 위탁하셨기에 우리 업체로서는 선교사님을 화주로 호칭할 수밖에 없고, 따라서 그에 따른 예우를 해주는 것뿐입니다. 그것이 업계의 관행이지요."라는 답이 돌아왔다. 그리고 덧붙이기를, 언제든지 배를 타게 되면 대표인 자기에게 연락하라고 했다. 일등석인 특실을 언제든지 싼 가격에 제공하겠다는 것이었다.

세상에, 어떻게 나에게 이렇게 감사한 일들이 일어난 것일까. 힘들게 여행 가방을 들고 승선하자, 내 티켓을 본 승무원이 나를 일등실로 안내해 주었다. 일인용 침대, 화장실, 위성 TV 등이 갖추어져 있는 그야말로 특실이었다. 나는 그날 침대에 앉아 감사기도를 드리지 않을 수 없었다. 러시아에 발을 내디딘 첫날, 한인 송년회 모임에서 행운의 일등 당첨으로 이 크루즈 특실 티켓을 선물로 받았던 기억이 떠올랐다. 그때, 그 티켓을 교회에 봉헌했었다. 그런데 3개월 만에 그것이 새끼를 쳐서 나에게 돌아온 것 같았다. 보이지 않는 손이 그것을 나에게 선물해 준 것 같았다. 내가 특실 침대에 편히 누워서 한국으로 간다는 것이 실감이 나지 않았고, 기쁘기 그지없었다. 거저 받은 티켓을 하나님께 한 번 봉헌했을 뿐인데, 이후 나는 무려 스무 번이 넘게 특실을 이용하여 러시아를 오갔다.

일억 원짜리 장비를 한국 국내에서도 구입하기가 쉽지 않은 일인데, 멀리 러시아에서 장비를 수입해서 들여온다는 것은 더욱 힘든 일이었지만, 그 모든 것이 보이지 않는 손에 의해 이루어진 것이 분명했다. 장비가 목적지까지 무사히 도착하던 날의 기쁨은 나밖에 모를 것이다.

일상의 삶 속에서 무심히 행한 작은 일도 일파만파 확장되어 나에게 돌아온다는 것을 몸으로 체험한 나는, 하나님의 진리 세계는 한 치의 오차도 없이 정확하게 확장되는 축복의 현장이라는 사실을 진실로 느끼게 되었다. 하나님, 참 감사합니다!

길이 없는 곳처럼 보이는 곳에도

　포클레인이 무사히 하롤에 도착하던 날, 나는 정말 기뻤다. 하롤은 블라디보스토크에서 서쪽으로 3백여 킬로미터나 떨어져 있는 읍 단위의 지역이다. 한국의 군산에 있던 포클레인이 3백여 킬로미터나 떨어진 인천의 운송회사로 운반되어 가고, 거기에서 다시 250킬로미터 떨어진 동해항으로 운반되어 간 다음 선박에 실려 블라디보스토크 항으로 갔다가, 거기에서 또다시 트레일러와 화물차로 3백여 킬로미터 떨어진 하롤까지 운반되어 온 것이다.

　포클레인의 먼 여정을 익히 알고 있던 나는, 그것들이 하롤에 도착하는 날 기쁘기 그지없었다. 아무도 없이 나 혼자서 그 장비들을 인수했고, 그 기쁨도 중얼중얼 혼자서 표현할 수밖에 없었다. 우리가 구입한 장비는 현대 06W 타이어 포클레인이었는데, 나는 한국에서 04W 볼보 포클레인을 10여 년간 운전한 경험이 있었다. 그 경험이 있었기에 자신 있게 그보다 크고 힘이 센 06W를 운전할 수 있다고 나설 수 있었다.

나는 사실 그때, 포클레인 면허증은커녕 자동차 운전면허증도 없었다. 시골 학교의 운동장 안에서 비료를 싣고 내리는 상하차 작업만 하면 되었기에 굳이 면허증이 없어도 되었던 것이다. 교회 식구들은 선교센터에 주차되어 있는 포클레인만 보고서도 그곳이 깨끗하게 정리정돈이 잘될 것이라는 믿음을 갖는 것 같았다.

어느 나라든지 그 나라마다 법이 있고, 외국인에게는 더 엄격한 법의 잣대를 들이대게 마련이다. 러시아는 더욱 그러했다. 외국인에게 들이대는 법 기준이 아주 높아서 차라리 법이 무섭다고 표현하는 것이 맞을 것이다. 멋지고 힘센 포클레인이 센터 마당에 놓여 있었지만, 아무런 면허 자격증이 없는 내가 섣불리 운전을 한다고 나설 수가 없었다. 더구나 여행 관광 비자였기 때문에 일을 하다가 경찰에 적발되기라도 하면 벌금을 내야 할 뿐더러 당장 추방을 당하게 되어 있었다. 아주 고약한 상황이었다.

하루 속히 포클레인 작업을 하고 싶었으나 법과 감시가 심해서 조금은 두려웠다. 그러던 어느 날, 하롤 관내의 읍사무소 관리자들이 우리 센터를 방문하였다. 하롤 관내 도로에 모래를 새롭게 포장하는 작업이 필요한데, 도움을 받을 수 있을까 해서였다. 시골이라 동네 곳곳에 비포장도로가 많았다. 이 지역에 있는 모래 산에서 포클레인으로 모래를 파서 덤프트럭에 싣고서 비포장도로에 살포하기만 하면 그냥 평탄한 도로가 되었다. 읍 관계자들이 나에게 부탁했던 것은 3~4일 동안만 모래를 퍼서 덤프트럭에 담아줄 수 있겠느냐는 것이었다. 하롤에서는 센터의 포클레인이 가장 크고 새로운 장비였던 것이다.

나는 이렇게 말했다. 나도 그들을 도와주고 싶지만 러시아 법에 어긋나는 세 가지 사항 때문에 도와줄 수가 없다.

첫째, 나는 관광비자라서 일을 하면 안 된다.
둘째, 나에게는 운전면허증이 없다.
셋째, 포클레인 면허증도 없다.

그래서 여러분을 도와주고 싶어도 도와줄 수가 없다고 말하니, 그들은 웃으면서 그런 것은 조금도 문제가 되지 않는다고 했다. 자신들이 그것을 지키고 감시하고 찾아내는 기관인데, 무엇을 하지 못하겠느냐는 것이었다. 당신이 하겠노라고만 하면, 자신들이 경찰을 동원해서 모래 산까지 가는 길을 안내해 주고 저녁엔 또다시 안내하여 센터까지 인도해 주겠다는 것이었다. 그들의 제안에 "그럼 좋다!"라고 응수하면서 속으로 쾌재를 불렀다.

작업 날짜가 되자 아침 일찍 경찰차와 관내 기관 관계자가 센터로 왔다. 약속대로 내 앞에서 경찰차가 인도해 주었다. 나는 마치 러시아를 다 얻은 것처럼 기뻤다. '모든 것이 하나님께서 함께하셔서 이루어지는 일이구나. 하나님께서 나를 도와주시는구나.' 하는 감사기도가 저절로 나왔고, 작업을 하는 내내 그런 마음이었다.

하롤에 있는 덤프트럭은 모두 나온 것 같았다. 1톤짜리, 2톤짜리, 3톤짜리, 5톤짜리, 8톤짜리 덤프트럭이 나와서 모래를 받아갔다.

나는 점심시간도 없이 모래를 계속 퍼올려 주었다. 그때는 러시아 말을 하나도 할 줄 몰랐다. 눈으로, 시그널로 대화하면서 운전자들과 작업을 했다. 이 일로 인해서 나중에 시장이나 읍내에 나가면 '포클레인을 운전했던 사람'이라며 나를 알아보는 사람들이 적지 않았다.

3~4일간의 포클레인 작업은 아무 탈 없이 마무리되었다. 관내 도로가 모두 깔끔하게 포장되었다. 포클레인을 타고 출근을 하면서 시골 마을의 집과 울타리 안의 마당, 밭, 그들이 살아가는 모습을 담 너머로 쉽게 볼 수 있었다. 당시는 감자를 심을 시기여서, 텃밭에서 괭이로 땅을 파는 모습을 여실히 볼 수 있었다. 트럭 운전자 중에는 여성분들도 꽤 많았다. 그중에는 애기 엄마도 있었는데, 젖을 먹이면서도 일하는 모습이 매우 인상적이었다.

일이 끝난 후, 관청 사람들이 다시 찾아와서 나에게 고맙다는 인사를 전했다. 진심으로 고마워한다는 것을 그들의 얼굴에서 충분히 읽을 수 있었다. 통역을 통해서 우리 센터가 하는 일과 지금 센터에서 해야 하는 폐기물 작업에 대해서 말하고는, 내가 장비를 이용하여 일하는 것을 문제 삼지 않기를 간곡히 부탁하였다. 그들은 문제가 될 일은 결코 없을 테니 얼마든지 작업을 하라고 했다.

그 후 2년간 포클레인 작업을 열심히 했다. 콘크리트 폐기물을 정리하여 밭을 만들고 연못, 울타리, 사슴 우리를 지었다. 선교센터는 날로 변신을 거듭했다. 하롤 지역에 사흘 동안 봉사를 해주고 2년 동안이나 아무 문제 없이 일을 다 해낼 수가 있었다.

지금 생각해 보면 아무런 자격도 없던 내가 무슨 배짱으로 포클레인을 수입하고 겁 없이 그런 일을 하겠다고 달려들었는지, 그 모든 것이 하나님의 보이지 않는 손길이 도와준 덕분이었다는 것을 실감하곤 한다. 하나님께서는 이 지역 사람들에게 먼저 봉사의 시간을 가지게 함으로써 그들로 하여금 나를 알게끔 하는 귀한 시간을 마련해 주셨고, 그로써 모든 일이 순조롭게 풀리게 하셨던 것이다.

누구의 하나님인가

하롤 극동선교센터에서 지내고 있던 2012년 10월 중순, 포클레인으로 마지막 마무리 작업을 하느라 하루하루가 바빴다. 땅이 얼면 아무것도 할 수가 없기 때문에 눈이 내리기 전에 다 마쳐야 했다.

한국의 10월은 쌀을 수확하는 중요한 계절이다. 우리 집도 1헥타르 정도의 논에서 가족들이 직접 쌀농사를 짓는다. 가족들의 일년 식량을 마련하는 것이기 때문에 모두가 힘을 합쳐 농사를 짓는다. 모를 심는 일부터 추수해서 쌀을 창고에 들여놓을 때까지 6개월이 걸리고, 매년 10월 15일부터 20일 사이에 쌀을 수확한다.

어느 날, 인터넷을 통해 한국의 기상뉴스를 보게 되었다. 강력한 태풍이 발생하여 남쪽 바다를 거쳐 정확히 한국에 상륙하게 되었다는 태풍경보가 예보되었고, 우리 집이 있는 김제시를 강타하게 될 것이라는 속보였다. 동생에게 전화를 걸어 상황을 물어보았다. 뉴스에서 본 그대로였다. 태풍이 다가오고 있는 상황이어서 가족들이 크게 걱정을 하고 있다는 것이다. 곧 추수할 벼가 잘 익어서 고개를 숙이고 있는데, 비바람이 불면 버티지 못하고 쓰러지고 말 것이기 때문이다. 동생의 이야기를 듣는 순간 앞이 캄캄해질 정도로 걱정이 되었다.

내가 한국에 있었다면 뭐라도 도움이 될 텐데 멀리 러시아에 있으니 도무지 도움을 줄 길이 없었다. 너무 걱정이 되어서 한시도 가만히 있을 수가 없었다. 비바람에 벼가 쓰러져 버린다면 그 많은 것들을 어떻게 일으켜 세울까? 동생들만 놔두고 멀리 떨어져 있다는 게 너무 미안하여 어찌해야 할지를 몰랐다. 일 년 내내 고생한 가족들의 수고가 헛된 일이 되어버리는 것은 아닐까? 걱정이 되어 밥도 먹히지 않은 채 밤을 맞았다.

그날 밤, 나는 조용히 교회에 들어가 무릎을 꿇고 기도했다. "하나님! 가족들이 힘들게 농사지은 벼가 비바람에 피해를 받지 않게 해주세요! 하나님은 전지전능하시니 바람을 움직여 이동시켜 주세요!"라고 간절히 기도했다. 그렇게 엎드려 기도하다가 쓰러져 잠이 들었다. 그런데 새벽에 신기한 꿈을 꾸었다.

태풍이 정말 엄청난 회오리바람을 일으키며 우리 논을 향해 질주해 오고 있었다. 그런데 우리 마을 앞에서 그 회오리가 순식간에 방향을 90도 틀어 다른 곳으로 돌아가 버리는 것이 아닌가. 신기한 꿈이었다. 꿈을 깨고 나자 나는 확신할 수 있었다. "하나님께서 이 강한 회오리바람, 태풍의 경로를 바꿔주셨구나!"

나는 엎드려 감사의 기도를 드렸다. 그리고는 인터넷을 통해 한국의 자연재해 속보를 살펴보았다. 그런데 이게 무슨 일인가? 정확히 우리 집 방향으로 돌진하던 태풍이 김제시 바로 앞에서 방향을 90도 틀어 다른 곳으로 돌아갔던 것이다.

태풍이 지나간 자리는 그야말로 아수라장이었다. 바닥으로 떨어져 나뒹구는 도심의 간판들, 부러지거나 뿌리 뽑힌 가로수들, 태풍 자국대로 쓰러진 농작물, 이것저것 할 것 없이 모두 큰 피해를 입었다. 다행히 우리 지역 논은 피해가 없었다는 동생의 전화를 받았다. 나는 하나님께 또다시 감사기도를 했다.

하나님은 누구의 하나님인가? 바로 믿고 기도하는 자의 하나님이라는 것을 다시 한 번 알게 되었다. 자연을 움직이시는 전지전능하신 하나님! 나의 연약한 믿음을 시험하시고자 나에게 시험을 주시고, 기도를 통해서 확실한 증거를 주시며, 증거하신 대로 역사하신 놀라운 하나님! 나는 다시 한 번 하나님께 영광을 돌리며 그분의 전지전능함 앞에 무릎을 꿇지 않을 수 없었다.

고려인 할머니의 눈물

어느 고려인 할머니 집에 점심식사 초대를 받은 일이 있었다. 나 이외에도 다른 고려인 할머니들께서 먼저 오셔서 이야기꽃을 피우고 계셨다. 86세, 82세, 78세, 70세로 모두 나이가 많으신 할머니들이었다. 그분들은 나를 한국에서 온 손님이라며 모두 반겨 주셨다. 우리 모두는 식사 후에 차를 마시면서 이런저런 이야기를 나누었다.

각자의 고향 이야기, 부모님 이야기, 한국여행을 다녀온 이야기를 나눈 것은 물론, 러시아 고려인들만의 노래를 불러주시기까지 하셨다. 고려인들, 특히 70대 이상의 할머니, 할아버지들의 삶은 중앙아시아로 강제이주를 당했던 고통의 세월 그 자체였다. 이야기를 들을 땐 옛날이야기를 듣는 것처럼 간혹 재미있기도 했지만, 얼마나 힘든 삶을 살아야 했는지 피부로 느낄 수 있었다. 그렇게 한참을 이야기하시던 중, 가장 나이 많은 할머니께서 약을 복용하기 위해 집에 가셔야 한다면서 자리에서 일어나셨다. 나는 이 할머니를 댁까지 모셔다 드려야 할 것 같아서 할머니의 손을 잡고 3층 아파트 계단을 내려와 같은 단지의 3층인 할머니의 집까지 모셔다 드렸다.

할머니는 고맙다며 잠깐 들어와 차 한 잔 마시고 가라고 하셨다. 나는 차마 거절할 수 없어서 집안으로 들어가 차와 과일을 먹으면서 또다시 할머니와 이야기를 나누었다. 할머니는 심장 약을 서둘러 복용하셨다.

"할머니, 언제부터 심장이 아프셨어요?" 나의 질문에 할머니는 3년 정도 되었다고 대답하셨다. 심장이 많이 아픈 할머니의 손을 붙잡고 우리는 함께 예수님께 기도를 했다. 기도 후, 할머니께 3년 전에 무슨 일이 있었느냐고 물었더니 할머니께서는 벽에 걸린 잘생긴 남자의 사진을 손으로 가리키며 말씀하셨다. "저 사람이 내 남편인데, 3년 전에 세상을 떴어. 그를 많이 사랑했었지. 남편이 죽고 나서부터 내가 심장병에 걸린 것 같아."

할머니의 가슴속에는 돌아가신 남편에 대한 그리움이 늘 사무쳐 있었다. 할머니는 교회도 오래 다니셨고, 권사 직분으로 신앙심도 깊으신 분이었다. 그런데 남편이 돌아가시고 나서부터는 예수님보다 남편을 더 많이 부르고 기도할 때도 남편만 찾았다. 자신이 스스로 생각해도 "이건 신앙도 아니고 믿음도 아닌데…" 하면서도, 예수님은 늘 뒷전이었다. 죽은 남편 사진을 보고 또 보면서 예수님을 3년간 한 번도 부르지 않았다고 했다. 심장병은 더욱 깊어져갔고, "이렇게 살아봐야 뭐 하나." 하는 생각으로, 늘 남편이 있는 곳으로 가야겠다는 마음뿐이었다고 했다.

그런데 오늘 나에게 처음으로 질문을 받았고, 자신의 형편과 심경을 고백한 것도 처음이라면서 눈물을 흘리셨다. 그렇게 안쓰러울 수가 없었다. 나는 할머니의 손을 잡고 기도하였다.

"주님! 어린양이 죽은 남편을 그리워하며 주님을 멀리했음을 고백합니다. 주님! 어린양을 불쌍히 여겨 주세요, 주님! 그가 지금 잘못되었음을 회개하오니, 주님의 손으로 그의 심장을 어루만져 치유하여 주세요."

기도를 마치고 나자 할머니께서 밝은 얼굴로 나를 안아주시면서, 새벽에 신기한 꿈을 꿨다면서 꿈 이야기를 꺼내놓으셨다. 한 청년이 자신의 집에 왔는데, 남편 젊었을 때처럼 생긴 그 남자가 자신에게 문제가 있다는 것을 하나하나 자상하게 설명해 주어 그 사람의 말에 열심히 귀를 기울였다는 것이다.

할머니는 요셉의 말을 백 퍼센트 믿는다면서, 당장 자신의 잘못을 회개하고 주님의 품으로 돌아가야겠다고 말했다. 그리고 요셉을 보내주신 하나님께 감사를 드린다고 하였다. 할머니는 장롱 속에 넣어두고 있던 갖가지 선물들을 꺼내어 나에게 주시면서, 고맙다는 말씀을 거듭하셨다.

우리는 예수님을 믿는다고 하면서도 우리도 모르는 사이에 예수님을 중심에 모시지 않고 다른 것들을 중심에 두고 살아가곤 한다. 예수님을 믿는 사람이 예수님이 내 안에 있지 않으면 버린 자식과 다를 바가 없는 것이다. 할머니의 고백을 통해서 많은 것들을 느꼈다. "오늘 죽는 것보다 내 입에서 예수님이 떠난 것이 괴로웠다."는 할머니의 간증은 많은 것들을 다시금 느끼게 해주었다. 오늘 당장 주님을 다시 부르고 찾으며 회개하겠노라고 하셨다.

그 후 3년이 지난 지금, 할머니는 영육간에 건강을 되찾으셨다. 이웃집 할머니 댁에도 더 활발하게 놀러 다니신다.

우리 자신도 모르게 예수님보다 사람을, 세상을 좋아하는 경우가 있다. 하나님 나라만이 영원하다는 것을 잊어버린 할머니에게 심장병은 주님을 더욱 사랑하라는 신호였다.

질투하시는 하나님! 사실 하나님 한 분만으로도 족하고 족하다. 그분이 내 안에 살아계시면 내가 살아있는 것이고, 다른 그 누가 아무리 크게 자리를 차지하고 있어도 그분이 계시지 않으면 나는 죽어있는 것이다. 마음을 다하고 목숨을 다해서 하나님을 사랑해야 하는 이유가 여기에 있는 것이다.

나의 첫 전도열매

하롤 선교센터는 교도소에서 출소하여 정처 없이 떠돌아다니는 러시아인들을 도와주는 일을 주로 하는 곳이었다. 2011년에 처음 방문했을 때에는, 20여 명의 러시아 사람들이 예배드리면서 감자 농사를 짓고, 하우스에서 모종을 가꾸는 일을 하고 있었다. 사회에 나가기 전에 적응훈련과 더불어 신앙생활을 하는 장소였다.

큰 마을 안에 있는데도 주일 예배 시간이면 늘 우리 센터 식구들만 모여서 예배를 드렸다. 하지만 부활절이 되자 많은 동네 사람들이 교회로 오셔서 같이 예배도 드리고 식사도 하는 시간을 가졌다. 주민들과 함께 예배를 드리니 센터에 머무는 사람들도 얼굴에 웃음꽃이 피고 밝아졌다. 예배를 마친 후 마을 사람들은 모두 각자의 집으로 돌아갔다.

부활절 다음날, 나는 처음으로 동네를 둘러보았다. 언어도 다르고 문화도 다르고 모든 것이 낯설었지만, 3개월 정도 지난 때여서 조금은 자신감이 붙어서인지 멀리까지 둘러보게 되었다.

나는 먼저 아이들과 친해졌다. 말은 통하지 않아도 신기하게 나를 쳐다보는 아이들 틈에서 장난하고 같이 놀다보니 어느새 친구가 되었다. 나의 이름이 '이오시프'라고 하자, 모두 깔깔거리며 "요디프! 요디프!"하고 부르기 시작했다.

자주 만나는 아이들 중에 특히 네 명의 아이들이 나를 잘 따랐다. 지아나(당시 7세), 레나(8세), 레기나(8세), 나스자(9세)로 불리는 아이들로, 모두 여자아이들이었고, 교회에서 가까운 곳에 살고 있었다. 나는 그애들과 실컷 같이 놀다가 가게에 가서 아이스크림, 요구르트를 사서 나눠 먹곤 하였다. 그 정도의 호의에도 아이들은 환호하였고, 함께 나누어 먹으니 그 맛이 꿀맛이라면서 좋아했다. 아이들이 뛰어노는 것을 바라보면서 그 모습들을 동영상으로 찍어서 보여주면 그렇게 좋아할 수가 없었다. 이렇게 나는 애들과 하나가 되어갔고, 그들은 나를 끔찍이도 좋아하여 보기만 하면 웃으면서 내게 매달리곤 했다.

그러던 어느 날, "애들아, 우리 교회 한번 가보자!"라고 제안했더니 모두들 좋다고 하면서 내 손을 잡고 교회에 가게 되었다. 교회에 도착한 아이들은 피아노 건반도 두드리고, 의자에 앉아 수다도 떨었다. 밖에서만 놀던 아이들이 넓고 깨끗한 실내 공간에 들어오니 아주 좋아들 하였다. 한참 뛰어노는 아이들의 소리에 목사님이 나오셔서 보시더니 깜짝 놀라셨다. "웬 아이들인가? 어쩌려구 아이들을 이곳에 부모님 허락도 없이 데려왔는가?"라며 걱정을 하셨다. 러시아에서는 그러면 안 된다는 것이었다.

목사님은 그렇게 말씀하시면서도 귀한 손님들이 왔으니 대접을 해야 한다며 사모님에게 맛있는 수박을 내오게 하셨다. 우리는 목사님의 걱정은 아랑곳하지 않고 그저 신나게 수박을 맛있게 먹었다. 수박을 먹고 난 후, 아이들에게 "돌아오는 일요일 11시에 이곳에서 예배가 있는데, 너희들 모두 일요일에 다시 이곳으로 올 수 있을까?"라고 물었다. 그러자 아이들이 모두 알겠다고 대답하고는 집으로 돌아갔다.

'왜, 우리 교회에는 지역주민들이 예배를 보러 오지 않을까?'하고 궁금하던 터였는데, 아이들을 교회에 데려옴으로써 그 의문을 풀수 있었다. 동네 사람들은 우리 교회를 살인자, 강도, 도둑 등 나쁜 사람들만 모여 사는 곳이라 위험한 곳이라고 알고 있었고, 아이들에게도 그렇게 주입시키고 있었다. 부모들은 아이들에게 교회 근처에는 얼씬도 하지 말라고 당부하곤 했다. 그래서일까. 동네에서 개만 없어져도 우리 센터에 와서 찾을 정도로 지역 주민들에게는 나쁜 집단 혹은 감옥 소굴과 같은 곳으로 이미지가 각인되어 있었다.

그런 상황인 것을 모르고 어린 소녀들을 교회로 데리고 왔으니 그들의 부모들이 문제를 삼으면 참으로 곤란한 일이었다. 그런데 전도를 해야겠다는 순수한 나의 마음이 전달되어서였을까. 아이들은 나와 약속했던 일요일에 옷을 예쁘게 차려입기까지 하고 교회에 왔다. 모두가 함박웃음 띤 얼굴로 주일 예배를 마쳤다. 네 명의 소녀들이 환하게 웃으며 함께한 예배시간은 모두에게 행복을 퍼뜨리는 시간이었다. 예배 후의 다과 시간은 더욱 풍성했다. 우리 센터 가족들도 얼굴에 생기가 돌았다. 그들도 집에 가면 부모도 있고 예쁜 자녀도 있는데, 한 번의 실수로 감옥을 다녀와서 인생이 엉망이 되었던 것이다. 그러나 우리 모두가 함께한 이 시간만큼은 모두 행복해 보였다.

예수님께서 천국을 어린아이에 빗대어 말씀하신 그 본뜻을 확실하게 이해할 수 있었다. 어디를 가든지 어린아이들이 있어야 생동감이 있고 활력이 넘친다는 사실을 알게 되었다. 어린아이들은 천사임이 분명했다. 수만 마디의 좋은 말로 가르치는 것보다 어린 천사들의 행복 바이러스가 훨씬 더 빨리 우리를 행복으로 감염시켰다. 그래서 우리 모두는 행복하고 또 행복하였다.

그런데 그 다음 주일에 전혀 예기치 않았던 더욱 놀라운 일이 발생하고 말았다. 아이들의 엄마와 할머니들이 함께 예배를 보러 교회로 왔다는 사실이다! 아이들이 교회를 다녀간 후 가족들에게 이야기를 하였고, 가족들도 아이들의 밝게 웃는 모습을 보고는 함께 교회를 오게 된 것이다. 이 네 명의 아이들이 교회에 나오면서 많은 변화가 생겼다. 지금은 많은 사람들이 교회에 나오고 있다.

첫 전도의 열매인 어린아이들… 지금은 어느새 모두 어엿한 숙녀들이 되었다. 그들은 소중한 첫 열매들이었다.

왈료자 이야기

2011년부터 12년까지 2년 동안 나는 하롤 러시아 극동 선교센터에서 지냈다. 선교센터는 초창기에는 출옥자들의 신앙과 그들의 사회진출을 돕는 기관이었다. 20~30여 명에 달하는 출옥자들의 리더인 왈료자는 나와는 동갑내기로 사할린이 고향이었다. 왈료자는 운전도 잘하고, 영어로 말할 줄도 알고, 성경에도 해박하였다. 내가 그곳에서 지내는 동안 왈료자와의 사이에 많은 에피소드가 있었다.

건축자재를 구입하러 트럭을 타고 큰 도시로 함께 나갈 때마다 우리는 휘파람으로 찬송을 부르곤 했다. 각자의 언어로 찬송을 번갈아 교대로 부르기도 했다.

2년 후 어느 날, 왈료자는 자신의 교향인 사할린으로 돌아가게 되었다. 비행기 시각에 맞추기 위해 이른 새벽에 작별인사를 해야 했다. 우리는 힘차게 마지막 포옹을 했다. 그때 왈료자가 내 귀에 속삭였다. "요셉, 요셉의 성실함을 배웠어. 이제 나는 어디를 가든지 요셉처럼 열심히 살 거야."

그 말을 듣는 순간 가슴이 뭉클했고, 나는 짐짓 눈을 아래로 내리깔 수밖에 없었다. 그런데 완료자가 신고 있던 낡은 신발이 눈에 들어왔다. 나는 얼른 포옹을 풀고는 신발장에 있던 나의 운동화를 꺼내어 그 친구에게 신고 가라고 했다. 그 친구는 아주 고맙게 신발을 받아 갈아 신고는 사할린으로 떠났다. 그 뒤로 우리는 각자 바쁜 시간 속에서 서로 연락을 하지 못한 채 그저 잘 지내고 있을 것이라는 생각으로, 마음으로만 소통하고 있었다.

3년이 지난 후, 메일을 주고받다가 서로가 다른 곳으로 옮겨가서 살고 있다는 것을 알게 되었다. 나는 하롤에서의 사역을 마치고 다른 지역에서 지내고 있었고, 그 친구는 사할린으로 갔다가 블라디보스토크로 와서 살고 있었다. 홀어머니가 돌아가시자 장례를 치른 후 블라디보스토크로 왔다는 것이다. 완료자는 신학교에 편입해서 신학공부를 마쳤고, 한국교회에서 교육전도사로 사역하고 있었다. 그는 블라디보스토크에 오면 꼭 연락해서 만나자는 말을 잊지 않았다.

블라디보스토크를 방문할 일이 생기자, 나는 완료자를 꼭 만나고 싶었다. 그래서 서로 만나기로 약속하고 만남의 장소로 나갔더니, 그는 혼자가 아니라 사역하고 있는 교회의 목사님과 함께였다. 나를 보자 목사님께서는 "완료자가 예전에 요셉과 지낸 이야기를 하도 많이 해서 누구인지 보고 싶어서 나오게 되었네요."라고 말씀하셨다. 이렇게 만난 우리는 함께 교회로 이동하여 지난 이야기는 물론 현재와 미래에 대해서도 청사진을 펼쳐가며 많은 이야기를 나누었다.

그로부터 2년 후, 한국에 나와 있는 나에게 그 목사님으로부터 전화가 왔다. 왈료자가 많이 아프다는 것이었다. 치료를 받으려면 3천 달러가량이 필요하다면서, 치료비를 벌기 위해서 한국에서 일할 수 있겠는지를 물으셨다. 처음에 들었을 땐 '아픈 사람이 어떻게 일을 할 수 있을까?' 하고 걱정이 되었지만, 형편과 사정이 일을 할 수밖에 없으니 한번 찾아보리라 마음먹었다.

하롤에서 같이 지냈던 막심이 한국에 일하러 온다는 말을 들었던 것이 생각났고, 나는 두 사람을 함께 초대하기로 결정하였다. 함께 오면 서로 의지하면서 일을 하게 될 것이니 외롭지 않을 것이다. 나는 그들을 함께 한국으로 초대해서 건축현장에서 두 달 일정으로 일을 할 수 있게 해주었다. 물론 힘든 일이었다. 건강한 사람도 힘이 드는데 아픈 왈료자는 더욱 힘들어했다. 그나마 다행인 것은 막심과 왈료자가 서로 의지하면서 부족한 부분을 채워가며 할 수 있었다는 것이다. 우여곡절 끝에 두 달을 채운 왈료자는 급여를 가지고 러시아로 돌아가서 본격 치료를 받았다. 한국에서 일을 찾았고, 그 돈으로 치료를 받을 수 있었던 것은 그에게 꿈같은 기적이었다.

왈료자가 사역하고 있는 목사님은 이런 사실에 늘 감사하고 있다고 하셨다. 그가 치료를 시작한 지 4개월 후에 나는 주일예배를 드리러 그 교회를 찾아갔다. 나를 본 왈료자는 내 이름을 부르며 반갑게 꼭 나를 안아주더니 휴대폰을 꺼내서 사진 한 장을 보여주었다.

바로 그 전날 병원에 가서 받아온 마지막 검사 결과 통지서였다. 의사의 서명란에 '깨끗함'이라는 러시아어가 쓰여 있는 것을 볼 수 있었다. 그것을 보는 순간에 얼마나 기뻤던지, 우리는 서로 다시 껴안고 떨어질 줄을 몰랐다. 나는 "하나님께서 완료자를 사랑하셔서 우리를 서로 만나게 하셨고, 그 모든 과정을 무사히 마치게 하시니 감사합니다!"라고 기도를 드렸다. 담임목사님도 기뻐하시면서 서로 감사의 인사를 나누었다.

사람의 인연이란 참 모를 일이다. 6년의 시간을 두고 끊어지지 않고 연결되어 한 생명을 귀히 여기시는 하나님의 은혜를 누리게 하시니 감사드리지 않을 수 없었다. 무엇보다 하나님은 완료자를 사랑하셔서 변화된 그를 통하여 하나님의 사역을 이어가셨던 것이다. 한국에 와서 일할 때는 아버지께서 그를 위해 특별히 기도를 해주셨고, 그로 인해 완료자의 신앙이 더욱 성숙하게 되었던 것 같다.

지금 내가 상트페테르부르크에서 선교사역을 하게 된 것은, 완료자를 통해서 알게 된 목사님께서 상트에 계신 목사님을 소개해 주셨기 때문이다. 그렇게 아팠던 완료자가 치료를 받아 완쾌되었고, 나에게는 좋은 목사님들을 만나게 되는 계기가 되었으니, 언제 어디에서 누구를 만나든 참으로 귀한 인연이 아닐 수 없다.

완료자는 나의 오랜 친구이자 믿음의 형제임이 분명하다!

사랑스런 레나의 한국방문 이야기

하롤에서의 생활은 마치 한국의 시골 마을에 러시아인 몇 명이 살고 있는 것 같았다. 감자밭, 풀밭, 소떼들, 등하교하는 아이들…. 선교센터 안에서 포클레인을 작업을 주로 하다 보니 바깥으로 나갈 일이 별로 없었는데, 부활절 예배 후에 동네로 나가서 아이들을 만나 전도하게 된 후에는 주일마다 아이들과 예배를 드리는 시간이 기다려졌다. 천사 같은 아이들의 장난을 다 받아주면서 그들과 놀아주는 시간이 무척 행복하였다. 그 중 첫 번째로 전도했던 당시 여덟 살의 레나는 특별했다. 그 누구보다도 나를 잘 따랐고, 늘 내 손을 잡고 다녔다. 항상 사랑을 주고 싶은 아이였다.

레나가 두 살 때 엄마가 병으로 돌아가시고 아빠는 재혼해서 따로 살고 있었다. 레나는 할머니 할아버지의 손에 자라고 있었고, 그런 환경 때문인지 얼굴에 늘 슬픔의 그늘이 가득했다. 사랑을 받고 자라야 할 시간에 나를 만난 것이다. 레나의 이러한 가정형편을 알기에 누구보다 더 잘해주고 싶었고 맘껏 사랑해주고 싶었다. 레나는 태어나자마자 큰 수술을 받았다. 할머니는 지금 살아 있는 것만도 감사한 일이라고 말씀하셨다. 하지만 레나에게는 또 다른 병이 있었다. 머리가 한번 아프면 고래고래 고함을 지르며 뒹굴지 않고는 참을 수 없을 정도로 고통스러운 병이었다. 통역을 통해 고통스러워할 때 그 아이가 어떤 상태인지 이야기를 들어보았다. 누군가 바늘로 자기 머리를 찔러대는 것처럼 쑤시고 아프다는 것이었다. 그 아픔이 얼마나 크면 뒹굴며 울부짖곤 하는 것일까?

실제로 그런 광경을 목격하고 난 나는 충격 속에서 헤어나기가 힘들었다. 자꾸만 마음이 쓰였다. 병원은 가보았느냐고 할머니에게 여쭈어보았다. 병원에 가서 검사를 하면 아무렇지도 않다면서 두통약만 처방해 준다고 했다. 그러나 두통약을 먹어도 계속 반복되고, 따라서 늘 움츠러든 채로 있으니 불쌍해 죽겠다고 하셨다. "그럼, 통증이 멈출 때까지 어떻게 해요? 어떤 약을 먹어요?"하고 물으니, 그저 잘 익은 바나나를 먹으면 조금 괜찮아진다는 것이었다. 바나나를 먹는 데 신경을 쓰다보면 조금 나아진다는 것이었다. 통증이 날로 더 심해졌다.

레나가 열 살 되던 해의 여름방학에, 나는 이 아이를 데리고 한국의 큰 병원에 가서 검사를 받고 치료 받을 수 있게 해주어야겠다는 계획을 세웠다. 그래서 한국과 러시아 양쪽에서 치밀하게 준비를 했다. 할머니와 가족들은 모두 고마워하며 기꺼이 찬성하였다. 우리는 한국에 갈 준비를 모두 마쳤다. 그런데 아이만 데리고 갈 수가 없었다. 하는 수 없이 보호자인 할머니와 고모도 함께 가기로 결정했다. 항공요금과 병원 치료비와 체류 비용 등, 많은 돈이 필요했다. 나는 아버지께 말씀드렸고, 아버지는 좋은 일이니 노력해보자고 하셨다.

일정에 맞춰 한국으로 온 우리는 김제의 우리 집에 여장을 푼 뒤 서울 세브란스 병원 국제진료센터에서 각종 검사를 받았다. 2~3일 후에 의사 선생님으로부터 뚜렷한 병이 있는 것이 아니라 그저 편두통일 뿐이라는 진단을 받았다. 두통약을 조금 처방받았을 뿐이었다. 아무래도 납득이 가지 않았다. 다행이다 싶으면서도 뚜렷한 병명이 없이 고통 속에서 살아야 하는 아이의 미래를 생각하니 절망감이 솟구쳤다. 병원에서 해결책을 찾아내지 못한다면 하나님만이 이 아이를 살려줄 수 있겠다는 확신이 왔다.

통역을 통해서 모든 사항을 전달받은 가족들도 큰 병원에서조차 병명을 찾을 수 없다면 다른 길을 찾아야 한다는 것을 이해하였다. 병원 일정을 마치고 고향 집으로 돌아온 레나 가족은, 우리 가족들과 함께 즐거운 시간을 보냈다. 사랑을 받고 자랄 시기에 새엄마는 동생들을 낳았고, 레나는 그 남동생들을 돌보아야 했고 할머니도 도와야 했다. 그래서일까. 레나는 일찍 세상을 떠난 엄마의 유품을 버리지 못한 채 베개, 잠옷 등을 품고 살았다. 이런 아이의 행동 습관들이 더욱 슬픔 속에서 살아가게 했고, 그것이 이따금 발작에 가까운 편두통으로 나타났던 것 같았다.

아버지는 아이의 형편과 마음 상태를 살피시고 아이를 위해 기도해

주시면서 이 부분을 지적하셨다. "살아 있는 사람은 살아 있는 생각을 해야지, 죽은 이의 생각에 잡혀 있으면 죽은 것에 가깝게 된다. 그러니 집에 돌아가거든 밤마다 끌어안고 자는 죽은 엄마의 유품들을 모두 없애라."

이 모든 것을 잘 이해한 레나의 할머니는 꼭 그러겠노라고 약속하셨다. 레나는 한국에서 3주가량 지낸 후 러시아로 돌아갔다. 놀랍게도, 한국에서 지내는 동안에 병이 나아버렸다. 레나 자신이 아프지 않다고 하니 나았다고 볼 수밖에 없었다. 다음해, 레나 가족은 한국으로 여름휴가를 다녀갔다. 레나의 머리가 아팠던 이야기는 옛날이야기가 되었다.

지금 레나는 어느새 17세의 숙녀가 되었다. 주님의 은혜 가운데 머리 아픔이 깨끗이 사라지고, 예쁘게 자라는 레나를 보면 늘 사랑스럽다. 나의 첫 신앙 간증집인 이 책의 러시아어판 표지 모델이기도 한 레나는, 당시 너무 어려서인지 자세한 이야기는 기억하지 못한다. 나의 손을 붙들고 한국에 다녀간 일들만 기억할 수 있을 뿐이다.

숙녀가 된 레나를 만나 책을 전해주니, 책에 쓰여진 자신의 이야기를 읽고는 눈시울을 붉히며 고맙다고 말했다. 그러면서 그동안 소홀했는데 다시 교회를 열심히 다니겠노라 약속했다. 레나의 아름다운 간증은 러시아 모든 이들에게도 전해져 살아 계신 하나님, 그리고 우리의 기도를 들어주시는 주님을 더욱 믿게 하였다.

레나의 가족들은 만날 때마다, 그때 병원에서는 수술도 하지 않고 약도 주지 않았다, 순수하게 하나님께서 레나를 살려주신 것이라고 간증하곤 한다.

레나는 외할아버지의 유산을 물려받는 축복을 받았고, 지금은 미술대학에서 그림을 공부하고 있다.

괜찮아, 하나님께 영광을!

"요셉, 나를 도와주세요!"

내가 한국에 머물 당시, 러시아 친구 스벳따의 짧고 강한 편지 한 줄이 나에게 왔다. 지금 어디에 있느냐고 물으니 모른다고 했다. 주소도, 어느 도시인지도 모른다는 것이다. 답답했다. 무조건 밖에 나가서 아무 사진이나 찍어서 나에게 보내라고 했다. 그중에 어느 것 하나라도 간판이나 주소가 있을 것 같았다. 잠시 후 사진이 여러 장 왔는데, 다행히 교회 간판이 보였다. 교회를 인터넷으로 검색하여 주소를 확인하고 두어 시간을 달려 스벳따가 있는 곳으로 달려갔다. 숙소로 보이는 곳으로 갔지만, 현관 출입문이 굳게 잠겨 있어서 들어갈 수가 없었다. 문이 열리기를 한참 기다리다가 집으로 돌아올 수밖에 없었다.

집으로 돌아와 문이 잠겨서 들어갈 수가 없었다고 다시 메시지를 보냈다. 다음날 아침에야 답장이 왔다. 이제야 일을 마치고 돌아왔으니 지금 다시 방문해 달라고 했다. 지체 없이 나는 다시 그곳으로 갔고, 도착하여 노크를 하였다. 스벳따가 반갑게 나와서 포옹을 하더니 눈시울을 붉혔다. 안으로 들어가 보니, 네 명의 러시아 여성분들이 함께 있었다. 그런데 모두 누워서 이불을 눈 바로 아래까지 덮은 채로 인사를 하는 것이다. 나는 좀 이상한 생각이 들었으나, 숙소의 열악한 환경을 보고, 또 그렇게 누워 있는 사람들을 보니 마음이 아프고 안타까웠다. 이야기를 나누고 헤어지면서 슈퍼에서 우유와 약간의 식료품을 사서 스벳따의 손에 전해주고 돌아왔다.

집에 돌아온 후에도 밤새 그 이불 속에 누워 있던 사람들의 얼굴이 지워지지 않았다. 그래서 다음날 아버지와 함께 다시 그들을 방문했다. 우리는 모두 반갑게 만나 인사를 했다. 스벳따, 나리사, 나제즈다, 나타샤. 이들은 한국으로 올 때 직업소개소 말만 듣고 왔는데, 밤에 수천 마리의 닭을 닭장에서 꺼내어 트럭으로 옮겨 싣는 일을 한다고 했다. 그래서 팔이며 얼굴이며 닭의 발톱에 긁혀 상처투성이가 된 피부를 보여주면서 모두들 너무 힘들다고 했다. 여자들이 할 수 있는 일이 아니었다.

이런 상황을 보고 그냥 지나칠 수 있는 일이 아니라는 생각이 들었다. 그래서 그들의 사장 전화번호를 달라고 했고, 몇 가지 사항만 알아보기로 하였다. 숙소도 너무 허술하고 먹는 것도 부실하며 일하는 것도 너무 힘들고 그 대가로 받는 돈도 충분치 않으니 모든 것이 부족하다고 사장에게 조목조목 이야기하였다. 사장은 자기로서는 더 이상 어떻게 해줄 도리가 없다고 했다. 그리고 10일 이내에 일을 그만두면 월급을 지급하지 않겠다고 하였다. 그런 법이 어디에 있느냐고 따지고 들자, 사장은 사람들이 일하러 왔다가 힘들다고 고작 2~3일 일하고서 그만둔다면 자기도 일정이 있는데 모든 계획이 엉망으로 되고 만다면서, 그럴 수밖에 없다고 변명을 늘어놓았다. 같은 한국 사람으로서 이렇게밖에 처신하지 못하는 것이 정말 싫었고, 러시아 친구들에게 미안했다.

스벳따와 그 친구들은 4일간 일했다고 했다. 나는 "지금까지 일한 돈은 생각하지 말고 다른 일을 찾아보자!"고 강하게 말했다. 그랬더니 모두 나를 따라오겠다고 마음을 정하였다. 그런데 문제는 그들 말고도 남자 두 명이 더 있는데, 그들은 가족이라고 했다. 그래서 여섯 명의 러시아인들을 데리고 그 날 아침에 그곳을 나오게 되었다.

그들을 데리고 나오긴 했지만, 막상 이들을 어디에 취직시켜 주어야 할지 막막하기만 했다. 일할 사람이 필요한 곳을 찾아 여기저기 수소문하기 시작했다.

그들은 그곳을 나오면서도 걱정이 태산이었다. 나는 러시아 사람들이 한국에서 이렇게 말도 안 되는 환경에서 고생하는 것을 볼 수가 없었다. 그런데 뜻이 있으면 길이 있다고 하였던가! 다행히 한 부부는 빨리 일을 찾을 수 있었다. 부부를 필요로 하는 샌드위치판넬 공장에 들어가게 되었다. 월급은 적었지만, 일단은 무조건 가서 일하라고 했다. 열심히 일하라고 했다. 남편은 100톤짜리 불도저와 기관차 운전 경력이 있는 재주 많은 사람이었다. 게다가 일도 잘했다. 그래서 첫 월급 명세서를 보니 당초에 약속했던 것보다 더 많았다.

나머지 네 명도 유기농 채소 재배 회사에 취직을 했다. 숙소는 펜션이었다. 한국 사람들도 하루 빌려 자려면 18만 원을 줘야 하는 펜션이 이들의 숙소였다. 닭들과 싸우다가 펜션에서 잠을 자게 되고 일 또한 할 만하니 이들은 그저 즐겁고 감사한 마음으로 일한다고 했다. 월급도 제때 잘 받아서 그들은 모두들 고향으로 돌아갔다. 우리는 그때부터 친구가 아닌 가족처럼 지내고 있다.

"어려운 환경 속에서 귀한 만남을 주신 하나님, 그들과 주님의 사랑을 나누어줄 수 있어서 너무 감사합니다."

러시아 사람들, 특히 여성들은 매우 강한 정신력을 갖고 있다는 것을 알게 되었다. 험한 닭장에서 발톱에 긁히면서도 뭐가 재미있는지 동영상을 촬영해서 같이 보면서 '울다가 웃는 시간'으로 만들어 버렸다. 그리고 나서는 "나르말란! 슬라바 보고!"를 외쳤다. "괜찮아! 하나님께 영광을!"

비행기 안에서 만난 인연

선교여행을 다니다 보면 새로운 지역, 새로운 친구와의 만남에 대한 기대가 항상 있게 된다. 그러나 기대만큼 좋은 친구를 만나기란 쉽지 않다. 러시아는 세계에서 가장 넓은 나라다. 한 개 주만 해도 한반도의 두 배가 넘는 게 보통이다. 그러다 보니 대부분의 사람들이 자기네 생활권에서 살아가고, 특별한 관광 도시가 아니면 다른 지역 사람들을 만나기가 쉽지 않다. 더욱이 선교활동은 정해진 지역에 정착해서 해야 하기 때문에 다른 지역에 가기가 여간 어렵지 않다.

러시아 비자가 만료되어 새롭게 비자를 받으러 블라디보스토크에서 한국행 비행기에 올랐다. 창가에 앉아 공항 활주로를 바라보고 있는데, 러시아 사람들이 내 옆자리에 앉았다. 엄마와 아들 같아 보였다. 나는 서툰 러시아 말로 인사를 먼저 건넸다. 첫인사만 툭 던지고 반응을 보면 상대가 어떤 사람인지 어느 정도 알 수 있다. 오랜 시간 사람들을 만나며 지내본 나의 경험의 결과라고나 할까.

웃으며 인사를 건넸더니 아들은 무뚝뚝하게 인사를 받았고, 옆에 있던 엄마는 아주 환영하며 인사를 받아주었다.

엄마의 반응을 보고 이야기가 조금 진전될 가능성이 보인다고 생각을 하며 두 번째 질문을 건넸다. "어디로 가느냐?"고 물었다. 한국 가는 비행기라는 것은 물론 알고 있어서 대답이 뻔했지만 그래도 물어보았다. 당연한 질문에 당연한 대답이 나올 줄 알았는데 "뉴욕!" 하는 대답이 돌아왔다. 서울이 아니라 미국의 뉴욕에 간다는 것이다. 이 모자는 이곳 쁘리모리 사람이 아니고 캄차카 사람들이었다. 캄차카는 러시아 북동쪽에 있는 아주 큰 반도로, 나는 텔레비전 다큐멘터리를 통해 아름다운 자연을 갖춘 지역으로만 알고 있었다.

미국 여행을 가기 위해 블라디를 거쳐 인천으로, 인천에서 하룻밤을 지내고 뉴욕으로 간다고 했다. 엄마의 이름은 악산아로 50대였다. 약사라고 본인 소개를 먼저 할 정도로 아주 당당하고 똑똑한 여성이었다. 아들은 에밀이고 17세였다. 고등학교 2학년인데, 세상을 넓게 보라고 엄마가 아들을 데리고 미국으로 여행을 가는 중이라고 했다. 에밀은 앉은키만 봐도 키가 무척 크다는 것을 알 수 있었다. 키가 얼마나 되느냐고 물으니 2미터가 넘는다고 했다.

나도 간단히 이름과 직업, 그리고 한국 사람임을 밝혔다. 비행기가 이륙하고도 대화가 이어졌다. 이들은 한국도 처음이고 미국도 처음이라 긴장한 듯이 보였다. 나는 한국에 대해 잘 설명해 주며 걱정하지 말라고 했다. 미국도 뉴욕은 아니지만 서부, 중부까지는 다 여행해 봤기에 그 또한 걱정하지 말라고 말해주었다. 한국과 미국을 잘 알고 있는 나의 이야기를 듣더니 이들은 긴장을 조금 풀면서 구체적으로 자신들의 살아가는 이야기를 해주었다.

엄마도 약사, 누나도 약사, 돌아가신 할아버지도 약사인 약사 집안이었다. 할머니도 병원 일을 하시고 있다고 했다. 아들에 대한 엄마의 기대는 세상 어느 나라를 가든지 다 마찬가지인지, 외아들 에밀에 대해 거는 기대가 무척 컸다. 영화 슈퍼맨 주인공처럼 잘생긴 에밀은 아주 과묵했다. 반대로 엄마는 아주 적극적으로 대화에 임했다. 나는 서툰 러시아어와 영어를 섞어가며 계속 질문을 던졌다.

엄마는 아들이 법관이나 의사가 되기를 바라고 있었다. 그래서 에밀에게 너의 희망 직업은 무엇이냐고 물었더니 만화가가 되고 싶다는 뜬금없는 대답이 나왔다. 큰 꿈을 갖고 에밀을 미국에 데리고 가는 엄마의 표정에 먹구름이 드리워졌다. 그때 잠깐 우리의 대화가 멈추게 되었다.

엄마와 아들의 생각 차이가 너무 큰 것을 알고, 나는 대화주제를 바꿨다. 에밀에게 어떤 운동을 좋아하느냐고 묻자, 주머니에서 휴대폰을 꺼내더니 자전거 묘기를 촬영한 동영상을 보여주었다. 사춘기 소년이 확실히 맞았다.

아무튼 이들 가족 간의 고민까지도 나는 듣게 되었다. 홀로 계신 엄마가 고집이 너무 세다는 것에서부터 딸의 남자친구 이야기까지 악산아의 입담은 한국에 착륙할 때까지 계속되었다. 같이 인증 사진을 찍고 연락번호와 메일주소도 교환했다.

나의 핸드폰에 저장된 사진으로 캄차카에서는 절대 볼 수 없는 복숭아꽃, 목련꽃, 한국의 맛있는 과일들을 보여주었다. 악산아에게서 소녀 같은 동경의 눈빛을 볼 수 있었다. 나도 그들의 핸드폰을 통해 캄차카의 자연을 만났다. 방송에서 보던 것은 아무것도 아니었다. 5천 미터가 넘는 고산지대의 만년설, 붉은 곰, 연어떼, 활화산, 킹 크랩…. 우리는 같은 지구에 살면서도 생전 보지 못하는 것들이 있다는 사실에 놀라워했고, 그러한 것들을 늘 볼 수 있다는 사실에 대해 서로를 부러워했다.

우리의 대화는 두 시간이 넘도록 그칠 줄을 몰랐다. 이 점에 대해서 우리는 서로 신기해했다. 그러다 보니 어느새 인천공항에 도착했다. 나는 여행 중에 만나는 인연이 오래 가는 법이 없다는 것을 익히 잘 알고 있었다. 각자 자기만의 생활이 있고, 성격과 문화, 그리고 환경의 차이가 있기에 다시 만난다는 것은 희망사항일 뿐이었다.

공항에 도착해서 우리는 나란히 출국장으로 나왔다. 그들은 미국행 비행기로 환승해야 했기에 소지한 손가방만 들고 비행기에서 내렸다. 그런데 문제가 생겼다. 한국에서 일박을 한 후 다음날 아침 뉴욕으로 출발하는 일정인데, 미리 예약해둔 호텔로 가는 길을 몰랐다. 공항직원에게도 물어봤지만 러시아어를 전혀 알아듣지 못했다. 이런 모습을 지켜본 나는 그들에게 다가가서 예약된 호텔이 어디인지를 확인하였다. 그런 다음 호텔에 전화를 걸어보니 3층 출국장의 지정된 곳에서 기다리고 있으면 픽업을 하러 오겠다고 했다. 우리는

1층에서 3층으로 올라가 승합차가 오기를 기다렸다. 마침내 그들을 픽업할 차가 왔고, 다음 날 아침 호텔에서 공항까지 데려다줄 것이니 걱정하지 말라는 호텔 직원의 이야기도 그들에게 전해주었다. 그들이 얼마나 고마워했는지 모른다. 그들이 공항을 떠나는 것을 보고나서야 나는 집으로 오는 버스에 올랐다.

그 후 우리는 아주 가끔 SNS를 통해서 서로의 안부를 전하는 정도로 소식을 주고받았다. 뉴욕을 관광하는 사진, 캄차카로 돌아가 겨울을 맞이하는 사진, 가족사진, 친구사진들을 볼 수 있었다. 그렇게 안부를 주고받는 가운데 일 년이란 시간이 흘렀다. 그리고 9월 무렵에 나는 "서로 편지만 주고받지 말고 휴가 기간에 한국에 올래?" 라는 메시지를 보냈다.

5분 만에 좋다는 답장이 번갯불처럼 왔다. 그럼 한국으로 오는 비행기표를 산 후에 도착시각을 나에게 알려주면 공항으로 마중나가겠다고 했다. 캄차카에서 한국으로 오는 길은 멀고도 멀다. 비행기를 두 번이나 갈아타야 하고, 하루는 블라디보스토크에서 머물러야 한다. 그런데 정확히 일주일 후, 악산아와 에밀은 그 먼 길을 마다않고 달려왔다.

사흘 동안은 호텔에서 지내며 관광을 했는데, 아버지께서 집으로 그들을 데리고 오는 것이 어떻겠느냐고 하셨다. 그래서 남은 7일간의 일정을 우리 집에서 머물면서 소화하게 되었다. 아버지는 그들에게 한 가지 제안을 하셨다. 멀리서 귀한 시간을 내어 이곳까지 왔으니 그냥 관광만 하다가 가지 말고, 하나님 앞에서 사흘 동안 금식기도를 하자고 하셨다. 곧 대학에 진학해야 하는데 학과를 정하지 못한 에밀은 아버지의 말을 듣더니 좋다고 했다. 그는 엄마와 함께 사흘 동안의 금식을 무난하게 해냈다. 에밀은 그 기간에 꿈을 꾸었다. 자전거 대회에 나가서 우승하는 꿈이었다. 무사히 사흘 간의 금식기도를 마쳐준 에밀과 악산아가 너무나 사랑스럽고 감사했다.

우리는 그렇게 하나님 안에서 하나가 되는 시간을 가질 수 있었다. 언어가 다르고 문화가 다르고 생김새가 달라도 우리는 하나님의 작품이다. 그 생명 가운데 고요히 움직이는 성령의 감찰하심에 우리 마음이 움직이고 또 하나가 되는 것이다.

10일간의 한국여행은 우리의 더 많은 앞날을 예약하는 중요한 기간이었다. 떠나는 날 그들에게 더 잘해주지 못한 것이 못내 아쉬웠다. 왜 그렇게까지 아쉬웠을까? 아마도 그들을 깊이 사랑했기 때문일 것이다.

그 후, 주님께서 나와 나의 동생 마태를 캄차카로 인도해 주시는 메시지를 받았다. 그래서 악산아에게 편지를 썼다. 악산아는 나와 마태가 캄차카에 가겠다고 하니 너무 좋아했다. 캄차카 반도에 가는 길에는 육로가 없다. 오직 비행기와 배로만 갈 수 있다. 핵잠수함 기지가 있는 군사적 요충지여서 악산아가 거주하는 지역은 외국인 출입이 허용되지 않는다. 우리나라의 민통선 너머와 같은 곳이었다.

캄차카는 크게 나누어 세 도시가 있다. 악산아는 군사도시에, 딸은 가장 큰 도시에 살고 있고, 악산아의 엄마는 가장 작은 도시에 혼자 살고 계셨다. 그러니까 반도 안에 세 도시가 있는데, 가족들이 그 세 도시에 각기 흩어져 살고 있는 것이었다. 할머니 집에서 우리는 여장을 풀고 한 달 예정으로 캄차카 생활을 시작했다. 그런데 할머니 집에 문제가 있었다. 리모델링을 하기로 했는데, 일꾼들이 재료만 사다놓고 사라졌다는 것이다. 일을 제대로 할 수 없는 술꾼들이었던 것 같았다. 아무튼 문제가 생겨서 모든 것이 난장판이 되어 있었다.

도착한 첫날, 기도를 하고 잠을 자는데 꿈을 꿨다. 캄차카 강에 강물이 말라서 물고기 떼가 펄쩍펄쩍 뛰고 있었다. 그런데 어디선가 지하수가 터져서 순식간에 말라버린 강에 강물을 채우는 것이 아닌가! 다시 푸르른 물속에서 물고기들이 떼를 지어 헤엄치는 꿈이었다. 이 꿈을 통해서 나는 "하나님께서 이 지역에 생명수를 주시는구나. 우리는 열심히 예수님의 빛과 향기를 전하면 되겠구나!"하는 확신을 가질 수 있었다.

그런데 큰 복병이 생겼다. 악산아의 엄마, 곧 에밀의 할머니는 매우 무서운 사람이었다. 할머니는 과거 종합병원 관리직을 하셨다고 했다. 그래서인지 모든 일을 손으로 하지 않고 입으로만 하였다. 그것도 순전히 일방통행식이었다. 말도 잘하지 못하는 두 한국청년이 조금만 고함을 질러도 "예! 예!"하며 순종하니 자기 세상을 만난 것 같았다. 우리는 완전히 꽉 잡혀서 지내야 하는 처지가 되고 말았다. 선교하러 와서 싸울 수도 없고, 호텔도 없으니 숙소를 옮길 수도 없었다. 그렇다고 악산아에게 갈 수도 없었다. 동생 마태는 나만 보면 왜 자기까지 이 먼 곳에 데리고 왔느냐면서 원망스런 눈길을 보내곤 했다. 동생에게 미안하기 짝이 없었다.

우리끼리 서로 한국말도 못하게 통제할 뿐만 아니라, 러시아 뉴스를 보지 않으면 혼이 났다. 일찍 자도 혼이 났고, 늦게 자도 혼이 났다. 한국말을 해도 혼이 났고, 말을 하지 않아도 혼이 났다. 4주 동안 마태는 군대보다 더 힘든 기간을 보냈다고 고백했다. 물론 나도 힘들었다. 한번은 너무하다 싶어서 거역을 했는데, 막상 거역을 하고 나니 금방 후회가 되어, "주님, 할머니의 차갑게 얼어붙은 마음을 조금만 녹여 주세요."라고 기도했다. 정말 기도를 하지 않을 수가 없는 상황이었다.

그런데 웬일일까? 얼음이 녹듯이 할머니의 성질이 조금씩 수그러들면서 정말 많이 좋아지셨다.

우리가 떠나오던 날, 우리에게 절대로 자신과 함께 한 달을 살 수 없을 거라던 할머니는 하염없이 눈물을 흘리며 우리들의 볼에 입을 맞춰 주었다. 잘 참고 견딘 마태와 내가 스스로 자랑스러웠다. 할머니 덕분에 러시아어 실력도 많이 늘어나 있었다.

할머니 집 리모델링도 우리 둘이서 완벽하게 끝냈다. 한국 청년 둘과 75세 러시아 할머니가 한 달 동안을 같이 지낸다는 소문이 여기저기에 퍼진 모양이어서, 우리는 하나님의 사람으로서 모든 일과 행동 하나하나에 충실하지 않으면 안 되었다. 사랑은 모든 허물을 덮는 것이고 율법의 완성이라고 했던가. 할머니의 완고하기만 했던 벽이 허물어진 것은 두고두고 보람이 되고 기쁨이 되었다.

    캄차카 사람들도 여러분들을 새롭게 만났다. 빅토리아, 소냐, 안드레이, 미라, 다니엘, 나스자. 또한 길에서 우연히 만나 알게 된 샤샤 아저씨. 한 달 간의 캄차카 방문으로 내 인생이 많이 도타워지고 풍요로워진 느낌이었다.

주님, 어디로 갈까요?

러시아에서 선교여행을 다니다 보면 때로는 일정이 꽉 막힐 때가 있다. 동서남북 어디로 가야 할지, 누구를 만나야 할지 모를 때가 생긴다. 그럴 때면 나는 "주님! 내일은 어디로 갈까요? 저를 인도해 주세요! 주님이 나의 길을 인도해 주지 않으면 나는 어찌할지 모릅니다. 내가 가야 할 길을 알 수 없으니 주님 한 걸음 한 걸음 인도해 주세요."라고 간절히 기도하고 잠을 자곤 했다.

새벽에 비몽사몽간에 우수리스크에 있는 에밀을 만났다. 그런데 에밀의 신발이 낡아 다 해어져 있었다. 내가 에밀에게 새 운동화 한 켤레를 선물하는 꿈이었다.

에밀은 블라디보스토크 연방대학교 우수리스크 분교에서 공부하고 있는 학생이다. 에밀의 고향은 캄차카이며 가족들이 그곳에 살고 있다. 엄마 악산아, 누나 따마라, 할머니 따마라, 이렇게 네 식구가 캄차카에 살고 있었는데, 에밀이 진학할 대학을 정해야 했다. 모스크바 등 큰 도시로 갈 수 있는 실력이 있었고, 법대든 의대든 합격할 수 있는 수재였다. 어디로 가야 할까? 가족회의 끝에 요셉이 자주 다니는 블라디보스토크에서 공부하는 게 좋겠다고 결론이 났다. 모스크바도 좋고 다른 도시들도 좋지만 아는 사람이 하나도 없었다. 그래서 큰 도시의 다른 대학을 선택하지 않고 요셉과 요셉이 사는 나라 한국이 제일 가깝다는 이유로 블라디보스토크 근처의 우수리스크에 있는 대학을 선택한 것이다. 오직 나를 믿고 가족들이 대학을 선택하다니! 그런 에밀을 돌보라고 하나님이 가르쳐주신 것이다.

에밀과 통화를 하고 수업을 끝나는 시각에 기숙사에서 만났다. 우리는 만나자마자 점심을 먹고 유명 브랜드 신발가게로 향했다. 속으로 나는 돈이 조금밖에 없어서 '신발이 비싸면 안 되는데.'라고 생각을 하며 신발가게에 들어갔다. 그런데 아니나 다를까, 신발값이 너무 비쌌다. 에밀에게 맘에 드는 신발을 하나 고르라고 했다. 에밀은 한번 휘 둘러보더니 그냥 밖으로 나가버렸다.

"에밀! 에밀! 왜? 맘에 드는 신발이 없어?" 이렇게 묻자, "너무 비싸서 나왔다."고 말했다. 어쩜 이렇게 내 맘과 똑같은지. "그럼, 우리 가까운 중국시장으로 가볼까?"라고 제안했다. 그런데 중국시장은 6시가 넘으면 시장 문을 닫으니 다음날 수업을 마치고 나서 다시 만나기로 했다. 다음날 수업을 마치고 우리는 기숙사 앞에서 다시 만났고, 택시를 타고 중국시장으로 향했다.

나는 에밀의 성격을 잘 안다. 술, 담배를 좋아하지 않고, 혼자 책 읽기를 즐기고, 운동 하고, 교회 가고, 그리고 절약 정신이 몸에 박힌 아이라는 것을. 젊은이들은 대부분 어제의 그 유명 브랜드 운동화를 골랐을 것이다. 에밀과 도착한 중국시장 신발가게에는 다양한 신발이 가득했다. 꼼꼼하게 신발을 고르던 에밀은 하나를 집어들더니 자기가 찾던 것이라고 했다. 가격은 2,500루블이었는데, 흥정을 하여 2,300루블에 살 수 있었다.

둘 다 만족스러운 쇼핑이었다. 우리는 함께 저녁을 간단히 먹고 택시를 타고 집으로 갔다. 다행히 나의 숙소와 에밀의 기숙사는 3분 거리에 있었다. 이 또한 감사한 일이었다. 아쉬움을 갖고 우리는 다음을 약속하고 헤어졌다.

내가 에밀을 만나러 우수리스크에 와서 머물고 있는 숙소는 러시아 고려인 조야 할머니가 혼자 계시는 한국 선교사님 댁이라, 할머니와 이틀을 함께 지내게 되었다. 그날 밤 나는 할머니와 식탁에 앉아 차를 마시며 이야기를 나누었다. 할머니가 몸이 많이 안 좋다고 하셨다. 어깨와 겨드랑이의 심한 통증으로 두 달째 밤에 잠을 못 주무신다고 하셨다. 병원에 가보셨느냐고 물으니, 갖가지 치료를 해보았지만 통증이 사라지지 않는다고 시무룩한 표정으로 말씀하셨다. 무슨 병이냐고 물으니, 할머니는 그제서야 암에 걸렸다고 말했다. 병원에서 길어야 3개월 살 수 있다고 했는데, 지금 두 달이 지났으니까 생명이 한 달밖에 안 남았다고 했다. 그러면서, 한 달밖에 안 남았더라도 지금처럼 아프지만 않으면 좋겠다고 했다.

그렇게 아픈 와중에도 할머니는 도시에 살고 있는 손자들의 집 월세를 도와주고 싶다고 하셨다. 그러면서 나에게 돈이 있으면 미화

3백 달러만 달라고 하셨다. 나에게 돈이 있으면 할머니가 가여워서 얼른 주고 싶었으나, 나에겐 겨우 다음날 버스로 블라디보스토크로 돌아갈 차비밖에 없었다. 돈이 없는 내가 너무 창피했다. 이야기를 마치고 우리는 각자의 방으로 잠을 자기 위해 들어갔다. 할머니의 절박한 사정을 들은 나는 잠자리에 들기 전에 무릎을 꿇고 기도했다. "나를 이곳으로 인도해 주신 주님! 조야 할머니가 많이 아픕니다. 만병의 의사이신 예수님의 손길로 아픈 할머니를 도와주세요."

이렇게 간절히 기도하고 잠을 잤다. 그런데 새벽에 비몽사몽간에 환상을 보았다. 두 천사가 하늘에서 내려오더니 할머니의 다리와 머리를 붙잡고 치료해 주는 모습이 보였다. 깨어나 보니, 4시 30분이었다. 나는 바로 엎드려 기도했다. "예수님, 감사합니다."

성경을 읽으며 아침을 맞이했다. 내가 9시에 떠난다는 것을 알고 계셨던 할머니는 아침을 준비해 주셨다. 식사를 마치고 할머니 방에 들어가서 지난밤 꿈 이야기를 해드렸다. 할머니의 고통에 대해서 알고는 부족한 요셉이 기도하고 잠을 잤는데, 천사들이 할머니를 치료해 주었다는 이야기를 전해주었다. 그러자 할머니는 이미 하나님이 새벽에 자기를 치료해 주셨다고 말하는 것이었다. "그게 무슨 말이세요?"하고 묻자, 새벽이 되자 그렇게 고통스럽던 통증이 순식간에 사라졌다는 것이다. 요셉이 이곳에 와서 주님의 손길이 자신에게 임했다고 말하면서, 두 손을 번쩍 들어 "할렐루야!"라고 외치셨다. 그리고는 하나님께 감사의 기도를 러시아어로 20여 분 동안이나 하셨다. 죽음은 두렵지 않았지만 고통스러워 힘들었다고 호소하시며, 사라진 통증에 대해서, 그리고 천사의 손에 이끌려 삶을 마감하게 된 것에 대해서 기쁘고 감사하다는 기도를 하셨다.

감사의 기도를 마친 할머니는 잠깐 기다리라고 하더니, 할머니가 아껴두셨던 과자와 바나나, 삶은 계란을 나에게 선물로 주셨다. "너무 고맙지만 요셉에게 줄 건 이것밖에 없다."고 하셨다. 나는 더 이상 할 말이 없었다.

에밀을 만나라고 예수님이 이곳으로 나를 인도해 주셨는데, 조야 할머니의 고통마저 치유해주시니 너무 놀랍고 감사했다. 죽으나 사나 천사의 손에 이끌리면 행복이고 축복이니 감사하면서 살자고 우리는 두 손을 꼭 잡고 기도하였다. "예수님, 감사합니다!"

그날의 기쁨과 주님이 나를 통해서 역사하신 놀라운 체험은 당장이라도 물 위를 걸을 수 있겠다는 믿음이 생기게 하였다. 가장 가치 있는 삶은 주님의 사용처가 된다는 것을 확신했던 시간이었다.

성실함으로 인정받은 막심 이야기

만남이란 다양한 통로로 이루어진다. 하롤 선교센터에서 처음 만나 함께 지냈던 막심은 힘이 세고 성실하며 피아노를 즐겨 치는 20대 청년이었다. 선교센터에서 두 달 정도를 같이 지냈는데, 20여 명의 원생 중에서 가장 나이가 어렸던 막심은 나에게 사랑을 많이 받았다.

포클레인으로 작업을 할 때는 아무리 능숙한 사람이라도 장비 옆에서 도와주는 다른 누군가가 필요하다. 포클레인 엔진소리만 들리면 제일 먼저 뛰어나와 나를 잘 도와주던 청년이 바로 막심이었다. 그래서인지 두 달이라는 짧은 기간이지만 막심과 함께했던 시간들은 잊을 수 없었다. 막심은 일자리를 찾아 떠나게 되었고, 우리는 아쉬운 이별을 해야 했다.

그 후 5개월쯤 지나서였다. 우수리스크 버스터미널에서 누군가를 기다리면서 앉아 있는데, 나에게 달려와서 인사를 하는 사람이 있었다. 바로 막심이었다. 너무 반가워서 한참을 부둥켜안고 기뻐했다. 그는 나에게 잠시 앉아 있으라 하더니 어디론가 급히 사라졌다. 잠시 후 돌아온 그의 손에는 아이스크림 두 개가 들려 있었다. 막심은 두 개를 다 먹으라고 나에게 건네주었다. 내가 어떻게 두 개를 다 먹느냐면서 한 개를 주었더니, 기어코 나에게 두 개를 다 안기는 것이었다. 하롤에서 나와 함께 일할 때마다 쉬는 시간이면 아이스크림이며 음료수를 늘 같이 먹던 기억이 지금도 잊히지 않는다고 했다. 지금은 이 도시에서 일하면서 돈을 벌기 때문에 아이스크림을 사줄 수 있는 것이라면서 뿌듯한 표정을 지었다. 정이 많은 막심이었다.

우리는 서로 헤어질 시간이 되어 서로의 연락처와 메일을 주고받았다. 돌아오는 길 내내 사랑의 빚 외에는 아무것도 지지 말라는 성경말씀이 떠올랐다.

5년이라는 시간이 흐른 후, 막심에게서 한 통의 메일이 왔다. 어느새 자녀가 네 명이나 되어 여섯 식구가 되었다면서 "요셉, 보고 싶어!"라고 쓰고 있었다. 나는 도대체 무엇을 하며 살고 있느냐고 물었다. 건설현장에서 하루하루 일해서 식구들과 힘들게 살고 있다고만 했다. 처음엔 좀처럼 자기 이야기를 안 하더니 몇 차례 메일이 오가고 난 뒤에야 줄줄이 살아온 이야기들을 늘어놓았다. 너무 힘들게 살고 있는 막심을 생각하니 마음이 아팠다. 하루 벌어 빵을 사고 분유를 사고 아이들의 학비를 대고, 단 하루라도 놀면 안 되는 현실이었다.

서로 메일을 주고받다가 막심이 나에게 한국에 와서 일을 하고 싶다는 속내를 이야기했다. 여권이 있느냐고 물으니 아직 없다고 했다. 일단 여권을 만들고 너만 한국에 도착하면 내가 일자리를 알아봐주겠노라고 하였다.

그 후 3개월이 지나자 막심은 한국에 올 준비를 마쳤다고 했다. 그러나 막상 한국에 오려고 하니 남겨두고 올 가족들도 걱정이 되고, 한 번도 외국에 나가보지 않아서 두려움이 생긴다고 하였다. 그보다 더 큰 문제는, 한국에 타고 올 선박요금을 지불할 돈조차 없다는 것이었다. 나 역시도 거기까지는 미처 생각하지 못했다. 나는 잠시만 생각할 시간을 갖자고 메시지를 남긴 뒤, 어떻게든 도울 방법을 찾아야겠다고 생각했다.

막심의 일로 고민하고 있던 어느 날 밤, 블라디보스토크에서 한 통의 전화가 걸려 왔다. 한국교회의 목사님께서 나에게 상의할 일이 있다면서 조심스럽게 이야기를 꺼내셨다. 러시아 청년 교인이 한국에서 일을 해야 하는데, 혹시 일자리가 있느냐는 것이었다. 그 순간에 나는 막심이 떠올랐다. 그래서 당연히 일자리는 있다고 말하고는, 내가 그 청년 일자리를 알아봐 줄 테니 막심을 만나서 그 청년과 함께 한국에 보내달라고 부탁을 드렸다. 막심의 어려운 형편도 목사님께 말씀드리고, 배표도 하나 더 구해 주시면 안 되겠느냐고 했더니 목사님께서는 흔쾌히 허락해 주셨다. 이렇게 해서 청년 완료자와 막심이 한국에 오게 된 것이다.

이 과정이 너무 드라마 같아서, 나는 4백 킬로미터가 넘는 동해항까지 이 친구들을 마중을 나갔다. 막심은 이렇게 어렵게 한국에 왔다. 우리는 5년 만에 다시 만났다.

막심은 도착한 바로 다음날부터 현장에서 일을 시작했다. 건축회사에서 일을 했는데, 예전부터 하던 일인 데다 워낙 성실해서 사장님에게 바로 인정을 받았다. 기술도 금방 익혔다.

두 달 동안 일을 하고 막심은 5천 달러 정도의 돈을 벌어서 집으로 돌아갔다. 그 돈으로 아들 치아 수술도 해주고, 집을 한 채 사기 위해 계약도 할 수 있었다. 슬픈 일이지만 아버지가 돌아가실 때 장례식 비용에도 보탤 수 있었다. 고생해서 번 돈을 요긴한 곳에 아주 잘 사용한 것 같았다.

막심은 그 후 다시 한국에 와서 열심히 일을 하고 돌아갔다. 그 먼 러시아 시골구석에서 두 달 동안 같이 지낸 인연이 이어지고 이어져 오고 있는 것을 생각하면 사람살이의 오묘함을 실감하곤 한다. 특유의 성실함으로 가족들과 주변 사람들에게 희망과 행복을 전해주는 막심! 나는 가끔 막심을 떠올릴 때마다 입가에 미소가 지어진다.

기도의 끈, 사랑의 끈

블라디보스토크에서 열차를 타고 다섯 시간 정도 북쪽으로 가면 스빠스크라는 도시가 있다. 러시아 친구 가족의 초대로 그 도시를 방문하게 되었다. 나를 초대한 친구는 사람의 힘으로는 해결할 수 없는 어려운 문제가 생겼고, 그래서 같이 예수님께 기도하기 위해 그곳에 가게 된 것이었다.

이 친구의 어려운 문제를 어떻게 해결해야 할까? 나 또한 걱정을 하면서 달리는 열차 안에서 기도를 하고 있었다. 그러던 중 우수리스크역에 도착했을 때, 두 살쯤 되는 여자아이와 아이의 엄마가 우리 열차 칸에 타게 되었다. 그런데 도착역을 한 시간쯤 남겨두고 이 여자아이가 울기 시작했다. 여행을 하다 보면 버스나 열차, 비행기 안에서 아이들의 울음소리를 자주 들을 수 있다. 그런데 이 아이의 울음은 보통 울음이 아니었다. 신경질이 가득 찬 목소리로 달래는 엄마를 때려가며 목청이 터져라고 울어댔다.

기저귀를 교체해 주고 우유를 먹이고 온갖 장난감으로 아이를 달래보아도 아이의 울음은 그칠 줄을 몰랐다. 한참을 달래던 임신한 엄마도 지쳤는지 그냥 방치하는 단계에 이르렀다. 휴가철이라 열차 안에는 많은 사람들이 타고 있었는데, 여기저기서 아이의 울음소리가 나는 곳에 곱지 않은 시선을 보내거나 짜증 섞인 불평을 했다.

나도 서너 칸 뒤에서 우는 아이의 모습을 바라보고 있었다. 어떻게 도와줘야 할까? 한국 같으면 다가가서 안아주고 도움을 줄 수 있을 텐데, 러시아에서 러시아 아이가 울어대니 공연히 잘못 도와주다 더 울게 되면 모든 책임이 나에게 돌아올 것 같아서 쉽사리 도와줄 수가 없었다. 너무 시끄러워서 나는 휴대폰에 이어폰을 꽂고 음악을 듣기 시작했다. 그러나 아이의 울음소리가 음악소리를 뚫고 귓속으로 파고들었다.

20여 분 이상 쉼 없이 울어대는 아이를 위해서 내가 무엇을 할 수 있겠는가? 예수님께 기도하는 것밖에 다른 길이 없겠다는 생각이 들었다. 음악을 끄고 눈을 감고 "예수님, 우는 아이를 달래주세요!"하고 간절히 기도를 했다. 그러나 아이의 울음은 계속 이어졌다.

기도를 마친 후, 나는 아이에게 주목했다. 잠시 후 우는 아이에게 엄마가 신발을 신겨 객실 통로를 걷게 했다. 울면서 통로를 걷던 아이가 내 앞을 지나다가 멈추고는 나를 바라다봤다. 내가 얼른 두 손을 뻗으니, 나에게 덥석 아이가 안기는 것이 아닌가! 그러더니 거짓말처럼 울음을 그친 아이가 가만히 나에게 안겨 있었다. 어찌나 사랑스럽던지, 나는 아이의 이마에 두 번 뽀뽀를 해주고 다시 안아주었다. 그 광경을 바라보던 엄마와 객실 사람들이 신기한 듯 모두 미소를 지으며 우리를 바라보았다. 나의 기도를 들어주신 것이 분명했다. 아이가 나에게 와서 안겨 울음을 그치고 모두에게 평안을 주시니 감사하다고 예수님께 다시 기도를 했다.

동양 사람인 나에게 러시아 여자아이가 안겨서 가만히 있는 모습은 흔히 있을 수 있는 일이 아니었다. 아무튼 10여분을 고요히 있던 아이에게 엄마가 다시 와서 자기에게 오라고 손을 내밀자 아이가 엄마 손을 때리며 싫다고 한다. 그러자 엄마 얼굴이 붉어지면서 나에게 고맙다는 말을 남기고 자기 자리로 돌아갔다.

아이와 나는 나의 휴대폰에 있는 사진을 함께 보기도 하고, 같이 사진을 찍기도 했다. 한참 후에 평안을 찾은 아이는 다시 엄마 품으로 돌아갔다.

나는 이 일로 참 많은 것을 깨닫게 되었다. 무슨 어려움이든 간절히 예수님께 기도하면 언제나 들어주신다는 것을.

아이가 나에게 온 것도 우연이 아니었고, 나에게 기꺼이 안긴 것도 우연이 아니었다. 나는 그렇게 믿는다. 내가 나의 힘으로만 사랑의 손을 내밀었다면 아마 힘이 없었을 것이다. 그러나 주님의 힘이 더해졌기에 그만큼 끌어당김의 힘이 작용할 수 있었을 것이다. 나는 그렇게 믿는다.

열차여행을 하는 동안 내내 나는 주님의 크신 사랑에 안겨 있었다. 그 크신 사랑의 자장(磁場) 안에 있었다. 그리고 친구 집에 도착하자마자 나는 제일 먼저 열차에서 있었던 이야기를 전해주었다. 그러면서 무엇이든지 우리 함께 예수님께 간절히 기도하자고 했다.

기쁨의 눈물

　새해를 며칠 앞두고 한국에서 가장 큰 명절을 지낼 수 있게 된 것을 내심 다행이라고 생각하고 있던 중, 그분으로부터 다급한 메시지가 왔다. 러시아 블라디보스토크의 한 친구의 집으로 빨리 가라는 메시지였다. 지난밤 주님께 받은 메시지를 아버지께 전해 드리니 오늘 당장 비행기표를 구입해서 러시아로 떠나라고 하셨다. 설날을 한국에서 지내고 가면 안 되겠느냐고 여쭈었더니, 아버지께서는 큰소리로 당장 떠나라고 하셨다. "예수님께서 그곳으로 너를 인도해 주신 이유가 있지 않겠느냐? 어서 준비해서 떠나라."

　서둘러 비행기표를 사고, 대충 짐을 꾸려 러시아로 떠나게 되었다. 모든 사람들이 설날을 보내려고 고향으로 향하는데, 나는 반대로 고향을 떠나고 있었다. 미리 연락을 했던 친구가 블라디보스토크 공항으로 마중 나와서 반겨주었다. 친구의 차량으로 우리는 친구 집에 도착했다. 친구의 부인은 일이 생겨 다른 도시에 갔고, 친구는 지금 한국에서 유학 온 여학생과 단 둘이 지내고 있었다. 여학생 이름은 소냐, 나이는 18세. 이곳에서 러시아어 공부를 하면서 러시아어 자격증 시험을 준비하고 있었다. 저녁식사를 마친 후 가정예배를 드리고 차를 마셨다. 그때 소냐와 잠깐 이야기할 시간이 생겼다. 오늘 소냐는 모스크바로 여행을 떠날 계획이었는데, 다른 일이 생겨서 여행을 취소하고 나를 맞이하게 되었다고 했다. 소냐는 자연스럽게 자신의 이야기를 하기 시작했다.

그때까지도 나는 내가 왜 이곳에 왔는지를 알 수가 없었다. 그런데 소냐의 이야기를 듣는 순간, 내가 이곳에 온 이유를 분명히 알 수 있었다.

"요셉! 나 죽고 싶어요."

소냐는 심한 우울증에 빠져 있었다. 3년째 러시아에서 유학중인 소냐는 모든 것이 다 하기 싫다고 했다. 모스크바 여행을 취소하긴 했지만 사실은 아예 이곳에서 도망을 가려 했다고 했다. 그런데 그 계획도 마음대로 안 돼서 저녁식사를 준비하면서 요셉을 기다리고 있던 중이라고 했다.

소냐는 나를 붙잡고 이야기하면서 하염없이 눈물을 흘렸다. 서울에 계시는 부모님은 매월 집세, 학비, 생활비를 보내고 있으니 모든 것이 다 잘 되고 있으리라고 예상하시겠지만, 자신은 이곳의 모든 것이 너무나 싫다고 했다. 한참을 울던 소냐는 자기가 어떻게 해야 할지를 모르겠다면서 나에게 어떻게 하면 좋겠는지를 물었다. 나는 "너는 지금 무엇이 가장 큰 걱정이냐?"고 물었다. 그러자 소냐는 큰 걱정거리가 세 가지 있다고 하였다.

첫째, 지금 러시아에서 빨리 떠나고 싶다는 것. 둘째, 고려인 과외 선생님께 러시아어를 배우고 있는데 문법을 틀리게 가르쳐줘서 힘들다는 것. 셋째, 4개월 후에 있을 1급 언어시험 날짜가 너무 멀다는 것.

세 가지 걱정거리를 이야기하는데, 사정을 제대로 알지조차 못하는 나로서는 올바른 해답을 해줄 수가 없었다. 인간적인 답은 확실히 해줄 길이 없었지만, 나에게는 그보다 더 확실한 방법이 있었다. 소냐가 지쳐서 울음을 멈추자, 나는 차분하게 이야기를 풀어나갔다. 무엇보다도 가장 중요한 것은 예수님의 인도라고 말했다. 그러니 오늘 밤에는 특별히 기도를 하라고 했다. "주님, 내가 어디로 갈까요?" 하고 주님께 기도하고 자라고 했다. 그러면 주님께서 소냐에게 편지를 보내주실 거라고 했다. 그리고 내일 아침에 이야기하자고 했다.

소냐는 모태신앙인이었다. 엄마의 신앙을 유산으로 받고 있었다. 나의 이야길 듣는 순간, 벌써 아이는 희망과 소망으로 차올라 얼굴이 금세 밝아져 있었다. 우리는 새벽 두시가 다 되어서야 잠자리에 들었다.

다음날 아침, 소냐는 과연 편지를 받은 모양이었다. 주님께 기도하고 잤는데, 신기한 꿈을 꾸었다는 것이다. 이곳에서 밥을 먹으려고 밥그릇에 밥을 담아 옮기다가 그만 놓치고 말았다. 소냐 자신의 밥그릇이 와장창 깨져버리는 꿈이었다. 나는 직감적으로 알 수 있었다. 소녀가 이곳에서 먹어야 할 밥을 다 먹은 것이다. 그러니 이젠 떠나야 할 일밖에 없는 것이다.

소녀의 꿈은 거기에서 끝나지 않았다. 뒤를 이어, 한국에 있는 자기 집에서 엄마에게 "학교에 다녀오겠습니다." 라고 인사를 하고는 학교에 가는 장면을 보고는, 꿈에서 깼다. 그렇게 멋진 결말이 기다리고 있다니! 나는 방긋 웃으며 소녀에게 백 퍼센트 주님이 인도해 주셨다고 하면서, 이제부터는 지혜가 필요하니 나의 이야기를 잘 들으라고 했다.

소녀는 나의 코칭에 따라, 고려인 교회의 목사님 사모에게 러시아 어를 배우는 것을 그만두고 대학교수에게 과외를 받기로 했다. 소녀 가 시험을 통과하기 위해서라고 정중히 이야기하자 그 사모님도 양해를 해주었고, 과외를 부탁한 담당 교수님은 소녀에게 좋은 정보 를 제공해 주었다. 중국인 몇 명이 돈을 따로 들여서 언어시험 날짜를 정했는데, 한 달 후에 보기로 되어 있다는 것이다. 그러니 소녀도 그때 시험을 볼 수가 있을 것이라는 멋진 정보였다. 소녀는 기쁜 나머지 얼른 시험을 등록하고 한 달 동안 교수님께 과외를 받으며 공부에 열을 올렸다. 이틀에 걸쳐 치러진 러시아어 일급 언어시험에 당당히 합격했고, 한국으로 떠날 수 있었다. 참으로 짧은 시간 안에 세 가지 고민이 다 풀려버린 것이다.

3년이 지난 지금, 소녀는 서울 소재의 좋은 대학에 들어가 2년째 공부하고 있다. 소녀의 소식이 궁금해서 한국에 들어온 김에 연락을 하고, 소녀의 부모님이 운영하시는 서울의 식당에서 만났다. 소녀도 반가웠지만 맨발로 나와서 나를 반겨주신 소냐의 부모님이 인상적이었다. 귀한 딸이 머나먼 러시아에서 마음의 병이 들어 힘들었는데, 요셉을 만나서 예수님의 도움으로 모든 일이 형통하게 되었다며 고마워하셨다.

나는 소냐에게서 두 가지 눈물을 보았다. 첫 번째 눈물은 괴로움의 눈물이었고, 두 번째 눈물은 기쁨의 눈물이었다. 그렇게 눈물을 흘리던 소냐의 모습을 잊을 수가 없다. 첫 번째 눈물과 두 번째 눈물 사이에 무엇이, 누가 있었는가? 그것이 중요할 것이다.

소냐 자신의 가슴 절절한 문 두드림, 그것이 없이 어떻게 두 번째 눈물로 옮겨갈 수 있었겠는가?

마음을 감찰하시는 하나님

늦은 밤 한 통의 전화가 걸려 왔다. 블라디보스토크의 선교사님이셨다. "블라디보스토크 선교지를 한 달만 지켜줘."라는 부탁이었다. 선교사님이 한국 일정이 많아 선교지에 책임자가 없으니 그곳에서 교회와 선교센터를 관리해 달라고 부탁하는 전화였다.

나는 그 무렵 하롤에서 2년간의 일을 마치고 짐을 정리해서 떠나려던 시기여서, 선교사님의 부탁대로 블라디보스토크에서 한 달을 지내기로 하였다. 그렇게 짐을 싸서 나의 러시아 첫 선교지에 다시 오게 되었다. 도착해 보니 나보다 한 달 정도 먼저 와 계시다는 60대 한국 선교사님이 20대 러시아 청년 두 명과 함께 지내고 있었다. 60대 선교사님은 20년째 러시아권 나라에서 선교활동을 하고 계시는 분이었다. 우크라이나, 카자흐스탄, 몽골, 그리고 마지막으로 이곳 러시아에서 3년 봉사하고자 들어오셨다고 했다. 선교사님은 러시아어로 신학을 강의할 정도로 러시아어가 유창하셨다.

그래서 두 러시아 친구들과도 소통이 원활했다.

도착하자마자 들어간 식당은 지저분하기 짝이 없었다. 식탁 위에 먹다 남은 음식들이 치우지 않은 채로 있는 것은 물론 설거지통에도 씻지 않은 그릇들이 가득 했고, 여기저기 식기들과 식재료들이 널브러져 있었다. 왜 이렇게 지저분하냐고 물으니, 목사님도 처음엔 음식도 손수 만들고 설거지도 손수 하시면서 러시아 친구들을 챙겨주었다고 한다. 그런데 러시아 친구들이 식사 때가 되면 나와서 먹기만 하고는 곧바로 숙소로 들어가 버리는 일이 반복되었다. 그래서 목사님도 지쳐서 그냥 그렇게 지내게 되었다는 말씀이셨다.

나는 제일 먼저 주방을 깨끗이 청소하기 시작했다. 설거지를 하고, 쓰레기를 치우고, 상한 음식을 버리고…. 오후 내내 주방과 식당을 쓸고 닦았다. 맛있는 저녁식사까지 준비해서 사람들을 모두 식당으로 불렀다. 식당 문을 열고 들어와 깨끗하게 정리 정돈된 모습과 맛있는 요리 냄새를 맡더니 모두들 얼굴에 미소가 가득했다. 저녁식사를 마친 후, 내가 두 러시아 청년에게 겸손하게 설거지를 부탁하였다. 그러자 그들은 당연한 일이라면서 팔을 걷어붙이고 설거지를 했다. 그 광경을 본 목사님도 무척 흐뭇해하셨다.

나는 이 두 청년이 왜 교회에서 생활하게 되었는지 목사님께 설명을 들었고, 내가 있는 동안 이들을 사랑해 줘야겠다고 다짐하였다. 돌아갈 집이 없는 청년들이었다. 다음날 아침엔 더 맛있는 요리를 준비해서 함께 식사를 하면서, 교회에서 할 일들을 청년들에게 설명해 주었다. 함께 지내야 하니 즐겁게 지내자고 했다. 각자의 임무를 분배하고 난 후 우리의 동거가 시작되었다. 목사님도 한국에 계신 사모님이 와서 음식을 해주는 것처럼 맛있다며 좋아하고 고마워하셨다.

일주일 정도 지나서 선교사님이 나에게 한 가지 물어볼 게 있다며 조심스럽게 이야기를 꺼내셨다. 선교사님의 아들이 몹시 아프다는 것이었다. 병 자체가 희귀병이라 병원에서도 별다른 치료를 해주지 못한다고 걱정 가득한 얼굴로 말했다. 요셉에게 말하면 요셉은 정답을 말해줄 거라는 믿음이 있다고도 했다. 나는 정답은 하나님께 있으니, 내가 오늘 밤 하나님께 물어보겠다고 말했다.

그날 밤 나는 무릎을 꿇고 하나님께 기도했다. 그랬더니 새벽에 환상 중에 "요셉이 기도할 일이 아니다!"라는 말씀을 들렸다. 예전에 목사님이 하나님께 약속했던 일이 있었는데, 그 약속을 지키지 않아서 아들이 병든 것이니 목사님이 회개해야만 한다는 것이었다.

여느 때와 마찬가지로 아침식사를 마치고 커피를 마시며, 지난밤에 꿈을 통해서 알게 된 하나님의 메시지를 목사님에게 전해주었다. "목사님! 하나님께서 목사님이 회개하셔야 한대요. 하나님께 헌금하겠다고 약속했던 일이 있지요? 그 약속을 지키라고 말씀하셨어요."

한참 동안 나의 이야기를 듣던 목사님이 손가락으로 숫자를 세더니, 7년 전에 하나님께 약속했던 일이 있었는데 잊고 지냈다고 하셨다. "큰돈이 생기면…"이라고 조건을 달아 헌금을 약속했는데, 막상 큰돈이 생기자 그만 없었던 일처럼 지내고 말았던 것이다.

아들도 그때부터 시름시름 아프기 시작했다며, 모든 잘못은 자신에게 있었다고 고백하셨다. 늦기는 했지만, 내일이 주일이니 하나님께 약속했던 돈을 교회에 헌금해야겠다고 말씀하시면서, 그 자리에서 한국에 있는 아내에게 국제전화를 거시는 것이었다.

나는 두 번 놀랐다. 하나님께서 처음 뵙는 목사님의 과거 비밀을 나에게 가르쳐주셨다는 것과 그렇게 큰 금액을 지금 당장 헌금하겠다고 마음을 바꾸시는 목사님의 회개와 결단 때문이었다. 목사님은 눈물을 흘리셨다. "나의 잘못으로 아들이 아팠다니…"라고 하시면서.

시간이 흘러 목사님과 나는 아쉬운 작별을 해야 했다. 목사님은 더 이상 러시아에서 선교사로서 있어야 할 이유가 없다고 하셨다. 기도와 언약, 그리고 순종을 사람들에게 설교했던 자신이 부끄럽다고 했다. 그래서 러시아 생활을 모두 정리하고 한국의 아들 곁으로 돌아가셨다.

그 후 4년이 지난 어느 날, 목사님을 만났다. 목사님은 아들의 건강이 회복되어 취직해서 회사에 잘 다니고 있다는 기쁜 소식을 전해주셨다. 더욱 놀라운 일은, 목사님 아들이 얼마 전 결혼해서 예쁜 딸을 낳았다는 소식이었다.

소식을 전하는 목사님의 눈시울이 붉어졌다. 진실로 하나님께 감사하다고 했다. 목사님은, 나 요셉이 러시아 어디를 가든지 자기와 같은 사람을 만나서 깨우쳐주는 선교사가 되길 바라는 것이 당신의 소망이라고 말씀하셨다.

우리가 거래한 것

미샤와 에카쩨리나는 블라디보스토크에 살고 있는 부부이다. 하롤에서 내가 전도한 왈렌찌나 할머니의 친척들이다. 러시아 민족도 한국과 마찬가지로 가족 사랑이 매우 강하다. 아픈 레나를 내가 아버지와 함께 한국에 데리고 와서 치료를 받게 해준 일이 사돈에 팔촌까지 미담으로 전해졌다. 어느 날 깨어나 보니 나는 나도 모르는 사이에 러시아 가족의 일원이 되어 모두에게 사랑을 받고 있었다. 그중에서 가장 먼저 만났던 미샤와 에카쩨리나 부부의 이야기를 하려고 한다.

블라디보스토크에 있는 레나의 고모 집에서 처음 소개를 받고 인사하던 날을 기억한다. 두 부부는 나를 반갑게 안아주었다. 진실한 애정을 느낄 수 있었다. 미샤는 치과의사였고, 카쨔(에카쩨리나의 애칭)는 버스터미널에서 일하고 있었다.

미샤의 직장은 시내에 있어서 나는 시내에 갈 일이 있을 때마다 방문하여 차도 마시고 식사도 함께 하였다. 그러던 중, 아버지의 친구 아들이 우수한 치과 기계를 만들어 세계특허를 받았고, 그 기계를 세계에 수출하고 있다는 것을 알게 되었다. 그 기계를 미샤의 치과에서도 사용할 수 있었으면 좋겠다는 전달해 와서, 우선 내가 한국에 들어와 기계 개발자와 판매업체 사장님을 만나서 설명을 자세히 들어보기로 하였다. 설명을 듣고 보니 미샤에게 꼭 필요한 제품이었다. 그래서 미샤를 만나서 한국에서 기계와 관련된 강습을 받고 필요하면 구입하여 사용하라고 했다.

한참을 생각해보던 미샤는 시간을 어렵게 내어 한국에 들어와 강습에 참가하기로 했다. 나와 의료기업체 대표가 함께 공항에 나가 미샤 부부를 맞았다.

미샤 부부는 한국을 첫 방문한 것이어서, 첫날은 관광과 휴식을 취하고, 다음날 의료기업체에서 진행하는 강습에 참석했다. 통역의 역할로 강습은 어려움 없이 잘 진행되었다.

미샤가 30분가량 이야기를 듣더니 진행자에게 20년 넘게 치과의사를 해왔으니 기본적인 것은 다 알고 있다, 시간을 지체하지 말고 핵심만 이야기하자고 했다. 주최 측에서는 미샤의 이야기를 듣더니 서로 얼굴을 보며 이런 경우는 처음이라는 표정을 지었다. 업체 대표가 미샤의 말뜻을 알아차리고는 강사에게 핵심만 전달해주라고 충고했고, 그 덕분에 3~4시간 만에 강습을 끝마칠 수 있었다.

설명을 다 들은 미샤는 고개를 끄덕이며 "똑똑한 기계다."라고 말하면서, 그 자리에서 기계를 구입하였다. 업체에서는 기계를 소개한 대가로 나에게 10퍼센트의 수고비를 주겠다고 제안했지만, 나는 그만큼 할인을 해주어서 미샤의 부담을 덜어주었으면 좋겠다고 회사 대표에게 전했다. 그러자 업체에서는 예정된 금액보다 10퍼센트를 더 할인해 주었다. 모두가 만족스러운 결과였다.

시간이 많이 흐른 지금도 그 기계는 미샤네 치과의 가장 높은 선반에 위치해 있다. 귀한 물건이라 높은 곳에 보관하면서 잘 사용해 오고 있다고 한다. 치과에 방문해서 기계를 볼 때마다 그때의 일이 생각난다. 나는 그 후에도 한국에 들어가면 의료기 업체 사장님을 만나 가끔 식사를 했다. 식사를 하며 기계의 사용후기를 전달해 드리면 매우 기뻐하셨다.

더 기쁜 것은, 내가 이 대표님에게 전도를 했다는 사실이다. 식사를 하면서 자연스럽게 러시아에서 선교하는 이야기를 전해주게 되었고, 한참 듣고 계시던 사장님이 "요셉! 이상하게 요셉 이야기를 듣다 보니 믿음이 생긴다."고 말하면서 좋아하셨다.

모태신앙으로 50년 넘게 성당에 다니셨다는 사장님은, 미국에서 큰 업체 대표로 일하다가 한국 의료기업체 대표로 발탁되어 오게 되었다고 했다. 열심히 신앙생활을 해도 웬일인지 믿음이 생기지 않아서 토요일마다 봉사활동도 다니며 노력하는 중이었다고 하셨다. 겉으로만 신앙인일 뿐 실제로는 중심에 믿음이 없어서 늘 불안하고 걱정이 많았는데, 요셉을 만나 이야기를 듣다 보니 믿음이 생겼다고 고백하셨다.

시간이 흘러 아내와 함께 교회에 등록을 하게 되었고, 지금은 그리스도인으로서 기쁜 삶을 살고 계신다. 그분을 뵐 때마다 내가 좋은 기계의 중매만 선 것이 아니라는 것을 실감하고는 가슴이 뿌듯해진다.

왈렌찌나 할머니의 자랑거리

"요셉, 나 많이 아파!"

러시아에서 한 통의 국제전화가 걸려왔다. 국제전화 요금이 가장 비싼 나라가 러시아이다. 그런데 그곳에서 왈렌찌나 할머니가 겁도 없이 나에게 전화를 주신 것이다. 왈렌찌나 할머니는 나의 러시아 첫 전도 열매 가족의 할머니이면서, 러시아 사람들 중에서도 나를 가장 사랑해주시는 분이다. 항상 나를 사랑으로 안아주셨고, 세례를 받고 신앙생활도 열심히 하신다.

우리가 가족처럼 지낸 지 어느새 7년이 되었다. 그런 할머니께서 아프다고 전화가 걸려온 것이다. 어디가 어떻게 아픈지 묻자, 배가 아프고 쓰려서 동네 병원에 갔다고 했다. 진찰을 받으니 블라디보스토크의 큰 병원으로 가서 정밀검사를 받으라고 했다는 것이다. 블라디 큰 병원에 가서 내시경, 피검사, CT 종합검사를 한 결과 다른 곳은 다 괜찮은데 위에 혹이 7~8개나 큰 것이 있어서 수술로 제거해야 한다고 했다. 20센티미터 정도 개복수술이 필요하고, 비용도 꽤 든다는 것을 알게 되었다. 그래서 걱정 끝에 요셉 생각이 나서 전화를 했다는 것이다.

일주일 전에 나는 왈렌찌나 할머니를 꿈에서 보았던 터였다. 주님께서 도와주라는 메시지를 주셨던 것이다. 그 메시지가 생각나서, 나는 무조건 한국에 들어오시라고 했다. 내가 공항으로 마중 나가겠으니 한국행 비행기표를 구해서 어서 달려오시라고 했다. 치료도 수술도 요셉이 있는 한국에서 하면 좋으니 빨리 돈 걱정하지 말고 들어오시라고 했다. 많이 아프셨던 할머니는 그 다음 주에 입국하셨다.

인천공항에서 반갑게 만난 우리는 공항버스를 타고 김제의 집으로 향했다. 인천에서 익산으로 향하는 공항버스는 세 시간 정도 걸린다. 버스 중간 좌석에 둘이 나란히 앉아서 도란도란 안부를 묻기도 하고 할머니 병세를 이야기하다 보니 어느새 중간 휴게소에 도착했다. 잠깐 휴식을 취한 뒤 버스 기사님이 승객들이 모두 탔는지 체크를 하다가 우리 앞으로 오더니 두 사람 관계가 어떻게 되느냐고 물어오셨다. 공항을 출발할 때부터 둘이 이야기하는 모습을 거울로 봤는데, 노랑머리 러시아 할머니와 한국청년의 관계가 궁금해서 못 참겠다고 했다.

내가 웃으면서 사정 이야기를 해 드렸다. 나는 러시아에서 선교활동을 하는 사람이며, 7년 전에 처음으로 우리 교회로 전도한 할머니이시다, 그런데 많이 아프셔서 한국에서 치료를 받는 걸 도와드리려고 한다고 말씀드렸다. 기사님은 너무 감동적이라면서 이제야 이해가 되었다고 덩달아 좋아하셨다. 버스는 어느새 종점인 익산시에 도착했다. 기사님은 트렁크에서 할머니의 여행가방을 꺼내주시더니, 주머니에서 주섬주섬 5만 원을 꺼내어 할머니에게 드렸다. 그리고 나에게 통역을 부탁했다. "한국에서 치료 잘 받으시고 다 나으면 이 돈으로 맛있는 것 사 드세요." 하시는 것이었다.

할머니와 나는 어리둥절해서 서로를 쳐다보며 웃었다. 뜻밖의 선물에 감사의 인사를 전하고, 집으로 향했다. 할머니는 어느새 아픔을 잊은 채 발걸음이 매우 가벼워진 것 같았다.

우리 가족 모두와 반갑게 인사를 나눈 후에 앞으로의 일정에 대해서 이야기를 나눴다. 아버지는 내일 당장 병원에 가서 수술을 하는 것도 좋겠지만, 사흘 정도 특별히 기도를 하고 병원에 가도 늦지 않을 것 같다고 말씀하셨다. 만병의 의사인 예수님께 먼저 기도하는 것이 순서가 아니겠느냐고 하셨다. 할머니도 아버지의 말이 당연하다면서 사흘간의 특별기도에 들어갔다.

나는 그 사흘 동안 병원 일정 등을 일체 알아보지 않고 할머니와 함께 기도하면서 주님의 은총이 있기를 간절히 구했다. 할머니의 사흘 기도는 너무 은혜로웠다. 금식을 하는 가운데 할머니는 성경을 읽고, 스케치북에 그림을 그리며 기도를 하셨다. 할머니는 철인 3종 경기 선수였을 정도로 강한 여인이었다. 삼일간의 기도를 잘 마친 할머니는 행복해하셨다. 금식기도 기간에는 통증도 없었다고 하셨다.

기도를 마친 후, 대전에 있는 국제의료센터에 전화를 해서 위용정 수술 일정을 상담하니 3개월 후에나 시간을 잡아줄 수 있다는 어이없는 답변이 왔다. 그만큼 환자가 밀려 있다는 것이다. 서울에 있는 세브란스에 전화를 하니, 거기서도 한 달 후에나 일정을 잡을 수 있다고 했다. 할머니께서 수술을 못 받을까봐 걱정이 되었던 나는 아버지께 말씀드리지 않을 수 없었다. 그러자 아버지께서는 "그럼, 처음부터 다시 시작하자!"고 제안을 하셨다. 그래서 우리가 살고 있는 도시의 작은 내과병원에 가서 다시 검사를 받기로 했다.

할머니의 증상을 다 들은 의사선생님은 용종이 발견되면 바로 수술을 받을 수 있도록 큰 병원 원장님을 소개해 주겠다고 하셨다. 그래서 우리는 의사가 써준 소견서를 들고 큰 병원 의사를 만났고, 소견서를 읽어본 의사선생님은 간단한 질문 몇 개를 하시더니 내시경을 하자고 하셨다. 나도 함께 내시경실에 들어갔다. 통역이 필요했기 때문이다. 원장님은 경험이 많으신 분이었다. 할머니를 안심을 시켜주신 다음 선생님은 천천히 내시경을 시작하셨다. 십이지장부터 위까지 구석구석 살펴보는데, 모니터 화면에 할머니 위장에 있는 콩알만한 혹들이 여러 개 보였다. 원장님께서 웃으시며 할머니 연세를 물으셔서 65세라고 답하자, 원장님은 이만한 용종으로는 끄떡없으니 걱정하지 않아도 되고 수술도 할 필요가 없다고 하셨다.

그럼 할머니가 속이 쓰리고 아프다고 호소하는 이유가 무엇이냐고 묻자, 선생님은 화면 위의 붉은 점들을 가리키시며 이곳에 매운 음식이 들어가 닿으면 쓰린 것이니 처방을 받아서 약을 복용하면 된다고 했다. 수술을 하면 오히려 수술부위가 아무는 것이 더 아플 것이니 약만 잘 먹으면 된다고 처방전을 주셨다.

우리는 처방전을 들고 약국으로 향했다. 약국에 앉아서 차례를 기다리고 있는데, 나이가 많아 보이는 한국 할머니가 약을 사러 들어와서는 우리 앞자리에 앉으셨다. 왈렌찌나 할머니가 "할머니는 몇 살이냐?"라고 묻자, 102살이라고 했다. 혈압약을 사러 혼자 오셨다는 할머니는 이 약국을 오래전부터 다녔다고 하셨다. 우울해 있던 왈료찌나 할머니는 그 이야기를 듣고는 깜짝 놀랐다. 102살 할머니는 막내딸이 70살이라고 하시면서 65세의 러시아 할머니에게 열심히 살라고 응원해 주셨다.

사람은 누구나 주변 사람들에 의해 심리적으로 영향을 받게 마련이다. 죽어가는 사람, 절망적인 사람을 만나면 희망을 빼앗기게 마련인데, 반대로 열심히 살아가며 희망적인 사람을 만나면 자기도 모르게 새로운 힘이 생긴다. 그 날 좋은 사람을 만나는 것도 모두 주님의 은혜이다.

우리는 약을 복용하기 위해 식사를 먼저 하기로 했다. 병 고치고 맛있는 거 사 먹으라고 버스 기사님이 할머니에게 주신 귀한 돈으로 설렁탕 한 그릇을 맛있게 먹었다.

놀랍게도 할머니는 금방 다 나았다. 일주일 후에 나온 조직검사 결과도 암이 아니라는 판정이었다. 더 이상 한국에 있어야 할 필요가 없었다. 할머니는 홀가분한 마음으로 10일 분량의 약 처방만 받고 다음날 러시아로 떠났다. 지금은 시골집에서 키운 닭을 잡아 한 마리를 다 드실 정도로 건강해지셨다. 그리고 더욱 기쁜 일이 생겼다. 지난 가을, 그러니까 처음 진단을 받은 러시아 대학병원에서 다시 검사를 받았는데, "그때 그 사람이 맞느냐?"며 그 용종들이 납작해졌고 다 나았다는 진단을 받았다. 의사선생님은 봄에 왔던 그 환자가 맞느냐고 몇 번이나 되물었다고 한다.

믿음이란 정말 놀랍다. 한국 사람인 요셉을 신뢰하고 순종하는 마음으로 단번에 한국으로 날아와 함께 기도하고, 좋은 의사선생님을 만나고, 100세가 넘은 할머니를 만나서 희망적 메시지를 받고, 버스 운전기사님의 바람처럼 좋은 결과를 낳아서 맛있는 음식도 사먹고…. 모든 일이 주 안에서 형통하는 시간의 연속이었다.

주님이 살아 계시다는 증거를 몸소 경험하신 왈렌찌나 할머니는 오늘도 사람들에게 주님을 자랑하고 다니신다.

지마 가족의 새로운 삶

　나의 처음 선교지였던 하롤 시골 마을의 할머니 할아버지 댁에 손님으로 방문하여 하룻밤을 지내게 되었다. 어느새 이 가족들과 가깝게 지낸 지도 7년의 시간이 흘렀다.

　오전에 도착해 보니 대문 앞에 겨울에 난로에 쓸 통나무들이 가득 쌓여 있었다. 할아버지는 전기 기술자로 전기회사를 다니셨다. 워낙 기술이 좋아서 퇴직해야 할 마땅한 63세의 나이가 됐음에도 장인 대접 받으며 일을 계속하셨다. 그래서 진작에 쌓아둔 통나무를 자를 시간이 없어서 처리하지 못하고 계셨다. 사정을 너무 잘 아는 내가 옷을 걷어붙이고 오후 내내 톱으로 자르고 도끼로 쪼개서 보기 좋게 한쪽에 쌓아놓았다. 그런 다음 사우나에 불을 지피고 피곤한 몸을 풀면서 퇴근한 할아버지를 반갑게 만났다. 이렇게 허물 없이 지낼 만큼 우리의 관계는 가까웠다.

　저녁식사를 마치고 나니 할아버지 할머니가 나에게 부탁이 있다며 아들과 며느리의 이야기를 꺼내셨다. 아들과 며느리를 새로운 사람으로 만들어달라는 부탁이었다. 알코올 중독이 되어 어린 손자들을 돌보는 일이 늘 뒷전이라는 것이다. 할머니 할아버지는 이야기를 하면서도 눈물을 흘리셨다.

나는 예전부터 아들과 며느리가 술을 좋아한다는 것을 알고 있었다. 하지만 이렇게 정식으로 부탁하시니 어떻게 도와줘야 할지 막막하기만 했다. 40대 아들에게 "술 마시지 마!" 하고 명령을 내릴 수도 없고, 그런다고 될 일도 아니었다. 말이 통하는 한국 사람들끼리도 술꾼을 변화시키기란 쉬운 일이 아니지 않은가. 두 노인의 간곡한 부탁에 나는 어떻게 해야 할지를 몰라 그날 밤 엎드려 기도하게 되었다.

"주님! 주님은 다 아시죠? 두 노인의 애타는 마음을 아시니 이 가정을 어떻게 해야 할까요?" 나는 두 분의 눈물과 마음을 알았기에 간절히 기도했다. 그리고 새벽에 꿈을 꾸었다.

산속 동굴 속에 박쥐들이 붙어 있었다. 그런데 내가 막대기로 박쥐들을 건드리니 모두 바닥으로 떨어지는 것이 아닌가. 그 자리에는 웬일인지 아버지가 함께 있었고, 그래서 아버지와 나는 신문지를 가져다가 불을 붙여서 박쥐들을 모두 태워 죽였다. 신기한 꿈이었다.

새벽에 일어나 생각해 보니, 이건 분명 이 집안에 붙어 있는 사탄들을 주님이 제거해 주실 것이라는 예고이고 징조였다. 하나님께 감사를 드렸다.

아침이 되어 식사를 하면서, 나는 할머니 할아버지에게 걱정하지 마시라고 말씀드렸다. 주님께서 이 집안에 은혜를 주셔서 아들과 며느리를 도와주실 것이 분명하다고 했다. 먼저, 아들 내외를 한국으로 데려가고 싶다고 했더니 여권이 없다고 했다. 더구나 엄마는 세 살과 한 살짜리 어린아이들이 있어서 한국에 갈 수 없다고 했다. 나는 애기들 여권도 같이 만드는 것이 좋겠다고 했다.

3-4개월 후에 네 명의 가족 여권이 만들어졌다. 사실 한국에 간다는 것 자체가 이 가족에게는 모험이었다. 다른 식구들도 모두들 나를 말렸다. 이들이 한국에 가서 술을 먹고 난동을 부리면 요셉과 요셉 가족들이 난처해진다는 것이었다. 그렇지만 나는 확신을 가졌다. 주님께서 이 가정에 은혜를 주실 것임을.

나는 그들에게 무조건 나를 믿고 나의 말을 잘 따라 달라고 부탁했다. 하지만 그들이 들어오기로 약속한 날짜에 들어오지 않아서 알아보니 마음이 변한 것 같았다. 그들에게 전화를 걸었더니, 다시 날짜를 정하여 가기로 했다고 했다. 동해항에 도착할 예정이니 우리 집인 김제까지 가는 방법을 알려 달라고 했다. 나는 이미 자동차로 동해항에 마중 나갈 계획을 세우고 있던 터였다. 과연 그들이 오게 될까? 한번 약속을 어기니 또다시 의구심이 생겼다. 한국에 오면 술도 마음대로 먹지 못할 것이고, 그러면 답답할 것이다. 중독된 술꾼들이 스스로 자신들이 구속될 곳으로 걸어간다는 것 자체가 어디 쉬운 일이겠는가? 하나님의 역사가 아니고서는 이루어질 수 없는 일이었다.

그런데 정말로 약속한 날에 배를 탔다고 연락이 왔다. 나는 새벽 일찍 김제를 출발하여 동해항에 도착했다. 개막을 앞두고 있는 평창 동계올림픽 준비 때문에 도로공사를 하는 중이어서 예상보다 두 시간이나 더 걸렸다. 집을 떠난 지 6시간 만에야 그들을 만날 수 있었다.

너무 반가웠다. 이들은 배가 고팠는지 컵라면을 먹으면서 나를 기다리고 있었다. 사실, 이들과 앉아서 이야기 한번 제대로 해본 일이 없었다. 웃으며 인사를 나누긴 해도 늘 서먹했던 친구들이었다.

밤 10시가 넘어서야 도착한 우리는 우리를 기다리고 계시던 아버지의 환영을 받으며 숙소로 들어갔다. 지마, 이라, 그리고 아이들인 야릭, 안야는 우리 집에 여장을 풀고 한국 생활을 시작했다. 낯선 환경과 문화, 언어, 음식이 다른 한국에서 3개월을 지낼 계획이었다.

그날 밤, 나는 또 기도했다. 한 가족이 어렵게 이곳까지 왔는데, 주님이 지켜주셔서 이들에게 새로운 삶의 전환점이 되는 시간이 주어지기를 기도했다. 그런데 새벽에 또, 신기한 꿈을 꾸었다. 지마와 지마의 아내 이라와 나이가 똑같은 두 그루의 나무가 서 있는데, 예수님이 톱과 가위로 예쁘게 다듬어주고 계셨다.

꿈을 꾸고 난 나는 걱정이 다 사라져버렸다. '주님께서 이들을 붙잡아 주시고 다듬어 주시는구나. 우리는 그저 이들을 사랑해주고 도와주면 되겠구나.'라는 생각이 들었다.

지마는 자동차를 고치는 재능이 있어서 나의 믿음의 친구가 운영하는 농기계 수리센터에서 일할 수 있게 되었다. 출퇴근할 수 있는 거리가 아니어서 본의 아니게 주말부부가 되었다. 토요일엔 지마가 집으로 와서 아이들과 일요일까지 지내고 월요일에 출근하는 식이었다. 무엇보다도 아이들의 엄마가 술, 담배를 끊고 지내게 되었다는 것이 놀라운 변화였다. 그의 아내 이라는 시간이 지날수록 긍정적으로 변해갔다. 웃음 띤 얼굴로 "요셉! 요셉!" 하고 부르면서 이것저것 부탁을 하면 그 모습이 너무 사랑스러웠다.

사람이 어떻게 한 번에 좋아지겠는가? 하지만 그들에게 일어난 변화는 확실히 놀라운 점이 한두 가지가 아니었다. 그들이 예수님의 사랑을 알고 깨달아서 아름다운 사람이 되기를 기도했다. 그들이 도착한 지 사흘쯤 지나고 나서 이라가 나에게 자신에게 일어난 변화에 대해서 이렇게 말했다. "내가 술을 먹지 않고도 지낼 수 있다는 것이 놀라워요!" 그러면서 스스로도 너무 좋다고 하면서 감사해했다. 지마 가족은 여름과 가을, 두 계절이 지나는 동안 한국에서의 생활을 잘 마치고 러시아로 돌아갔다.

얼마 전, 나는 그들의 집을 방문했다. 같이 차를 마시며 이야기를 나누는데 시종일관 웃음꽃이 피었다. 지마가 좋은 직장에 취직해서 일을 시작했다는 것과 자녀들이 딸려 있어서 러시아 정부에서 주택 구입 자금을 지원해 준다는 것은 듣던 중 반가운 소식이었다. 그들의 부모님 또한 아들과 며느리가 많이 변화되어 열심히 살고 있다는 것에 감사하며 하나님께 영광을 돌렸다.

얼마 전에는 지마에게서 이메일이 왔다. 자기보다 더 힘든 친구가 있는데 나에게 도와달라는 요청의 편지였다. 나는 순간 '아니, 지마가 다른 사람을 도와달라고 요청을!'하는 생각이 들면서 그야말로 격세지감을 느꼈다. 지마에게 다른 사람을 도와주고 싶은 마음이 생겼다는 사실이 너무 좋았다. 나는 앞뒤 생각도 하지 않고 당연히 도와주겠다고 했다.

한 사람의 아름다운 변화는 그 사람 안에서만 그치는 것이 결코 아니다. 자신과 그의 가정은 물론 그 이웃들에게도 일파만파 변화를 줄 수 있다. 그리고 그 아름다운 변화의 시작은 사랑이다. 자기 자신에 대한 진정한 사랑은 자기 안에서만 멈추지 않고 가족과 이웃에 대한 사랑으로 번져 나간다. 그리고 그 무엇보다도 하나님으로부터 사랑을 느끼는 순간, 우리는 비로소 가슴이 뿌듯하게 차오르는 충만감을 맛보게 되고, 거기에서부터 사랑이 흘러넘치는 새로운 삶이 시작된다.

류드밀라와 슬라바의 믿음

러시아를 오갈 때 처음 2~3년 간은 매번 배를 타고 다녔다. 강원도 동해항에서 오후 2시에 출발하는 크루즈는 다음 날 2시면 블라디보스토크 항에 도착한다. 20시간이 넘는 항해는 나에게 늘 새로운 기회를 제공해 주었다. 망망대해를 바라보며 기도하는 것이 너무 좋았다. 선상에서는 새로운 친구를 사귈 수 있는 기회가 많았다.

두 번째 러시아를 방문할 때의 일이다. 나는 배 안에서 고려인 전도사인 류드밀라와 함께하게 되었다. 전도사님은 한국에서 신학공부를 마치고 러시아로 돌아가는 길이었다. 고향은 우즈베키스탄이었고, 예수님을 영접하고 기도를 하는 가운데 한국어를 공부하게 되어 나와의 대화 소통에는 전혀 부족함이 없었다. 나와 한참 이야기를 나누다가 전도사님은 자신의 고민을 털어놓기 시작했다.

신학을 마치고 전도사가 된 그녀는 교회 일만 하려고 작정했지만, 남편인 슬라바가 아직 주님을 영접하지 않아서 주의 일을 하는데 함께할 수 없어서 걱정이라고 했다. 남편과 시장에서 장사를 하면서 생활했는데, 지금은 장사보다는 주님의 일을 하는 게 행복하고 즐겁다면서 장사를 그만두고 싶다고 했다. 그러나 자기가 장사를 그만두고 남편에게 모든 일을 맡기면, 남편 혼자 일을 감당하기에는 힘이 부치는데 어떻게 해야 할지 모르겠다는 것이다. 남편에게 섣불리 그런 제안을 했다간 분명 큰 다툼이 일어날 것 같다고 했다.

공부를 마치고 돌아가는 길이었지만 류드밀라의 마음에는 걱정이 한 가득이었다. 그런 류드밀라의 마음은 아랑곳하지 않고 배는 블라디보스토크 항을 향하여 부지런히 나아가고 있었다. 전도사님은 나에게 기도를 부탁했다. 출렁이는 파도를 항해하는 크루즈 안에서의 기도는 늘 간절함이 가득할 수밖에 없었다. 류드밀라 전도사님을 위해 기도하는 나에게 주님께서 응답해 주셨다. "남편의 말에 순종해라!"

전도사님의 고민에 대한 주님의 응답은 너무나 간단했다. 남편에게 무조건 순종하라는 말씀이었다.

아침이 되어 우리는 다시 갑판에서 만났다. 전도사님은 어느새 나와 믿음 가운데 가까운 사이가 되어 있었다. 나는 주님께서 지난밤 나에게 주신 말씀을 전해 드렸다. "전도사님, 러시아에 도착해서 남편을 만나거든, 전도사님 의견을 말하지 말고 남편의 의견을 듣고 무조건 받아들이세요."

전도사님은 내 말을 듣고도 함박웃음을 지으며 "요셉! 무슨 말인지 알겠어요."하고 나의 말을 그대로 받아들였다. 이해시킬 것도, 설득할 것도 없이, 무조건 남편이 시키는 대로 하겠다고 했다. 우리는 서로 손을 잡고 주님의 인도하심에 감사의 기도를 드렸다.

블라디보스토크 항에 도착하자, 모두들 마중 나온 가족들을 만나 이리저리 흩어지는 모습이 연출되었다. 전도사님도 마중 나온 남편과 반갑게 만났다. 나도 잠깐 인사를 나누었는데, 무뚝뚝해 보였지만 멋진 콧수염이 꽤 인상적이었다.

며칠 후에 전도사님과 다시 만나 이야기를 나눌 때였다. "전도사님 어떻게 되었어요?"라고 묻자, 전도사님은 아이처럼 웃으며 다 잘되었다고 말했다. 예수님 말씀대로 아무 말도 하지 않고 "나는 슬라바가 시키는 대로 하겠습니다."라는 결심만 하고 있었다고 했다. 그렇게 마음을 먹고 남편의 처분만을 기다리고 있었는데, 며칠 후 남편이 먼저 말을 걸어왔다. "당신이 신학을 공부했으니 주의 일을 하기를 원하는 것이 당연할 텐데, 두 가지 일을 할 수가 없는 것은 분명하다. 그러니 당신이 원한다면 장사하는 일은 이제 그만 정리하고 주의 일만 열심히 해보라."

남편을 어떻게 설득시킬까 내심 걱정하면서 끝내는 서로 싸울 수밖에 없을 것이라고 예상했는데, 남편이 오히려 먼저 하나님 일을 하라고 했다니 이 얼마나 감사한 일인가!

시간이 흐른 뒤, 전도사님의 남편도 사역에 동참하게 되어 장로 임직도 받았다. 전도사님이 예배시간에 설교를 하고 기도를 할 때면,

전도사님의 남편은 주방에서 아이들에게 먹일 맛있는 요리를 준비한다고 했다. 슬라바는 처음 보았을 때의 무뚝뚝했던 그 모습이 아니었다. 얼굴에 기쁨과 소망이 가득한 슬라바로 변화되어 있었다. 그런 슬라바를 보니 내 가슴도 기쁨으로 차올랐다.

전도사님은 또다시 공부길에 나서서 이제는 목사님이 되셨다. 아들 또한 주의 일에 열심히 나서게 되어, 가족 모두가 주님의 일꾼으로 쓰임받고 있다. 한적한 시골에 교회도 아름답게 건축해서 백 명이 넘는 러시아 성도들과 행복한 신앙생활을 하고 있다.

우리는 가끔씩 만난다. 서로 사랑으로 이어져 있기 때문에 가끔 만나도 항상 한결같은 마음이다. 예수님은 류드밀라 목사님이 시험에 빠져 괴로울 때, 그리고 많이 아플 때, 항상 은혜를 베풀어 주셨다.

나는 류드밀라 목사님께 항상 말한다. "쓰임만 받고 버려지는 주인공이 되지 말고 쓰임도 받고 천국의 주인공이 되기를 기도해야 합니다." 그리고 "주의 일은 육신의 힘으로 하는 것이 아니고 영적인 힘이 있어야 하며 마음속 깊이 주님의 사랑이 있어야 합니다."고도 말해준다. 그리고 더 나아가 "누굴 위해서 신앙생활을 하는 것이 아니라 내 영혼을 위해서 그리고 주님을 위해서 그렇게 하는 것이라는 사실을 잊지 말고 살아가는 목사님과 우리가 되기를 기도해요."라고도 말해주곤 한다.

캄차카에서 만난 친구들

살아 있는 지구에는 숨구멍이 있는데, 그것이 무엇일까? 바로 화산이다. 그런데 지구에서 현재 활동하는 화산이 가장 많은 곳이 바로 러시아의 캄차카이다. 나는 일 년에 두 번씩 캄차카를 방문한다. 악산아와 에밀의 가족이 있기 때문이다. 4년 전 미국 뉴욕에 가는 비행기 안에서 만난 인연으로 사귀게 되어 서로의 집을 자주 방문하며 신뢰를 쌓아갔다.

3년 전 처음 방문했을 때는 캄차카에서는 완연한 겨울인 11월이었다. 에밀의 겨울 운동화를 사려고 시장을 방문했다. 에밀은 키가 2미터에 가깝다. 그렇다 보니 발 사이즈도 엄청 크다. 이 가게 저 가게로 신발을 사려고 둘러보며 다니던 중, 고려인 부부가 운영하는 신발가게에 들어가게 되었다. 캄차카를 방문해서 처음 만나는 고려 인이었다.

한국말을 전혀 할 줄 모르는 50대의 이 부부는 매우 성실해 보였다.

에밀이 운동화를 고르고 있는 동안, 나는 신발가게 주인인 다니엘과 미라 부부와 이런저런 이야기를 나누었다. 한국말을 못했기에 러시아어로 소통할 수밖에 없었다. 그들은 "이 멀고 먼 캄차카까지 어떻게 오게 되었느냐?"고 물었다. 내가 그 질문에 이런저런 이야기를 답변을 하고 있는데, 에밀이 마음에 드는 신발이 없다고 해서 우린 어쩔 수 없이 다른 상점으로 이동했다. 아쉽지만 고려인 부부하고도 헤어지게 되었다. 에밀은 신발을 참으로 오랜 시간 동안 골랐고, 마침내 마음에 드는 신발을 사서 집으로 돌아갔다.

다음날, 나는 동생 마태와 함께 도시를 산책하다가 전날 만났던 고려인 부부가 생각났다. 그들에게 작은 선물이라도 주고 싶어서 한국에서 가져온 라면 두 개를 가져갔다. 우리는 버스를 타고 도시 외곽을 나가 캄차카의 대자연을 즐기다가 시내로 돌아와 어제 만났던 신발 상점에 다시 찾아갔다. 신발을 사러 온 손님인 줄 알고 맞아주던 부부에게 어제 너무 반가웠고 잊지 못해서 작은 선물을 들고 찾아왔다고 말하니, 너무 기뻐하며 고마워했다. 우리는 상점에서 차를 마시고 많은 이야기를 나눴다. 캄차카에서 만든 기념양말을 선물로 받기도 했다.

시간이 흘러 우리는 이들 부부와 가까운 친구가 되었다. 다니엘은 무뚝뚝한 남자 같아도 매우 정이 많았다. 멀리서 찾아온 나를 가족처럼 여기고, 자기의 자동차로 내가 가고자 하는 목적지까지 데려다주기도 하고 맛있는 캄차카 요리도 사주곤 했다. 지난 겨울에 블라디보스토크의 안드레이 목사님과 함께 방문했을 때는 미라가 자기의 여자 친구 스베따도 소개해 주었다. 스베따의 남편 알렉은 20여 년 전에 한국 선교사가 캄차카에 세운 교회에서 목사 직분을 감당하고 있었고, 그녀 자신도 교회에서 일하고 있었다.

미라의 전화를 받은 스베따는 반가운 목소리로 다음날 10시까지 나와 안드레이 목사님이 숙박하고 있는 에밀의 집으로 오겠노라고 약속했다. 다음날 알렉은 8인승 승합차에 교인들을 태우고 우리를 만나러 왔다. 90세가 되신 할머니 권사님부터 교회 집사님들까지 여러분이 한국에서 온 우리를 만나기 위해서 오셨다. 알렉 목사님은 처음 만났지만, 마치 오래전부터 만났던 사람처럼 푸근하고 정이 많았다. 우리는 함께 알렉 목사님이 사역하는 교회로 향했다. 캄차카 공항에서 그렇게 멀지 않은 곳에 위치해 있었다. 다 함께 모여 예배를 드리고, 다과를 즐기며 이야기를 나눴다. 4년 전에 비행기에서 만난 에밀과 악산아, 신발가게 주인인 미라와 다니엘 부부, 미라의 친구인 스베따와 그녀의 남편 알렉 목사님 등, 해를 거듭하여 캄차카를 다니면서 만난 친구들이 한 교회에 모여서 예배를 보게 된 것이다. 감동적인 시간이었다.

다음날 우리는 미라와 다니엘 부부의 가정에 저녁식사 초대를 받았다. 악산아와 안드레이, 알렉 목사님 모두 즐거운 표정으로 함께했다.

"요셉이 이곳에 와서 좋은 사람들을 서로 연결해 줬다."면서 악산 아가 나를 추켜 세워주며 감사해했다. 사람관계란 참 신기한 것이다. 서로 모르고 지낼 때는 전혀 남남이지만 인사하고 친해지면 형제

이상으로 가깝게 지낼 수 있으니 말이다. 예수님과 우리의 관계도 마찬가지이다. 그냥 모른 척 지나치면 평생 담을 쌓고 살 수 있다. 하지만 우리의 참 좋은 예수님은 항상 마음의 문을 열어 놓고 우리를 맞아주실 준비가 되어 있다. 우리는 그 문 안으로 들어가야 예수님과 친밀한 관계를 맺을 수 있다. 아는 것과 관계를 맺는 것은 큰 차이가 있다. 어떻게 해야 예수님의 문 안으로 들어가 예수님과 친밀한 관계를 맺을 수 있을까? 거기에 대해서도 물음을 던져놓고 기도하면 된다. 예수님을 부르고 기도하면, 예수님은 우리의 기도를 들어주신다.

어렵고 힘든 시간에 누군가의 도움을 받으면 그 친구에 대한 고마움이 잊을 수 없는 기억으로 남듯이, 우리의 힘으로 도저히 할 수 없는 일이 있을 때, 우리는 예수님께 기도해야 한다. 그리고 그렇게 어려울 때 함께 해주시는 예수님을 만났을 때, 예수님과 우리의 관계는 절대적이 될 수밖에 없다.

어려운 처지에 빠졌을 때에는 주변 사람들에게 손을 내밀 줄도 알아야 한다. 혼자서 고립된 상태에서는 문제를 해결하기 어렵다. 사람에게도 손을 내밀어야 하지만 예수님에게도 손을 내밀 줄 알아야 한다. 묻고 또 물을 수 있어야 한다. 기꺼이 문을 두드릴 수 있어야 한다. 그것이야말로 응답받는 기도의 첫째가는 비결일 것이다.

안톤의 눈물

블라디보스토크 믿음교회에 열심히 다니는 성도 이라(65세)의 초대를 받아 나와 안드레이 목사님이 이라의 집에서 저녁식사를 하게 되었다. 지난 가을, 이라와 믿음교회 성도들이 일주일간 한국 여행을 했었다. 일주일간 나와 함께했던 인연이 있었고, 그때 정이 들어서 오랜만에 다시 만나니 무척 반가웠던 모양이다.

이라와 저녁식사를 하기 전에 차를 마시면서 서로의 안부를 물었다. 잠시 후 현관문 열리는 소리가 들리더니 이라의 딸 나타샤와 사위 안톤이 들어왔다. 생선 수프를 비롯한 저녁식사 일체를 사위 안톤이 미리 정성껏 준비했다고 했다.

안톤은 47세로, 블라디보스토크 근교에 3층 집을 손수 지을 정도로 건축을 잘하는 사람이었다. 그런데 공들여 지은 집이 불이 나서 소방차가 오기도 전에 모두 타버리고 말았다. 그 이야기를 하면서 그의 두 눈에는 눈물이 글썽였다. 그런 일을 겪고 나자 그는 부쩍

술이 늘었다. 술에 취함으로써 괴로움을 잊으려고 했지만, 그런 그를 지켜보는 가족들은 날이 갈수록 마음이 아픈 것은 넘어 짜증에 가까워졌다. 장모인 이라는 교회에 가서 기도하면서 집안의 문제와 고통을 목사님에게 상담하곤 했다.

그날도 안톤은 술에 취해서 언행이 거칠어지기 시작했다. 목사님과 나는 대충 이야기를 마치고 교회로 돌아가기로 했다. 그런데 집을 나와 한참 교회를 향해 걷던 중, 나는 주머니를 만져보다가 지갑이 없는 것을 발견했다. 아무래도 지갑을 이라 집에 놓고 온 것 같았다. 돌아간 줄 알았던 우리가 다시 집에 와서 두리번거리면서 무엇인가를 찾는 것을 보게 된 가족들은 "왜 그러냐?"고 물었다. 아무래도 내 지갑을 이곳에서 잃어버린 것 같다고 이야기하자, 모든 식구들이 술에 취해 있던 안톤을 향해 지갑을 가져오라고 소리치는 것이었다.

안톤은 정색을 하면서 자신은 절대로 지갑을 건드리지 않았다고 강하게 말했다. 아무래도 나 때문에 가족싸움이 벌어질 것 같았다. 내가 다른 곳에서 잃어버렸는가 보다고 말하고서는 서둘러 밖으로 나왔다. 교회에 도착해서 숙소에 들어가 보니 지갑이 침대 위에 놓여 있는 것이 아닌가. 안톤에게 너무 미안한 마음이 들어, 지갑을 손에 든 채로 단숨에 안톤 집으로 달려가서 가족들에게 진심으로 사과했다. 그러자 모두 나를 끌어안고 웃으며 그럴 수도 있다면서 마음을 풀어주었다. 다시 왔으니 따뜻한 차나 한잔 하고 가라고 하여 다시 집안으로 들어갔다. 나는 이라에게도 다시 한번 사과를 하고 차를 마시면서 이야기를 나누었다. 그런데 건넌방에서 안톤과 나타샤가 심하게 다투는 소리가 들렸다. 아무래도 보통 싸움이 아닌 듯했다. 우는 소리가 들리기까지 했다. 그러자 이라가 참지 못하고 나에게 어서 들어가서 싸움을 좀 말려 달라고 부탁했다.

방으로 들어선 나는 둘이서 치고받고 싸우는 모습을 보게 되었고, 당황했다. 겨우겨우 싸움을 말리고 다시 식탁에 앉으니, 이라가 나에게 오늘은 분위기가 심상치 않으니 한 시간만 더 있어 달라고 부탁을 했다. 과연 잠시 후에 다시 크게 다툼이 일어났다. 나는 또다시 다툼을 말리고, 각기 다른 방으로 떼어놓았다. 이라는 술 취한 안톤이 어떻게 해코지를 할지 모르니 하룻밤을 지내면서 자신들을 지켜 달라고 부탁했다. 하는 수 없이 안톤과 나타샤의 방 사이의 통로에 간이침대를 놓고 이라의 집에서 하루를 묵게 되었다.

그날 밤 또 한 번 싸움이 격해졌고, 더 이상 안 되겠다는 판단이 들어 경찰에 신고를 했다. 그런데 경찰이 토요일 늦은 밤이어서 내일 출동하겠다는 말만 반복했다. 결국 경찰을 불러서 안톤을 제압하려던 계획은 무산되고 말았다. 이라는 나만 쳐다보며 눈물을 흘리며 간절히 도움을 요청했다. 이런 상황은 나로서는 평생 처음 겪는 일이었다. 술에 취한 남성과 여성 가족들이 다투는 소리에 큰 개(셰퍼드)와 작은 개들이 짖어대는 소리까지 더해져서 아주 공포스러운 토요일 밤이었다.

12시 가까이 되어서야, 모두 지쳤는지 양쪽 방이 조용해졌다. 나도 피곤해서 간이침대에 드러누웠다. 당장 싸움을 말리는 것 외에는 내가 할 수 있는 일이 아무것도 없었다. 그러나 이라의 걱정스런 표정을 잊을 수 없었다. 나야 다음날 아침에 떠나면 그만이지만, 이 가족들은 이런 상황이 자주 있을 텐데 앞으로 어떻게 해야 할지 걱정이 되었다. 그래서 조용히 무릎을 꿇고 예수님께 기도했다. 한편으로는 어서 빨리 해가 떠서 이곳을 떠났으면 좋겠다는 마음뿐이었다.

지옥이 따로 없는 무서운 밤이었다. 거의 잠을 잘 수가 없었다. 잠이 들려고 하면 개들이 얼굴을 혀로 핥아대거나 킁킁거리고, 또 조금 지나면 안톤이 뛰어나와 뭐라고 술주정을 해댔다. 그러다 새벽에 겨우 잠깐 잠이 들었는데, 아주 신기한 꿈을 꾸었다. 안톤이 러시아 친구들과 한국의 우리 집에서 맑은 물로 샤워를 하는 꿈이었다.

꿈에서 깨어나 생각을 해보니, 안톤을 한국으로 데려가라는 메시지가 분명했다. 안톤을 새로운 사람으로 만들어야 한다는 예수님의 인도라는 생각이 들었다. 매우 희망적인 꿈이었다.

아침에 나는 이라에게 앞으로 안톤을 위한 계획을 이야기했다. 인간은 환경의 동물인지라, 이곳에서는 안톤이 절대 변할 리가 없다, 그러니 안톤을 데리고 한국으로 가겠다고 했다. 이라와 나타샤도 동의해 주었다. 그렇게 해서 우리는 함께 한국행 비행기표를 구입했다.

나도 함께 한국에 가기로 결정한 후, 블라디보스토크 인근에 살고 있는 나의 러시아 친구들과 함께 안톤을 만나러 늦은 밤에 찾아갔다. 세르게이, 블라드, 리따는 일 년 전부터 서로 잘 알고 지내온 형제와 같은 친구들이다. 이 친구들이 한국에서의 일과 요셉 집에서의 생활을 안톤에게 이야기해 주었다. 본인들은 일 년 전에 함께 한국에 가서 일도 하고 돈도 벌어 왔다고 했다. 블라드는 담배도 끊고 새로운 삶을 살아가게 되었다고 했다. 안톤과 나타샤는 젊은 친구들의 이야기를 듣고는 희망을 갖게 되었고, 밝은 얼굴로 우리들과 이야기하며 좋은 시간을 가졌다.

3개월 후 우리는 함께 한국에 오게 되었다. 2개월 일정으로 아버지 집에 머무르며 영적 치료를 받았다. 안톤은 그렇게 좋아하던 술도 끊었고, 매일 밤 예수님께 기도를 드리고 잠자리에 들 정도로 달라졌다. 그는 나에게 자신의 변화 받은 삶을 기록으로 남겨 달라고 부탁까지 했다. 안톤의 눈물과 좌절, 그리고 슬픔을 잘 아는 나는 그런 그가 더욱 사랑스러웠다.

술꾼 안톤은 이제 나의 친구이자 형제가 되었다.

테리와 켈리에게 생긴 일

몇 년 전 미국인 친구의 초대로 캔자스에 다녀온 일이 있다. 미국 중부에 위치한 캔자스는 남북 전쟁 당시 마지막 전투가 벌어진 곳이어서인지 기념탑과 교회가 많이 세워져 있는 곳이다.

테리와 켈리 부부의 집에서 3박 4일간 머무는 동안 그들의 삶에 일어났던 변화에 대해서 이야기하고 싶다. 테리는 50대 중반의 백인으로 갖가지 곡물을 사들여 저온창고에 저장, 가격이 오르면 시장에 도매로 판매하는 유통회사를 운영했는데, 20세 때 총기사고로 다리를 다쳐 휠체어에서 생활하는 장애인이 되었다. 그의 아내 켈리는 40대로, 테리를 열심히 도와가며 함께 사업을 하였다.

두 사람이 결혼하게 된 데에는 특별한 사연이 있었다. 테리는 아픈 몸을 이끌고 돈을 벌어서 자기보다 어려운 사람들을 돕는 일에 앞장서곤 했다. 고아와 과부를 후원하며 살아가는 테리를 위해 봉사활동을 하러 왔던 켈리는 당시 피부병을 심하게 앓고 있었다.

그런데 테리의 집에 머물면서 봉사를 하다 보니 그 심한 피부병이 깨끗해지게 되었다. 피부병이 다 나은 상태에서 테리 곁을 떠났더니 그 병이 다시 도져 테리에게로 돌아올 수밖에 없었다. 테리의 일을 도와 함께 지내며 봉사하니 다시 피부가 깨끗해졌지만, 테리 곁을 떠나기만 하면 또다시 피부병이 도지곤 했다. 이런 일이 몇 번 반복되자 켈리는 결국 테리와 결혼하여 함께 살아야겠다고 결심하게 된다. 결혼한 후로는 신기하게도 피부병을 앓는 일이 없다고 했다. 그런 고백을 하면서 켈리는 일생 테리를 도우며 살라는 하나님의 뜻 같다면서 방긋 웃어 보였다.

당신들의 하나님은 어떤지 모르겠지만 나의 하나님, 나의 예수님은 살아서 역사하시면서 우리의 길을 인도해 주신다고 하면서, 나의 선교 이야기를 들려주었다. 테리와 켈리는 너무 재미있는 에피소드라고 하면서 금세 빠져들었다. 한참 내 이야기에 귀를 기울이던 켈리가 요셉 이야기를 들으니 지금 본인에게 아주 심각한 고민이 있는데 이 일을 어떻게 해야 할지 모르겠다고 고백해 왔다.

며칠 후 테리의 집으로 세 사람이 찾아올 예정이었다. 테리와 떼려야 뗄 수 없는 비즈니스 관계로 소홀히 여기면 안 되는 손님들인데, 그들은 캔자스에 올 때마다 꼭 테리의 집에서 숙박을 하곤 했다. 3층인 테리의 집에서 테리는 일층에 머물고 손님들은 3층에 머무는데, 그들이 켈리에게 무례한 행동을 일삼곤 한다는 것이 문제였다. 장애인인 테리는 일층에서만 지내기 때문에 그 사실을 모르고 있다는 것이다. 켈리가 오르락내리락 하면서 까다롭게 구는 그들을 위해

시중을 들어야 하기 때문에 벌써부터 스트레스가 된다고 했다. "요셉, 이럴 땐 어떻게 해야 하죠?"

나는 켈리에게 너무도 확실하게 대답했다. "나도 잘 몰라요! 제가 그걸 어떻게 알겠어요? 나는 모르지만 분명한 것은 우리의 주님은 모든 것을 알고 계시다는 것입니다. 그러니 켈리, 당신 자신이 오늘 밤 무릎을 꿇고 기도를 드리세요. '주님, 이번에도 그들을 집에 들여야 할까요?'라고 기도하세요. 그러면 주님께서 분명히 응답해 주실 것입니다."

켈리는 내 말에 귀를 기울이더니, 알겠다면서 꼭 그렇게 기도하겠노라고 다짐했다.

다음날 아침, 우리는 아침 일찍 식탁에 둘러앉았다. 싱싱한 과일과 우유, 빵을 함께 나누면서 이야기를 나눴다. 켈리에게 지난밤 기도를 했느냐고 물었더니, 켈리는 요셉이 시킨 대로 기도를 하고 잤더니 새벽에 신기한 꿈을 꾸었다고 했다.

초인종 소리에 출입문을 열어보니 세 사람이 서 있었다. 그런데 그들의 옷 입은 행색이 영락없이 거지꼴이었다. 그런 그들이 집안으로 밀치고 들어오길래 켈리는 그들의 멱살을 잡고 한 사람씩 길가에 내팽개치고는, 문을 닫아걸었다.

꿈이 말해주는 것은 너무나 분명했다. 나는 켈리의 눈을 바라보면서 "켈리, 하나님은 켈리를 정말 사랑해 주시는구나."라고 말했다. 그 꿈은 그들을 절대로 집안으로 들이지 말라는 뜻이었다. 거지

행색은 남편에게도 크게 도움이 안 되는 사람들이라는 뜻이니, 캔자스에서 호텔방을 얻어서 그곳에서 재우는 것이 낫겠다고 했다. 꿈은 그래도 전혀 상관없다는 것을 말해주고 있었다. 켈리 본인이 힘들어서 손님 대접을 하지 못할 형편이니 호텔에서 지내라고 말하라는 것, 이것이 예수님이 당신에게 가르쳐준 메시지라고 했다. 그 말을 들은 켈리가 소리내어 울기 시작했다. 눈물을 주르륵 주르륵 흘리며 울었다. 너무 기쁘고 감사하고 자기의 큰 고민거리가 단번에 해결되었다면서 하나님께 영광을 돌렸다.

아침 시간에 잠깐 동안 우리가 나눈 대화는 너무도 은혜스러웠다. 그 모든 일들을 지켜보던 남편 테리도 감동받았다면서 나에게 악수를 하고 안아주면서 고마움을 표했다. 어떻게 이렇게 신앙상담을 잘해줄 수 있느냐면서 자기를 위해서도 상담을 해달라고 했다. 그래서 나는 이것은 내가 한 것이 아니라 켈리 스스로 꿈을 꾸어서 해결책을 메시지로 받은 것이다, 그러니 당신도 오늘밤 주님께 인도를 구하는 기도를 드리라고 했다. 그러면서 "당신도 역시 주님을 사랑하고 있으며 신앙이 깊은 사람이 아닌가?"라고 반문했다.

다음날 아침, 테리와 켈리와 함께 다시 식탁에 앉았다. 이번에는 테리가 지난밤에 기도하고 예수님께 받은 메시지를 말하기 시작했다. "주님, 나를 인도해 주세요." 이렇게 기도하고 잠을 잤는데, 신기한 꿈을 꿨다고 했다. 우리 인간은 교만하고 어리석어서 하나님께서는 잠을 재워놓고 꿈과 환상을 통해서 우리를 훈계하시고, 책망하시고, 갈 길을 인도하신다. 표면의식은 늘 시끄럽고 분주하고 복잡해서 메시지가 들어갈 틈이 없기 때문이다.

테리는 꿈속에서, 오래 전에 다니던 교회를 찾아갔다. 그곳에서 예배를 보는데, 목사님이 테리를 가리키며 사람들에게 말할 수 있는 시간을 준다고 했다. 테리는 강단에 올라가 곡물 비즈니스로 돈을 벌어서 고아와 과부를 돕는다는 이야기를 했다. 많은 사람들이 박수를 쳐주었다. 테리가 이야기를 마치고 자기 자리로 돌아와 보니 백지수표가 자기 자리에 놓여 있었다. 지금까지 자신이 벌었던 총수입보다도 많은 금액이었다. 그리고 꿈을 깼다고 했다.

그 꿈이 무슨 내용이냐고 나에게 묻길래, 그 교회가 어디에 있느냐고 되물었다. 자동차로 8시간 동안 북쪽으로 올라가야 한다고 했다. 테리는 그 교회 목사님과는 오래전부터 사이가 벌어져 있는 상태라고 했다. 목사님과 다투고 나온 이후로, 그 쪽을 보고는 오줌도 싸지 않는다고 했다. 그런데 꿈을 통해서 주님은 지금 테리에게 그 교회를 다시 찾아가라고 말씀하고 계셨다. 목사님과 화해하고, 테리 자신이 하고 있는 일을 알리라고 하신 것이다. 사람 생각으로는, 그 목사와는 죽을 때까지 원수로 남을 것이 뻔하고 마땅한데, 주님의 뜻은 다른 데에 있었다. 그 목사와 화해하라고 하셨으니, 당장 달려가서 화해하면 큰 축복을 받겠노라고 했다.

세계 어느 민족, 어느 사람이든 누구나 성향은 다 똑같다. 인간이라는 그물에서 벗어나지 못한다. 하나님의 원리 또한 동일하다. "땅에서 매이면 하늘에서도 매이고 땅에서 풀면 하늘에서도 풀린다. 내가 상대를 용서해 주면 하나님도 우리를 용서해 주신다."

꿈이 가리켜 보여준 대로 테리는 용기를 내어 그 교회 목사님을 찾아가 화해를 했고, 꿈이 가리켜 보여준 대로 그가 상상할 수도 없었던 놀라운 축복을 받았다.

모스크바에서 만난 사람들

2년 전 봄에 한국 나의 집에서 2개월간 함께 지냈던 마르크의 초대로 1월의 추운 겨울 모스크바를 처음 방문하게 되었다. 마르크는 94년생으로 젊은 청년이다. 서울에서 비행기로 9시간 만에 도착한 모스크바 공항에서 마르크와 나는 반갑게 만나서 숙소로 향했다.

겨울 밤, 모스크바의 화려한 불빛 조형물들이 아직도 눈에 선하다. 처음엔 마르크의 집에 숙식하려 했으나, 그가 직장에 나가면 남은 가족들과 지내기가 불편할 것 같아서 미리 여행자 숙소를 예약하였다. 늦은 밤 숙소에 도착함으로써 모스크바 여행이 시작되었다. 마르크는 다음날 일찍 출근해야 했기 때문에 저녁식사 후에 자기 집으로 돌아갔다.

4인실 여행자 숙소에 짐을 풀고 있는데, 60대의 프랑스 신사 한 분이 들어오셨다. '리샤'라는 이름의 그분도 그날 모스크바에 도착했는데, 우연히 나와 같은 숙소, 같은 방에서 지내게 된 것이다.

더욱 신기한 것은 8일 후에 그는 프랑스로, 나는 블라디보스토크로 떠나게 된다는 것이었다. 리샤는 프랑스에서 프랑스어를 가르치는 선생님이었다. 우리는 다행히 둘 다 러시아를 좋아하고 러시아어가 통해서 재미있게 대화를 이어갔다. 그는 휴가 때마다 모스크바에 온다고 했다. 나는 처음 방문이고 친구인 마르크가 쉬는 날에 나와 함께 관광하기로 했기에 그다지 특별한 관광 계획 없이 책을 읽고 글을 쓸 계획이었다.

이틀이 지나도 내가 꿈쩍하지 않고 숙소에서 지내는 모습이 안쓰러웠던지 리샤는 자기와 함께 산책하자면서 손을 내밀었다. 그의 호의를 나는 기꺼이 받아들였고, 그와 함께 외출하였다. 나는 그의 안내를 받으며 지하철과 버스를 타고 모스크바 곳곳을 둘러보게 되었다. 그가 오래전부터 다녔다는 그만의 모스크바 명소를 안내받으며 구경을 다녔다. 우리는 함께 사진도 찍고 식사도 하고 차도 마시면서 즐거운 시간을 보냈다.

마르크가 쉬는 날, 나와 함께 모스크바 관광을 하자고 했으나, 나는 이미 리샤와 여러 곳을 관광하고 난 뒤였기에 마르크의 집에 가서 식사를 하고 이야기를 나누는 시간을 가졌다. 마르크는 "참, 신기하다. 어떻게 요셉은 처음 모스크바에 왔는데, 프랑스 사람을 만나고 그 사람에게 관광 가이드를 받지?"라고 하면서 정말 이해할 수 없는 일이라고 말했다. 나는 곧바로 "모든 것을 주님께서 준비해 주셨다!"라고 대답했다.

일요일을 앞두고 주일예배를 어느 교회에 가서 참석해야 할지 몰라서 인터넷으로 교회를 검색한 후 토요일 오후에 모스크바 장로교회를 지하철을 타고 찾아갔다. 그 교회 또한 처음 방문한 곳이기에 두리번거리며 이곳저곳을 살펴보는데, 어디선가 "누구세요?"라는 한국사람 목소리가 들렸다. 젊은 남성이 나에게 다가와서는 "어디서, 어떻게 오셨지요?"하고 물었다. 나는 나의 신분을 밝히고 예배드리러 왔다고 하자, 같은 한국사람이라면서 반갑게 맞아주었다. 그는 이 교회의 부목사로, 연해주 우수리스크에 있는 교회에서 일을 하다가 얼마 전에 이곳으로 옮겨왔다고 했다.

조금 더 이야기를 나누다 보니, 우리는 내가 너무 잘 아는 선교사님 댁에서 같이 교회 일을 했었다. 우리는 더욱 반가워했고, 주일예배를 마친 후에 다시 이야기를 나누기로 했다. 예배는 1부, 2부, 3부로 나눠서 보는데, 나는 1부와 2부 예배에 참석했다. 예배를 마치고 모든 성도들이 뒷문으로 퇴장하는데, 나보다 서너 칸 앞쪽에 앉아 있던 여성이 일어나 나가려다가 나와 눈이 딱 마주쳤다.

그녀는 5년 전 서울에서 만났던 여행사 직원이었던 친구 박상미 씨였다. 그녀는 나를 바라보는 순간 걸음을 멈추고 어안이 벙벙한 채로 나를 한없이 바라보더니 눈물을 흘리기 시작했다. 많은 사람들이 무슨 일이냐며 달래고 어루만져도 그녀는 하염없이 눈물을 흘렸다. 어떻게 모스크바에서 우리가 약속도 없이 만날 수 있느냐며 감정이 복받쳐 울었다고 했다. 시간이 조금 흐른 뒤 휴게실로 자리를 옮겨 그동안에 일어난 일들에 대해 소식을 주고받았다. 그녀의 남편이 모스크바 주재원으로 일하게 되어 온 가족이 이곳에서 살고 있다고 했다. 이렇게 놀랍고 반가운 만남을 허락하신 하나님께 감사했다.

이렇게 처음 방문한 모스크바에서의 8일은 주님이 모든 일정과 만남을 준비해 주셨다. 떠나던 날, 프랑스인 리샤와 함께 지하철을 타고 공항으로 향했다. 그는 "요셉은 좋은 사람이야. 우리는 곧 또 만날 거야!"라고 말하면서 나를 따뜻하게 안아주었다.

살아가면서 우리는 막막하고 도움의 손길이 필요할 때가 적지 않다. 하나님은 믿고 기도하는 자의 하나님이시다. 우리가 외면하면 하나님도 우리를 외면하신다. 모스크바에 체류하는 짧은 시간 동안 하나님은 내가 계획하지 않았음에도 만남을 준비하시고 축복해주시곤 하셨다. 그것은 내가 늘 그분의 거룩한 손길 안에 있음을 의식하고, 늘 기도 속에서 살았기 때문일 것이다.

프랑스인 리샤는 지금도 가끔 안부를 주고받는다. 또 지난 가을에는 마르세유로 나를 초대해 주시기도 했다. 마르크는 백화점 일을 그만두고 지금은 항공사에 취직해서 비행기 승무원으로 일을 하고 있다. 모스크바 장로교회에서 만났던 상미 씨 또한 그때의 만남을 생각하면 전율이 느껴진다고 소식을 전해 왔다.

2천 루블로 60일 전도여행

러시아 전도여행을 다닌 지 어느새 8년째다. 한국에 있을 때는 페인트칠하는 일을 해서 비행기 티켓도 구매하고 러시아에서 생활할 선교비용도 마련한다. 그런데 지난 여름엔 시간이 없었고 한국에 머무는 시간이 짧아 겨우 비행기 티켓 구매할 돈만 생겼다. 러시아 출발 날짜가 바로 다음날인데, 이것저것 구입해서 짐을 싸고 지갑을 보니 딸랑 2천 루블(한국 돈 4만 원)뿐이었다. 공항에서 택시를 타고 숙소로 이동하면 천 루블이 든다…. 이런저런 고민을 하다가 늦게야 잠이 들었다.

출발하는 아침이 되었지만 별 뾰족한 방법이 없어서 그냥 공항으로 향했다. 공항까지는 제냐와 반야라는 러시아 친구 둘과 동행하게 되었다. 예전에 한국에서 일을 할 때 내가 도움을 줘서 알게 된 친구들이었다. 루블이 필요해서 한국 돈을 반야에게 주며 환전을 부탁했더니 그 친구가 천 루블을 나에게 주면서 나의 한국 돈은 받지 않겠다고 했다. 자기에게 도움을 줬던 요셉에게 고맙게 생각하는데 이 정도는 선물로 줄 수 있는 것이 아니냐는 것이다. 순식간에 택시비가 그냥 생기게 된 셈이었다. 너무 고맙고 감사했다.

블라디보스토크 공항에 도착하여 반야가 준 천 루블로 택시를 타고 숙소인 미샤 집으로 향했다. 언제나 변함없이 반겨주는 미샤와 카짜가 너무 고마웠다. 그들이 준비해준 저녁을 맛있게 먹고는 서로 그간의 안부를 묻는 등 이야기를 나누다가 잠자리에 들었다. 이번 여행 기간을 60일 예정으로 왔는데, 2천 루블밖에 없으니 걱정이 태산 같았다. 어쩔 도리 없이 나는 "주님, 나를 인도해 주세요!"라고 기도를 한 후에 잠자리에 들었다.

아침이 되자 미샤는 병원으로, 카짜는 회사로 출근했다. 나는 어디를 제일 먼저 갈까를 기도한 끝에 유라라는 친구의 집을 방문하기로 했다. 유라는 내가 5년째 만나는 친구이다. 오랜만에 방문했더니 나를 무척 반겨주었다. 그런데 그의 다리가 몹시 아파 보였다. 절뚝거림이 아주 심했고, 걸을 때마다 괴로워했다. 순간 나는 아픈 다리를 붙잡고 기도해 주어야겠다는 생각이 들었다.

"예수님, 불쌍한 유라의 다리를 고쳐 주세요." 이렇게 기도를 마친 후 우리는 대화를 시작했다.

그는 예전 같지 않게 나의 이야기를 잘 들어 주었다. 한참 이야기를 나눈 후, 그가 나에게 오늘은 자기 집에서 자고 가라고 청했다. 나도 그러겠노라고 하고 유라 집에서 하루를 묵게 되었다. 인간은 환경의 동물이다. 몸이 건강하고 경제력이 풍성할 때의 자세와 병들고 아프고 사업이 안 되서 경제가 어려울 때의 자세는 확실히 다르다. 아침이 되어 같이 식사를 한 후에 나는 다른 곳으로 떠나려고 가방을 챙기고 있는데, 유라가 나에게 오더니 여기저기 다니는데 차비는 있느냐고 묻더니 5천 루블을 선물로 주었다. 나에겐 굉장히 큰돈이었다. 주머니에는 딸랑 천 루블밖에 없었는데, 순식간에 5천 루블이 생긴 것이다.

나는 블라디보스토크의 카짜 집으로 돌아왔다. 그곳은 러시아 여행을 하는 동안 나의 베이스캠프 같은 곳이었다. 여행가방을 놓아두기도 하고, 여행 도중에 가끔씩 들러서 쉬기도 하면서 다음 일정을 계획하곤 한다. 그런데 옷을 챙기려고 가방을 열었더니 5천 루블이 들어 있었다. '아니, 이게 웬 돈이지?' 내 가방에 돈이 있을 리가 만무한데, 아무리 생각해도 누군가가 일부러 넣어둔 것만 같았다. '카짜 아니면 미샤일 텐데, 누구지?' 그러나 두 친구 모두 돈에 대해서는 일체 말을 하지 않았다. 나중에야 카짜가 "요셉이 이번 여행에는 아무래도 돈이 없어 보여서 여비라고 생각하고 넣어뒀다." 고 말했다. 참으로 감사했다. 순식간에 나에게 만 루블이 생겼다.

블라디보스토크 한국교회를 방문하게 되었다. 그런데 지붕에 물이 새서 방수공사와 페인트칠 공사를 하는 중이었다. 페인트칠이라고 하면 경험이 적지 않아서 몇 가지 조언을 해드렸더니 나에게 도와달라고 하셨다. 그래서 2일 정도 무료 봉사를 해야겠다고 생각하고는 열심히 일했다. 페인트칠을 마치고 나서 길을 떠나려고 하는데,

목사님이 수고했다고 7천 루블을 기어이 주시는 것이다. 처음부터 재능기부, 무료 봉사를 하려고 했던 참이었는데 감사의 표시로 돈을 주시니 당황스럽기는 했지만, 감사히 받았다. 빈손으로 러시아에 왔는데 일주일도 안 되어서 1만 7천 루블이 생겼다.

나는 더욱 열심히 곳곳을 다니며 러시아의 한국인들에게 복음을 전했다. 그러던 중 어느 도시에서 한국 선교팀 관광객을 만나게 되었다. 인연인지 그 여행객들과 함께 사흘을 지내게 되었다. 가이드도 해주고, 식사도 같이 하고, 교회에 가서 예배도 함께 드리면서 일정을 그들과 함께 하게 되었다. 승합차로 이동 중에는 나의 러시아 선교 이야기를 해주곤 했다. 모두들 나의 이야기에 귀를 기울여 주었다. 그렇게 삼일 동안 나는 그들에게 살아 계신 하나님에 대해서, 그의 독생자 아들 예수님에 대해서, 지금도 역사하시는 성령님에 대해서 생생한 이야기를 전해주었다. 모두들 너무 귀한 시간이었다며 고마워했다.

사흘이 지나고 다른 일정이 있어서 떠나려고 인사를 했더니, 팀원들이 각자 흰 봉투에 감사의 편지를 쓰고 그 안에 돈을 넣어서 나에게 선물로 주었다. 네 개의 봉투에 미화 4백 달러가 들어 있었다. 루블로 환산해 보니 2만 4천 루블이었다. 2천 루블을 갖고 60일 예정으로 여행을 시작할 땐 걱정이 많았는데, 시간이 흐를수록 나의 주머니에는 오히려 돈과 함께 은혜가 쌓여가는 기적 같은 일이 벌어지고 있었다.

우수리스크에서 사역하시는 선교사님께서 교회 리모델링 공사가 진행 중인데 나에게 삼일 동안만 일꾼들을 감독해 달라는 요청을 해오셨다. 그러나 그 도시에 100년 만의 큰 홍수가 났고, 공사현장은 정전으로 공사가 중단되었다. 선교사님 집 또한 물에 잠기는 사태가 발생했다. 비가 멈추고 물이 빠지자, 물에 잠겼던 집안 곳곳은 흙탕으로 범벅이 되어 있었다. 그 광경을 보고서 도저히 그냥 그곳을 떠날 수가 없었다. 옷을 걷어붙이고 열심히 수해복구를 도왔다. 창고 안에 있던 선교 물품인 옷들도 물에 잠겨 모두 세탁이 필요했다. 나는 그곳에서 5일간 봉사를 했다. 선교사님 부부는 너무 고마워하시면서 감사의 표시로 여비를 주셨다.

그밖에도 많은 일들이 있어서 일일이 기록하기가 힘들 정도이다. 계획했던 60일이 다 되어서 한국에 돌아가기 전날 짐을 정리하면서 계산해 보니 6만 5천 루블이 모아져 있었다. 돈이 없으니까 더욱 간절한 마음으로 기도하고 순종했던 내 자신을 예수님께서 불쌍히 여기셨던 것일까? 예전보다 더 은혜롭고 풍족한 60일간의 여행이었다. 믿음 안에서는 불가능이 없고, 선교는 돈으로 하는 것이 아니라는 것을 다시금 깨닫게 되었다.

안토니아 집사의 믿음

나는 한때 의심 많고 예수님을 부인했던 제자 베드로를 싫어했던 시기가 있었다. 베드로의 행동에 화가 나서 성경책을 덮어 버리고는, 나약한 베드로의 믿음을 속으로 책망했다. 그런데 과연 그것이 베드로에게만 일어나는 일일까? 아마, 아닐 것이다. 우리 모두의 안에는 믿음 약한 베드로가 살고 있어서 때로 자기 목소리를 높일 수 있다.

러시아 문화 수도인 상트페테르부르크 미르 선교회에서 안토니아 전도사와 안토니아 집사를 만났다. 이름도, 나이도 비슷한 70대 두 여성은, 선교회에서 전도사 사역과 식당에서 음식을 만들어 봉사하는 일을 하고 있다.

나는 처음 방문한 그곳에서 선교사님들에게 지난 8년간 내가 러시아에서 선교하며 만났던 러시아 친구들에 대해서, 그리고 그때마다 예수님께서 함께하셨던 수많은 기적과 이적을 이야기해 드렸다. 나의 선교 이야기를 들으시던 대표 선교사님께서 교회 예배시간에 성도들에게 간증을 해달라고 요청하셨다. 그리고는 예배시간에 "예수님은 만병의 의사요, 살아 계신 하나님의 아들!"이라고 외치고 다녔던 때의 일을 간증하였다. 믿음의 시간들에 대해 전하자, 미르 선교회 형제자매들은 귀를 기울이고 은혜 가득한 눈빛들을 서로에게, 또 나에게 보내주었다.

나의 설교를 듣고 난 후, 안토니아 집사님이 나에게 자기 여동생을 위해 기도를 해달라고 부탁을 하셨다. 안토니아 집사는 예전에 소아과 의사였다고 했다. 63세의 여동생이 담석 때문에 누울 수가 없을 정도로 아파서 제대로 잠을 자지 못하고 밤마다 쪼그리고 지낸다고 했다. 그러면서 나에게 지금 그녀를 위해 기도해 달라는 것이다. 믿음이 충만하게 간증을 했던 나는, 순간 당황하지 않을 수 없었다. "담석은 병원 가서 수술해서 빼야 하는데…"라고 말꼬리를 흐리자, 안토니아 집사가 오히려 나에게 호통을 치는 것이었다. "나는 요셉의 기도를 믿는데, 요셉이 병원을 가라고 하는 건 잘못된 거다!"라며, 나에게 빨리 기도하라고 명령하다시피 하는 것이다. 요셉의 믿음으로 기도하면 충분히 담석이 소변으로 배출되는 기적이 일어날 수 있으니 빨리 기도를 하라고 채근하였다.

그 순간, 연약해졌던 나의 믿음이 다시 세워지는 것 같았다. 내가 "그럼, 동생에게 전화를 걸으세요."라고 요청하자, 동생은 아주 먼 도시에서 지내고 있다고 했다. 스피커폰을 켠 채 안토니아 전도사님이 통역을 하는 가운데 넷이서 함께 기도를 했다. 나는 지금 솔직히 10퍼센트의 믿음밖에 없다고 시인했다. 그러나 언니 안토니아 집사의 충만된 백 퍼센트의 믿음으로 기도하니, 동생은 언니의 믿음을 믿고 같이 기도하자고 했다. 기도를 시작하자 언니의 두 눈에서 눈물이 샘솟듯 흘러 가슴까지 적셨다. 내 기도의 힘은 10퍼센트요 동생의 기도의 힘이 90퍼센트 작용하게 될 테니, 당사자인 동생도 반드시 예수님께 기도를 해야 한다고 말했다. 그녀의 동생은 예수님을 믿지도 않았고 교회도 다니지 않았다. 그래서 지금 동생의 아픔은 잠깐이지만, 예수님을 믿지 않는다면 그 고통은 영원할 것이라고 이야기해 주었다. 지금 아픈 것은 주님께 돌아오라는 신호이니 반드시 예수님께 기도하라고 말해주었다. 기도하는 내내 언니는 눈물을 흘렸다. 그리고는, 동생에게 반드시 "예수님 도와주세요!"라고 기도하고 예수를 믿으라고 당부했다.

다음날, 교회에서 다시 안토니아를 만났다. 멀찍이 앉아 있던 안토니아 집사님이 나에게 다가왔다. 전날 기도하고 잤던 동생에게서 전화가 왔는데, 신기하게도 통증 없이 편하게 잠을 잤다는 기쁜 소식을 전해 왔다고 했다. 언니의 믿음, 그리고 동생의 순종과 기도, 순간 연약했던 나의 믿음을 강하게 잡아주었던 두 안토니아의 믿음으로 말미암아 나 또한 다시 한번 내 신앙의 자리를 점검하게 되었다.

이번 아픔을 통해 안토니아의 여동생도 예수님을 믿고 새로운 사람이 되기를 기도했다. 나는 내가 믿음이 보기 드물게 좋은 사람인 줄 착각하고 살았다. 안토니아 집사님이 보여준 믿음의 행동은 나의 믿음을 다시 바르게 세워주는 계기가 되었다. 창피했지만, 주님의 역사가 우리의 신앙을 더욱 단단하게 만들어준 사건이었다.

6개월이 흘러 우리는 다시 만났다. 나는 안토니아 집사에게 조심스럽게 동생의 안부를 물었다. 그러자 그녀는 "완쾌되었다!"고 말하면서, 나를 안아주고는 감사하다고 말했다. 믿음 위에 온전히 서 있는 줄 알았던 나의 나약한 모습을 상기하고는 고개를 숙이지 않을 수 없었다.

언제쯤 온전한 믿음 위에 서게 될 것인가? 베드로가 가슴에 사무치도록 다가왔던 하루였다.

제3부

누가 기도에 응답 받는가

하나님은 믿고 기도하는 자의 하나님이시다. 우리가 외면하면 하나님도
우리를 외면하신다. 모스크바에 체류하는 짧은 시간 동안 하나님은
내가 계획하지 않았음에도 만남을 준비하시고 축복해주시곤 하셨다.
그것은 내가 늘 그분의 거룩한 손길 안에 있음을 의식하고, 늘 기도
속에서 살았기 때문일 것이다.

우리가 묻지 않는다면

　사람은 누구나 다 소원하는 것이 있게 마련이다. 아이나 어른이나 노인이나 모두 원하는 것이 하나쯤은 있게 마련이다. 누구나 이루고 싶은 것들 때문에 삶을 영위해 간다고 할 수 있다.

　나는 28세의 제니스를 한국의 건설회사에서 우연히 만났다. 나는 오래전부터 이 건설회사에서 일하는 러시아 형제들을 도와주곤 했다. 듬직하고 잘생긴 제니스는 고향이 우크라이나이지만, 지금은 블라디보스토크가 속해 있는 프리모르스키주에 살고 있다. 잠깐의 만남이었지만 우리는 정이 들어서 친구처럼 지내게 되었다. 제니스는 한국 일정이 끝나자 아내가 살고 있는 러시아로 돌아갔다.

　8개월 정도 지난 뒤, 나는 제니스를 만나기 위해 프리모르스키주의 나홋카라는 도시에 가게 되었다. 다섯 시간가량 버스를 타고 도착한 터미널에서 제니스가 나를 기다리고 있었다. 서로 끌어안고 인사를 마친 후, 그의 자동차에 가방을 싣고서 그의 집으로 향했다.

그런데 제니스의 자동차가 인상적이었다. 60년이 다 된 아주 오래된 낡은 승용차였다. 낮은 의자, 작은 유리창, 모든 것이 수동으로 작동되는 기능들, 말 그대로 골동품이었다. 그래도 집까지 별문제 없이 도착했다. 제니스는 차를 주차한 후 엔진 덮개를 열더니 배터리를 탈착하여 집안으로 들고 들어갔다. 왜 그러느냐고 했더니, 배터리가 얼게 되면 아침에 시동이 걸리지 않기 때문에 따뜻한 집안에 들여놓아야 한다고 했다. 자동차를 잘 고치는 제니스는 이 낡은 자동차를 1만 5천 루블(미화 3백 달러)에 중고 자동차 거래 인터넷 사이트에서 어느 할아버지에게서 샀다고 했다.

제니스는 우크라이나에서 러시아에 이사 온 지 불과 2년이 안 되어서 아직도 여러 가지 부족한 것이 많다고 했다. 이것저것 필요한 것들을 구입하고 월세도 꼬박꼬박 들어가야 해서 늘 절약하고 살수밖에 없었다. 제니스의 입장을 듣고 보니 낡은 자동차를 구입한 이유를 알 수 있었다. 낡은 자동차는 결국 문제를 일으키고 말았다. 다음날, 교회에서 주일예배를 마친 후 제니스가 일하는 직장을 둘러보고 돌아오려고 하는데, 그 사이에 배터리가 얼었는지 시동이 걸리지 않았다. 10번, 20번 시동을 걸어 보았지만 아무 소용이 없었다. 제니스가 워낙 기술자라 크게 걱정이 되지 않았지만, 아무래도 문제가 생긴 것 같았다.

여기저기 나사를 조이는 등 시도를 해보다가 한 시간 정도가 흘러가 버렸다. 하는 수 없이 제니스가 친구들에게 도와달라고 요청을 했고, 20분쯤 지나서 친구가 왔다. 그 친구가 자기의 차 배터리에 우리 차 배터리를 전깃줄로 연결하여 시동을 걸자, 순식간에 시동이 걸렸다. 추운 데다 배마저 고팠던 우리는 서둘러 집으로 돌아와서는 따뜻하게 식사를 마친 후 이야기를 나누었다.

제니스는 자기가 지금 가지고 있는 돈으로 웬만한 자동차를 구입해야겠다고 했다. 한꺼번에 지불할 돈은 없어서 은행에서 대출을 받아서 해결하든지, 어쨌든 무슨 수를 써서라도 차를 사야겠다고 했다. 나는 제니스에게 차분차분 이야기해 주었다. 자동차가 낡았다고 무리해서 자동차를 사면 또 다른 경제적 어려움이 닥쳐올지 모르니 신중하게 결정해야 한다고 어찌보면 고리타분한 충고를 했다. 그리고 이럴 땐 무엇보다도 예수님께 기도를 해서 길을 물어야 한다고 했다.

러시아에서는 제니스도 나와 마찬가지로 이방인이었다. 적응해 가는 과정이라 특별히 어려움이 많아 보였다. 내 말을 귀담아듣고 있던 제니스는 예수님을 믿어 왔지만 그런 기도는 한 번도 해보지 않았다고 말했다. 그래서 내가 그에게 기도하는 방법을 가르쳐 주었다. 예수님을 부르고 네가 하고 싶은 이야기를 하라고 했다. 그랬더니 제니스는 기도가 참 쉽다며 오늘 밤에 당장 해보겠노라고 했다. 늦은 밤까지 이야기를 나누고 잠자리에 들었다.

다음날 나는 일찍 길을 떠나야 했기에, 새벽 네 시에 잠에서 깨어났다. 제니스도 잠에서 깨어, 함께 차를 마셨다. 제니스는 내가 떠나기 전에 꼭 할 말이 있다고 했다. 어서 말해보라고 하자, 지난밤에 꿈을 꾸었다고 했다. 예수님께 자기가 사고 싶은 자동차를 사겠노라고 기도를 한 뒤 잠이 들었는데, 신기한 꿈을 꾸었다는 것이다. 꿈속에서 그는 자기가 그렇게 갖고 싶은 자동차를 구입해서 운전대 앞에 앉아 있었다. 그런데 시동을 켜자마자 엔진에서 우쾅쾅 하는 소리가 크게 들리면서 엔진이 박살이 나버렸다는 것이다.

나는 웃으면서 제니스에게 "예수님은 제니스를 엄청 사랑해 주신다."라고 말해주었다. 제니스 자신도 너무 신기해서 놀랐다고 했다. 그렇게 갖고 싶은 자동차를 탔는데, 시동을 켜는 순간 모두 산산조각 났다는 것은 무슨 의미인가? 그 꿈은 예수님이 제니스에게 보내주신 영상편지임이 분명했다.

우리는 모두 행복을 원한다. 그러나 한순간의 잘못된 판단으로 행복이 불행이 될 때가 적지 않다. 제니스가 행복하고자 구입하려고 하는 자동차가 시동을 켜는 순간 폭발하고 말았다는 것은, 그 자동차를 아직은 감당할 수 있는 정도가 되지 못한다는 뜻일 것이었다. 낡은 차가 여러모로 신경이 쓰이겠지만 조금 더 능력이 갖추어질 때까지 기다리라는 메시지인 것이다.

기도를 통해서 예수님께 길을 묻지 않았다면 어떻게 되었을까? 제니스는 아마도 무리해서 새 차를 샀을 것이고, 그로 인해 재정적으로 힘든 상황을 맞았을 것이다. 해답을 찾은 제니스는 안도의 웃음 속에서 처음으로 기도의 응답을 받은 데 대한 기쁨을 음미하고 있었다.

90세 할머니의 40일 기도

고(故) 윤판례 권사. 우리 할머니의 이름이다. 나는 어린 시절부터 할머니가 돌아가실 때까지 할머니와 함께 지낸 시간이 참 많고, 그래서 할머니와의 추억도 많다. 할머니의 큰 믿음만큼 하나님께서는 할머니께 신유와 예언의 은사를 주셨다. 97세로 소천하실 때까지 건강하시고 식사도 잘하셨다. 바느질까지 하실 정도로 눈이 밝으셨다.

할머니의 신앙생활은 독특했다. 할머니의 스파르타식 신앙관은 우리 후손들에게 큰 영향을 끼쳤다.

90세가 되시던 해, 할머니는 40일 기도를 하시기로 작정하시고, 새벽 3시, 아침 7시, 오전 10시, 오후 3시, 오후 7시, 오후 10시, 이렇게 시간을 정해 놓으시고 그때마다 한 시간씩 기도를 하셨다. 40일 기도 기간 중에는 점심 한 끼만 드셨다. 웬만한 체력을 가지신 분이 아니면 해내기가 쉽지 않다. 그러나 할머니는 평소에도 단식을 밥 먹듯(?) 하신 분이셨기에 하루 두 끼 금식은 별로 어렵지 않게 해내셨다.

한 번 목표를 세우면 굽힐 줄 모르고 밀어붙이는 할머니의 믿음과 신앙에 한 가지 사건으로 큰 변화가 오게 되었다. 40일 기도 기간이 절반쯤 지났을 무렵, 할머니께서 나를 조용히 부르셨다. 심각한 표정의 할머니께서 나에게 할 말이 있다고 하셨다. 나와 마주앉은 할머니는 어렵게 입을 여셨다. 새벽에 기도를 하고 잠을 자는데, 주님의 음성이 들렸다. "판례야! 내가 너 때문에 귀가 너무 아프다. 기도 좀 그만해라!"

실로 청천벽력 같은 말씀이었다. 하지만 너무나 분명했다. 엎드려 기도하는 가운데 주님의 그런 말씀을 확실히 들으신 것이다. 도대체 주님은 왜 그런 말씀을 하신 것일까? 할머니는 아무래도 납득할 수가 없었다. 그래서 고민 끝에 어린 손자를 불러 "도대체 이게 무슨 일이냐?"라고 물으시게 된 것이다.

나는 웃으면서 할머니께 조심스럽게 말씀드렸다. "할머니, 제가 할머니의 기도를 듣고 있으면, 할머니와 예수님의 위치가 바뀐 것 같아요. 그런 것을 많이 느꼈어요."

"주님과 위치가 바뀌다니, 그건 또 무슨 소리냐?"

"할머니, 할머니는 주님을 부르시고는 어떻게 하시지요? 이것은 이렇게, 저것은 저렇게 해주시라고 하시잖아요. 주님의 말씀을 듣는 것이 아니라, 할머니가 주님께 요구를 하시고 명령을 하시는 거잖아요. 그러니까 주님께서 듣다못해 그런 말씀까지 하시는 거겠지요."

할머니의 기도를 들을 때마다 할머니께서 잘못된 기도를 하고 계신다고 생각하곤 했었다. 예수님도 듣는 기도가 있고 안 듣는 기도가 있다. "기도를 많이 해야만 아버지가 듣는 것은 아니다."라고 예수님은 말씀하셨다. 그러면서 우리에게 주기도문을 가르쳐주셨다.

언뜻 보면 할머니의 7~8시간 기도는 할머니의 견고하고 큰 믿음을 증거해주는 것 같다. 하지만 그 기도 내용은 하나님, 예수님과는 전혀 상관없는, 할머니만의 주문 시간이 많았다. 나는 그 점을 할머니께 말씀드렸다. 예수님께서 오죽했으면 40일 기도 기간 중에 할머니에게 그런 응답을 주셨을까? 그러니 이제는 할머니의 기도문을 바꿔보시는 것이 좋겠다고 말씀드렸다.

그 말을 들으신 할머니는 처음에는 나에게 화를 내셨다. 그런데 어린 손자에게 자신이 받은 응답에 대해서 물어볼 정도였으면, 이미 할머니 자신도 느끼셨을 것이다. 우리는 공정하게 다시 판단하기 위하여 할머니의 기도를 녹음해서 같이 들어보기로 했다. 기도를 시작한 할머니는 한 시간가량 쉼 없이 기도를 하셨다. 그리고 기도를 마친 후 녹음된 기도를 할머니와 함께 들었다.

역시나 할머니의 기도는 할머니가 주체였다. 예수님은 할머니의 종처럼 할머니의 명령에 따라 움직이며 모든 것을 해결해 주어야 하는 해결사였다. 주님의 말씀을 듣는 시간은 아예 없었다. 주님이 말씀하시고 싶어도 할머니는 들을 귀를 전혀 가지고 계시지 않았던 것이다. 일방적인 할머니 자신의 기도를 스스로 들어보신 할머니는,

내 조언에 따라 기도습관을 고치기로 하셨다.

첫째, 기도 시간을 줄이기로 했다. 90년 동안 똑같았던 기도 스타일을 바꾼다는 것은 쉬운 일이 아니었다. 나는 할머니의 자명종 탁상시계를 압수했다. 그리고 시간에 맞추어 기도할 것이 아니라 생각이 날 때마다 무시로 엎드려 짧게 "주님! 판례가 여기 있습니다. 내가 무엇을 할까요? 나를 간섭해 주세요!" 이렇게 기도한 다음, 주의 기도를 하고 끝내시는 것이 좋겠다고 말씀드렸다.

애연가가 금연을 하려고 할 때면 금단 현상이 오는 것처럼 할머니도 처음에는 그런 증상을 보이셨다. 평생 기도를 해오신 할머니에게 기도는 생명과 같았다. 짧게 기도를 하자니 어딘가 허전하신지 자꾸만 더하고 싶다고 나에게 졸랐다. 하지만 90세 된 할머니의 기도문은 조금씩이나마 바뀌어갔다.

하나님을, 예수님을, 성령을, 성경을 믿는다는 우리는 무엇을 어떻게 기도해야 할까. 복잡한 신학이나 이론을 나는 알지 못하지만, 주님께 묻고 응답을 받는 경험을 통해 아주 간결하게 정리해 본 적이 있다. 첫째, 주님의 나라와 주님의 의를 위해 기도해야 한다. 둘째, 예수님의 뜻을 묻고, 예수님의 인도대로 순종하며 살기를 기도해야 한다. 셋째, 성경대로 살기를 기도해야 한다. 그러기 위해서는 성령님이 우리 안에 항상 계셔야 한다. 내가 주님 안에, 주님이 내 안에 머물러야 진정한 신앙생활을 할 수 있는 것이다.

할머니는 90세를 맞아 40일 기도를 일정대로 잘 마치셨다. 그리고

7년을 더 사시고 97세 되는 추석에 가족들과 점심식사를 잘하신 다음, 피곤하시다고 쓰러져 주무시더니 그대로 하늘나라로 가셨다.

할머니의 믿음, 할머니의 기도 방식은 우리 후손들에게 큰 영향을 끼친 것이 분명하다. 할머니로 인해서 신앙을 더욱 붙들 수 있었고, 할머니의 기도 덕분에 흔들리지 않고 확고하게 신앙 안에 설 수 있었던 경험도 분명 많았다. 가끔 어릴 때의 신앙생활을 떠올릴 때마다 할머니께 감사를 드리게 된다. 하지만 아쉬움 또한 적지 않다. 할머니가 좀더 일찍 사랑이 더 크신 분의 음성에 귀를 기울이려고 하는 기도를 하셨더라면 어찌 되었을까? 추억과 더불어 그런 생각을 하지 않을 수 없는 것이다.

우리 자신보다 우리를 더 잘 아시는 이

"요셉아, 나를 위해 기도해 줘!"

당시 모 대학 농화학과에 재학 중이던 친구가 나를 찾아와서 기도를 부탁한 적이 있다. 친구는 한국전력이라는 국영기업에 취업을 하고 싶어서 학과 공부 외에도 한전 입사 시험공부를 따로 하고 있다고 했다. 졸업 시기에 맞추어서 입사시험을 보고 합격할 수 있도록 특별히 기도를 해 달라는 것이었다. 그의 이런 부탁을 받은 나는, "그런 기도는 하지 않는다."고 잘라 말했다. 친구는 나의 반응에 의아해했다. 자기 교회의 목사님이나 중보기도 팀들은 물론, 자기를 알고 있는 믿음의 친구들은 모두 합심해서 열심히 기도하고 있는데, 요셉, 너는 왜 기도를 하지 않겠다고 하느냐면서 섭섭한 표정을 지었다.

나는 예수님께 이렇게 저렇게 해달라고 기도하는 것은 옳지 않다고 말했다. 예수님께 음식을 주문하듯이, 명령하듯이, 아무리 오랜 기간 기도를 해보았자 소용이 없는 일이다. 무엇보다도 너에 대한 하나님의 뜻이 어디에 있는가를 예수님께 묻는 기도를 하는 것이 중요하다고 말해주었다. 그러면서 나는 이렇게 기도하라고 기도의 방법을 가르쳐주었다. "주님, 저는 한국전력에 입사하려고 합니다. 그 길이 과연 제게 합당한 길입니까?" 이렇게 주님께 여쭈라고 했다. 간절한 마음으로 사흘만 기도를 하면 반드시 응답을 해주실 것이라고 했다. 하지만 주님의 응답편지는 우리가 생각하지 못하는 꿈이나 환상, 음성 등의 신기한 방법으로 오게 마련이다. 그러니 거기에 대한 해석도 잘하지 않으면 안 된다. 그러니 응답해 주신 것을 잘 기록해 두었다가 나와 만나서 이야기를 나누자고 했다.

처음에는 내 말을 이해하지 못하고 섭섭해하던 친구는 차근차근 설명해 주자 나의 말을 이해하는 것 같았다. 그래서 지금까지 해왔던 기도방식을 접고, 주님께 간절하게 여쭙는 기도를 사흘 동안 하고 난 다음에 다시 만나기로 하고 헤어졌다. 사흘 후에 다시 만난 나는 "친구야! 어떻게 기도 열심히 했어? 그리고 응답 받았어?"하고 다그쳐 물었다. 그러자 친구는 너무너무 만화 같은 신기한 꿈을 꾸었다고 했다.

꿈속에서 친구는 어느 사무실 출입문 앞에 서 있었다. 그 출입문에는 친구가 그렇게 가고 싶어 했던 한국전력이라는 간판이 붙어 있었다. 그 문 앞으로 달려가서 활짝 열어젖히니, 만화처럼 미로 같은 것이 벽돌로 잔뜩 쌓여 있어서 도저히 들어갈 수가 없었다. 친구는 출입문 손잡이만 잡고 있다가 꿈을 깨고 말았다. 정말 만화

같은 꿈이었다.

친구의 이야기를 다 듣고 난 나는, 그 친구의 어깨에 손을 얹고는 "하나님께서 너를 많이 사랑해 주시는구나."라고 말해주었다. 하나님께서 친구의 기도를 들으시고 응답을 주신 것은 친구를 그만큼 사랑한다는 증거가 아니고 무엇이겠는가. 엎드려 감사드릴 일이었다.

꿈을 통한 계시 내용은 너무나 분명했다. 그 기업에는 들어갈 수 없으니 빨리 포기하는 편이 낫다는 것을 상징으로 보여주신 것이다. 그러니 목표를 바꾸는 것이 훨씬 현명할 것이다. 나의 이야기를 듣던 친구는 감사할 줄 알았는데, 전혀 아니었다. 자기가 소원했던 기업을 아예 포기하라는 이야기를 듣게 되자, 이전보다 더욱더 안색이 굳어지며 나에게 섭섭하다고 하는 것이다. 그러면서 더 열심히 공부해서 반드시 목표했던 기업에 들어갈 거라며 오히려 각오를 다지는 것이었다. 지난날 친했던 우리 사이의 우정은 오간 데 없이 사라지고, 냉랭한 상태에서 헤어지게 되었다.

그로부터 4년이 흘렀다. 늘 기도하고 심방을 다니면서 전도를 하던 나는, 어느 날 그 친구를 찾아가서 "마음을 붙잡아 주라."는 주님의 메시지를 받았다. 그래서 잊고 지냈던 친구에게 연락을 했다. 반갑게 전화를 받은 것 같았지만, 어딘가 어두운 느낌이 수화기 너머에서 전해졌다. 우리는 약속 장소를 정하고 오랜만에 만났다.

친구가 재학 중인 대학교 잔디밭에서 만난 우리는 악수를 하고 잔디밭에 앉았다. 그런데 그 친구가 큰 大자로 뒤로 벌렁 드러눕는 것이었다. 나는 친구에게 왜 그러느냐고, 어서 일어나서 사정을 이야기해 보라고 재촉했다. 친구는 한참 후에야 오뚝이처럼 일어나 앉더니 "요즘 내가 요셉 너를 많이 생각했다!"고 입을 열었다.

4년 전, 함께 주님께 기도했던 그날을 친구가 먼저 상기시켰다. 그날 이후 공부를 더욱 열심히 했다고 했다. 여름과 겨울 방학 때에는 학원까지 다니며, 한전 입사시험 공부에 매진했다. 교회도 열심히 다니고, 기도도 열심히 했다. 그렇게 열심히 공부한 덕분에 그쪽 분야의 시험은 합격할 수 있으리라는 자신감을 갖게 되었다. 졸업을 앞두고 드디어 시험을 보기 위해 원서를 제출하려고 했을 때였다. 뜻밖의 변수가 생겨서 그의 앞길을 가로막았다. 정부에서 새로운 규제를 했는데, 한국전력은 전기과와 관련 학과 출신 외에는 지망조차 하지 못하게 한 것이다. 화학과를 다녔던 친구는 원서 접수조차 하지 못하고 말았다.

오랜 기간 한 기업을 목적으로 공부하고 기도했던 친구는 큰 실망과 좌절에 빠졌다. 실망감에 교회도 가지 않고 자주 술을 마시면서 방황하고 있다고 괴로워했다. 예전의 그 꿈이 생각나곤 했는데, 마침 나에게 전화가 와서 슬픔 중에도 위로가 되었다고 했다. 나는 친구의 어깨를 쓰다듬으며 위로해 주었다. 너의 앞날에 대한 하나님의 뜻은 분명히 있을 테니까, 실망하지 말고 주님 앞에 똑바로 서라고 충고해 주었다. 친구는 고마워하면서, 한국전력의 입사가 좌절되어 어떻게 할까 고민하다가 며칠 전에는 토목기사 자격증에 대한 책들을 장만했다고 했다. 그리고는 토목기사가 되는 것이 과연 자신의 갈 길인지 예전처럼 주님께 여쭈어보겠다고 말했다.

다음날 이른 아침, 친구로부터 전화가 왔다. "요셉아, 토목기사도 내 직업이 아닌가 봐. 주님께서 나에게 그 길이 아니라고 응답해 주셨어."

친구는 그날로 토목기사 자격증 취득 시험을 포기하고, 그 책들을 중고서점에 팔아버렸다. 대학을 졸업한 친구는 전공을 살려 농약회사에 입사하였고, 몇 년 후에는 대학교 부설 농화학연구소에 취직하였다. 지금은 연구에 자리를 잘 잡아서 독일 등으로 출장을 다니면서 자기 분야에서 열심히 일하고 있다.

주님은 우리를 인도해 주신다. 주님께서 인도해 주시는 길은 때로는 내가 바라는 길과 다를 수 있다. 왜 주님이 바라는 길과 내가 바라는 길이 다르게 될까? 그것은 우리 자신이 우리를 잘 모르기 때문이다. 자기 자신 안에 어떤 성품과 자질이 내재되어 있는지를 잘 모르게 되면, 해바라기가 장미를 꽃피우려고 애쓰는 것처럼 엉뚱한 목표를 세우고 거기에 시간과 열정을 낭비할 수밖에 없다.

주님은 우리 자신보다 우리를 더 잘 알고 계신다.

복숭아 과수원 집사님의 믿음

"요셉, 복숭아 먹고 싶어!"

러시아 친구들이 한국에 와서 제일 부러워하는 것은 다양한 과일들이다. 사과, 배, 포도, 복숭아… 그들은 맛있는 과일을 너무너무 좋아한다. 러시아에서는 볼 수 없는 과일들이다. 특히 복숭아는 추운 지방인 러시아에서는 아예 구경조차 할 수가 없다. 한국의 복숭아는 달고 맛있다. 한여름에 복숭아 과수원을 지날 때면 도로변의 작은 판매대에서 복숭아를 판매하는 모습을 종종 볼 수 있다. 황도든 백도든 복숭아는 달고 맛있어서 누구나 좋아한다.

8월의 어느 날, 러시아 친구들과 함께 자동차를 타고 가는데, 왈료자라는 러시아 친구가 나무에 매달려 있는 복숭아를 처음 보았다면서 신기해했다. 그 소리를 들은 나는 자동차를 한쪽에 세우고는 친구들과 함께 복숭아 판매대로 갔다. 복숭아를 팔고 계시던 아주머니가 반갑게 맞아주시며, 맛보기로 복숭아를 나누어주셨다. 사실

나는 급히 나오느라 주머니에 돈이 없었다. 구경만 시켜주려고 왔는데, 팔아주어야 한다는 부담이 생겼다. 그래서 맛보기용 복숭아를 선뜻 받아들지 못하고 지금은 살 수가 없어서 구경만 할 거라고 말씀드렸다. 아주머니는 괜찮다면서 기어이 우리에게 복숭아 한 개씩을 나눠주셨다.

모두들 복숭아를 맛있게 먹었다. 손을 씻고 나서 평상에 앉은 우리에게 아주머니는 약간 흠집 난 것들을 바구니에 담아 주시는 것이 아닌가. 아주머니는 웬 러시아 사람들이 이 시골까지 왔느냐고 나에게 물으셨다. 아주머니의 친절에 고마움을 느낀 나는 나에 대해서 차분하게 소개해 드렸다. 러시아에서 러시아 사람들에게 예수님을 전도하며 살아가는 요셉 선교사라고 했더니, 아주머니는 자신도 예수님을 믿는다면서 더 자세하게 이야기를 해 달라고 했다. 그래서 러시아에서 하나님께서 역사하신 일들에 대해 몇 가지 간증을 말씀드렸다.

아주머니는 눈물을 흘리시면서 너무 감동적이고 은혜롭다고 하셨다. 그러면서 지금 자신에게는 무엇보다도 예수님의 역사가 필요하다고 했다. 열심히 신앙생활을 해도 왠지 모르게 허전한 구석이 있곤 했는데, 나의 신앙 간증을 듣고 나니 확신이 생기면서, 오늘 자신에게로 요셉 선교사와 러시아 친구들을 이끌어주신 예수님께 감사를 드렸다. 아주머니는 돌아가는 우리들에게 복숭아를 비닐봉지에 가득 담아 안겨 주셨다.

그렇게 사귐을 갖게 된 아주머니는 어느새 3년이 넘도록 나와 가깝게 지내고 있다. 한국에 올 때마다 반갑게 만나서, 기도와 은혜를 나누는 좋은 관계가 이어졌다.

지난해 여름, 우리는 일 년 만에 다시 복숭아 과수원을 방문했다. 아주머니는 예전보다 더욱 더 나를 반가이 맞아주셨다. 그리고는 환하게 미소를 지으시면서 "선교사님, 나에게 기적이 생겼어요!" 라고 말씀하시는 것이었다. 무슨 좋은 일이 생겼느냐고 여쭙자, 아주머니는 사연을 이야기하기 시작했다.

아주머니는 3개월 전 자기 오른쪽 무릎이 너무 아파서 도저히 걸을 수 없을 정도가 되었다. 일을 할 수가 없게 되어 가까운 병원에서 진료를 받았는데, X레이 검사 결과 무릎 연골이 다 닳았다는 진단이 나왔다. 이런 경우에는 백 퍼센트 수술로 인공 연골을 넣어야 통증 없이 걸을 수가 있게 된다고 했다. 검사결과가 의심스러워 다른 병원에 가서 다시 검사를 받았다. 하지만 마찬가지로 수술밖에 답이 없다고 했다. 의사는 빨리 수술날짜를 잡자고 했다.

아주머니는 수술밖에 길이 없다는 말이 너무 슬펐다. 수술은 언제고 할 수 있으니 수술을 하기 전에 주님 앞에 정성껏 기도를 해야겠다는 마음이 들었다. 하루에 한 시간씩 집에서 기도를 드리기로 작정을 했지만, 집안에서 기도를 하면 다른 식구들에게 피해를 줄 것 같아서 자동차 안에서 기도를 시작했다. 첫째 날, 둘째 날은 눈물만 나왔다. 자기도 모르게 회개를 하고 있었다. 한 시간 내내 울면서 자기 자신의 이기주의적인 삶을 돌아보았다. 쓸데없는 고집으로 다른 사람을 아프게 했던 일들과 자신의 욕심으로 다른 사람들에게 부담을 주고 결국은 자기 자신도 아프게 했던 일들이 후회되었다. 계속해서 자기

회개의 기도만 나왔다. 울어도 울어도 계속 눈물이 나오고, 회개하고 회개해도 끝없이 회개할 일들이 남아 있었다. 그렇게 울면서 회개기도를 한 것이 어느새 한 달을 넘기게 되었다. 다행히도 농사철이 아니어서 정성껏 기도를 올릴 수 있었다.

검사를 받은 지 두 달이 지난 후, 처음 검사를 받았던 병원에 찾아가서 다시 검사를 받았다. 그런데 놀라운 일이 벌어져 있었다. 의사는 "연골이 다시 자라서 생겼다."고 했다. 이것은 기적이라고 말할 수밖에 없다고 하시면서, 지난번의 닳아 없어진 연골 사진과 지금의 다시 생긴 연골 사진을 비교해 가며 설명해 주었다. 아주머니는 확실히 다시 살아난 연골의 모습을 확인할 수 있었다. 그러고 나서 생각해 보니, 걸을 때 예전과 달리 통증을 느낄 수가 없었던 것이 확실했다.

아주머니는 당시의 두 사진을 나에게 직접 보여주시면서 놀라운 하나님의 역사가 아니냐고 자랑스러워했다. 그리고는 이 일을 통해서 자기가 참 나쁜 사람이었다는 깨달았고, 회개했고, 새사람이 되었다고 고백했다.

세상적인 방법으로 단번에 아픔이나 괴로움을 해결하려고 하지 않았던 아주머니가 대단해 보였다. 세상적인 쉬운 방법을 썼다고 해도 해결이 되었을지 모르지만, 그것은 그저 임시방편일 뿐이었을 것이다. 언제 다시 도질지도 알 수 없다. 하지만 아주머니는 하나님의 방법을 구하고 찾아서 회개하고 새사람이 됨으로써 치유의 기적을 경험하신 것이다.

빚이 많은 어느 농부의 기도

30대의 젊은 농부 부부를 알게 되어 그들에게 예수님을 전도하게 되었다. 부부는 성실하고 착했지만 감당할 수 없는 빚을 지고 있었다. 쌀농사에만 의존해서는 안 되겠다는 계산에, 융자를 받아 2,400평 논에 대형 비닐하우스를 설치했다. 축구장 두 배 크기였다. 많은 철재와 부자재, 그리고 부품들, 모든 것을 자동화 시스템으로 설치했기 때문에 상당히 큰돈이 들어갔다.

농사에는 "어떻게?"도 중요하지만 어떤 작물을 재배할 것인지가 그보다 더 중요한 것 같다. 어떤 작물을 성공적으로 재배했다고 해도 그 작물이 전국적으로 고루 잘 되면 제값을 받기가 어렵다. 어렵게 농사지은 작물을 버릴 수도 없고, 수확해서 시장에 내다팔려고 해도 모든 것이 사람 손을 거쳐야 하기 때문에 인건비가 발생한다. 가격이 나쁘면, 인건비조차 맞추지 못하는 경우가 생긴다. 그렇게 되면 농가는 수확을 아예 포기하게 된다. 대형으로 농사를 지을 경우에는 작물선택에서부터 모든 것이 맞아떨어져야 한다. 드넓은 하우스에 새로운 모종을 심게 되면 그 자체로 큰돈이 들어간다. 모종을 심고 거름과 비료, 그리고 농약과 영양제, 겨울엔 난방비까지 들게 된다.

젊은 부부는 어렵게 대출을 받아 하우스를 멋지게 지었지만 두세 번 농사를 망치고 말았다. 수익은 고사하고 빚만 더 늘어나게 되니, 희망을 잃고 근심 걱정으로 나날을 보내고 있었다. 나는 그들에게 살아 계신 예수님은 우리의 생사화복을 주장하시니까 무엇이든지 걱정하지 말고 예수님께 기도하라고 했다. 나는 많은 사람들에게 복음을 전하려고 애쓰지만, 내 말에 가장 귀 기울이는 사람은 충분히 만족하고 살아가는 사람들이 결코 아니다. 병든 자와 망한 자, 돈 때문에 걱정이 하늘에 닿은 자들일수록 오히려 더 내 말에 귀를 기울인다.

신앙이 없었던 부부는 처음엔 듣는 둥 마는 둥 하더니 차츰 내 이야기에 귀를 기울이기 시작했다. 그리고는 마침내 믿음이 생겨서 기도를 하게 되었다. 한 번만 더 농사를 망치면 모든 것을 버리고 도망을 가는 것만이 살 길이 될 위기에 처해 있었다. 이런 때일수록 예수님께 기도를 해야 할 것이라고 생각한 나는 매일 그들을 방문하여 복음을 전했다. 어려운 가운데에서도 부부는 조금씩 농작물을 시장에 내다팔아서 십일조도 하게 되었고, 하나님께 감사헌금도 하게 되었다.

어느 날 방문했더니, 새로운 작물을 심기 위해서인지 하우스가 깨끗하게 청소되어 있었다. 토마토를 계속 심었던 부부는 탄저병마저 돌아 수확도 판매도 재미없어 토마토를 일찍 정리했다고 했다. 또다시 토마토를 심으려고 생각하는 부부에게 나는 한 가지 기도제목을 숙제로 주었다. 어떤 작물을 심을지가 참으로 중요하므로, 예수님께 기도를 드리는 것이 좋겠다고 말했다. "예수님, 이번에 어떤 작물을 심을까요?"라고, 아주 아기 같은 기도를 하라고 권했다. 그분들은 어떤 종목인가를 내가 추천해 주기를 바랐지만, 나로서는 그렇게 할 수가 없었다. 고추 심어라, 가지 심어라, 딸기 심어라, 책임지고 이야기해 줄 수는 없는 일이었다.

생사화복을 주관하시는 주님께서 인도해 주시는 길만이 축복된 길이라는 믿음을 갖고 기도하라고 했다. 부부는 절박했던 만큼 기도도 열심히 했는지 주님의 신기한, 놀라운 인도가 찾아왔다. 주님께서 "오이 모종을 빨리 준비하라."는 응답을 해주신 것이다. 나는 기도에 대한 응답에 따라, 하루라도 빨리 오이 모종을 준비하라고 했다. 오이를 심으라는 응답을 받긴 했지만, 농부는 의아해했다.

"요셉 씨, 지금 오이가 한 상자가 얼만 줄 알아요? 4천 원이에요, 4천 원!" 그 가격에는 씨앗 값도 안 나온다고 했다. 그런 실정인데 어떻게 오이 농사를 시작할 수 있겠느냐고 비관적인 전망을 내놓았다.

하나님께서 당신에게 오이를 심으라고 말씀하실 때에는 다 그만한 이유가 있을 것이다, 그러니 믿음 없는 사람처럼 굴지 말고 믿음 가운데 순종하자고 내가 호통치듯이 말했다. 부부는 어쩔 수 없다는 듯 종묘사에 가서 몇십만 원을 들여 오이 씨앗과 모종할 재료를 구입했다. 그렇게 준비한 씨앗을 상토에 파종하고 물을 줘서 오이 모종을 키우기 시작했다. 15일가량 모종을 키운 후 비닐하우스에 오이를 심었다. 그때까지도 오이 가격은 박스값도 안 나올 정도였다. 나는 한편으로는 걱정이 되었다. 오이를 심고 키워가는데 오이 가격이 너무 쌌기 때문이다.

이윽고 모종이 자라서 줄기가 나오고 꽃이 피고 오이가 매달리기 시작했다. 그렇게 키우기까지 한 달이 넘는 시간이 걸린다. 그때 역시 오이 가격은 비싸지 않았다. 그런데 놀라운 일이 생겼다. 부부가 오이 농사를 땀 흘려 짓고 나서 오이를 출하할 시기가 되었을 때였다. 우리나라에서 오이가 가장 많이 생산되는 지역에 강한 태풍이 불어왔다. 당연히 그 지역의 오이 하우스가 큰 타격을 받았다. 오이 생산이 줄어들자, 오이 가격이 하루아침에 6배로 치솟았다. 젊은 부부가 출하하기 시작한 오이는 날개 달린 듯 비싸게 팔렸다. 제값보다 오히려 더 비싼 가격에 출하를 하게 된 부부는 힘든 줄도 모르고 즐겁게 일했다.

3개월간 오이 출하를 마친 부부는 비로소 농사 짓는 보람을 맛보게 되었다. 빚이 많아서 늘 걱정이었는데, 빚도 갚게 되었다. 모든 것을 주님께 맡기고 기도한 결과이고 열매였다.

.

되찾은 필름과 인연 이야기

한국에서 러시아로 들어가기 위해서 비자를 받고 배표를 구입한 후, 선교 물품을 정신없이 준비하며 사흘 앞으로 다가온 출발 날짜를 기다리며 그날 밤도 기도를 하고 잠이 들었다. 그런데 비몽사몽간에 이틀 후에 러시아로 가지 말고 미국으로 가라는 말씀이 들리는 것이 아닌가. 아침에 잠에서 깨어난 나는 당황스러웠다. '어떻게 내가 미국에 갈 수 있다는 말인가? 미국의 어디로 누구에게로 가야 하는 걸까?' 막연한 생각 속에서 헤매고 있는데, 4개월 전에 미국에서 하롤 선교센터에 와서 명함을 건네주었던 손님 한 분이 불현듯 떠올랐다.

러시아로 출발하는 배표를 한 달 후로 연기하고는, 나에게 명함을 주었던 미국인에게 메일을 보냈다. 내용은 간단하고 명확했다. 내가 미국을 가고 싶은데, 가도 되겠느냐는 내용뿐이었다. 놀랍게도 한 시간 만에 답장이 왔다. 나에게 미국을 오려면 이틀 안에 도착해야 하는데, 그래도 올 수 있겠느냐고 물었다. 본인의 집과 회사가 서부 로스앤젤레스에 있는데, 이틀 후부터 여러 도시로 출장을 떠나야 한다, 이틀 안에 올 수 있다면 같이 출장을 떠나면 좋겠다, 확답을 해주면 나의 비행기표까지 예매하겠다는 내용이었다. 나는 당연히 갈 수 있으니 표를 구한 다음에 연락하겠다고 하였다.

나에게는 하루 반나절밖에 시간이 없었다. 인터넷으로 미국 입국 신청을 마치고 비행기표를 구입하여 미국에 갈 준비를 마쳤다. 가능할까 하는 생각이 들 정도로 촉박한 시간이었으나 주님이 미국으로 가라고 했으니 당연히 갈 수 있으리라는 믿음이 있었다. 하지만 나의 이런 믿음과는 반대로 미국에서는 스케줄을 담당하던 직원이 내가 십중팔구 올 수 없을 것이라고 예상하고는 비행기표를 취소해야 할 경우에 대비하여 미리 매뉴얼까지 만들어놓았다고 했다.

미국 출발 전날이었다. 기도를 하고 잠이 들었는데 꿈을 꾸었다. 큰 장롱 안에 마귀가 들어 있었다. 내가 "예수의 이름으로 사탄아 물러가라!"라고 외치자 사탄이 모두 사라져버렸다. 통쾌한 승리의 꿈이었다.

꿈에서 깨어나서는, 미국행에 자신감이 생겼다. 내가 왜 미국에 가게 되는지 그 이유와 목적이 분명해졌다.

LA 공항에 도착하니, 기사님이 마중 나와 있었다. 회사에 도착하여 사장님과 반갑게 만나서 식사를 함께했다. 시차가 한국과는 정반대여서 정신없이 첫날을 보냈던 것 같다.

식사를 마친 후 사장님이 경영하시는 영화사 사무실에 도착했다. 로스앤젤레스 중심가의 높은 빌딩 안에 있는 사무실에 들어서니 모든 직원들이 큰 회의실에 모여 있었다. 사장님은 직원들에게 한국에서 온 선교사라며 나를 소개해 주셨다. 이런저런 소개가 끝나자 사장님은 나에게 한 가지 걱정거리를 이야기하셨다.

3년 전부터 야심차게 다큐멘터리 영화를 제작하고 있었는데, 담당 감독이 불의의 사고로 더 이상 일을 못하게 되었다. 그리고 지금껏 촬영했던 필름이 어디에 있는지조차 모르고 있다. 나는 사실 그 사장님의 이야기를 들으면서도 시차로 인해 너무나 잠이 쏟아져서 이 문제를 어떻게 풀어야 할지 제대로 생각조차 할 수가 없었다.

미국에서 사장님과 함께 지내는 동안 날이 갈수록 분명해진 것은, 이 영화사가 계속 적자 속에서 헤매고 있으며 전망이 없다는 사실이었다. 나는 하루라도 빨리 영화사를 정리하는 것이 낫다고 말씀드렸고, 사장님은 내 말을 듣더니 망설이다가 이내 수긍하고는 곧장 영화사를 정리하는 수순을 밟으셨다. 사장님의 곁에서 거의 모든 일을 챙겨주고 도와주던 여직원이 나중에 나에게 말하기를, 요셉이 영화사를 정리해준 덕에 매월 많은 돈이 절약되었다며 좋아했다.

미국에서 많은 사람들을 만나고 주님의 은혜 가운데 기쁜 일들이 많았다. 미국에서의 일정을 마치고 한국에 돌아온 나는 다시 예정대로 러시아로 가는 배를 타기 위해 동해항에 도착했다.

크루즈에 승선하고 예정대로 배가 항구를 떠나 바다로 나오면서부터 풍랑이 거세지기 시작했다. 잠시 바람을 쐬러 갑판에 나와 있는데, 한국인으로 보이는 사람이 갑판으로 나왔다. 자연스럽게 서로 인사를 주고받았다. 내가 처음으로 러시아에 갈 때에도 배에서 만난 적이 있는 낯익은 남자였다. 그때 본 기억을 되새기며 이야기를 나누었다. 서로 어디를 가는지, 무엇 때문에 가는지를 묻고 대답했다.

그는 다큐멘터리 감독이었다. 러시아 지역을 다니며 호랑이, 곰, 표범 등 러시아에 생존하는 야생동물을 대상으로 자연 다큐멘터리를 만들고 있다고 했다. 그는 나에게 어디에서 오는 길이냐고 물었다. 나는 미국에 있는 영화사를 다녀오는 길인데, 그 영화사에서 "김치"라는 다큐멘터리 영화를 만들었다는 이야기를 들었다고 했다. 그는 놀란 표정으로 "당신이 어떻게 그 영화 제목을 아느냐?"고 물었다.

나는 영화사 사장님의 초대로 미국에 다녀온 이야기와 그때 들었던 영화 이야기를 기억 속에서 끄집어내어 자세히 말해주었다. 그랬더니 그는 더욱 놀라면서, 바로 자신이 2년 전에 그 영화의 카메라 감독이었다고 했다. 세상에, 어떻게 이런 일이 일어날 수가 있을까! 75억이 넘는 인구가 지구상에 살고 있는데, 어떻게 이런 만남이 이루어질 수 있는지 놀라움을 금할 수 없었다. 그는 촬영했던 필름 일부를 자신이 가지고 있다면서, 영화감독에게 이메일을 일년 반 동안이나 보냈는데 연락이 없어서 답답하던 차에 나를 만났다는 것이다.

높은 파도 때문에 갑판에 계속 있기가 어려워지자, 우리는 일단 각자의 숙소로 돌아가기로 했다. 서로 연락처를 주고받고는 다음에 꼭 서로 연락을 하기로 했다. 블라디보스토크 항에 도착한 후, 우리는 다시 한번 인사를 나누었다. 그는 호랑이를 촬영하러 더욱 북쪽으로 떠났고, 나는 하롤 선교센터로 향했다.

사흘 후, 그에게서 전화가 왔다. 나를 만나러 오겠다는 것이다. 그는 정말 배낭 하나 짊어지고 5백 킬로미터나 떨어진 곳에서 선교센터까지 나를 찾아왔다. 우리의 만남이 너무 기이하여 참을 수 없어서 찾아왔다고 했다. 함께 저녁 식사를 하고 숙소에서 새벽 4시까지 이야기를 나누었다. 그는 자신의 험난한 촬영 이야기를 들려주었고, 나는 나를 인도하신 하나님 이야기를 들려주었다. 겨우 두 번째 만난 사이임에도 불구하고 속마음을 털어놓을 정도로 서로 가까워졌다. 그는 3박을 하고 난 후에야 촬영지로 떠나면서, 다음에 한국에서 만나자고 했다.

나는 한국에 들어가 그에게 연락을 했고, 그의 집이 있는 강원도로 찾아가게 되었다. 한국에 도착한 후에는 가장 먼저 미국으로 전화를 했다. 영화사 사장님은 그렇지 않아도 요셉의 안부가 궁금하였다면서 아주 반가워했다.

"사장님, 내가 러시아에서 누구를 만났는지 아세요?"
"누구를 만났는데요?"
"사장님 영화사에서 '김치' 다큐멘터리를 촬영했다는 감독님을 만났어요!"

그 감독님이 필름을 가지고 있다고 전하자 사장님은 연신 "오마이 갓!"을 외치면서 어떻게 이런 일이 있을 수 있는지 감탄을 거듭하셨다. 하루빨리 한국에 들어와 필름을 찾아가겠다고 했다.

나를 러시아가 아닌 미국으로 인도해 주신 하나님, 영화사를 방문하여 그곳의 어려움을 듣게 하시고 처방을 내려주신 하나님, 그리고 한국에 돌아와 러시아행 배를 타고 가다가 잃어버린 필름을 가지고 있는 촬영 감독을 만나게 하신 하나님! 모든 것이 나의 계획이 아닌 하나님의 계획 가운데서 이루어진 일들이었다.

얼마 후, 미국에서 사장님이 한국에 들어왔고, 우리 세 사람은 서울에 있는 한 호텔에서 만나게 되었다. 우리 모두 친구가 되는 순간이었다. 필름을 돌려받은 사장님은 이렇게 말했다.

"미국 사람으로서 '김치'라고 하는 한국의 전통 음식에 대한 다큐 영화를 만든다고 신문과 텔레비전 등 여러 매체에 실리고 대통령에게까지 알려져서 처음 이 영화 상영을 청와대에서 하자는 이야기까지 나왔는데, 필름이 없어져서 굉장히 난처한 가운데에 있었다. 이제라도 필름을 찾아서 너무너무 고마운 일이다."

우리는 늘 우리의 계획 속에서 만나고 헤어지고 의견을 나누면서 살아간다. 한치 앞을 내다보지 못하면서 내일을 도모하고 계획하기에, 뜻대로 되지 않아서 이리 부딪히고 저리 부딪힐 수밖에 없다. 내 의견과 주장을 내려놓고 하나님의 뜻과 계획에 마음을 열어놓을 때, 하나님은 더 높은 차원에서 우리를 인도해 주신다.

사람의 계산속과 예수님의 마음

러시아 경제가 어려워지자 한국과 러시아를 오가며 일하는 러시아 친구들이 늘어나서, 그들을 도와주면서 선교했던 시기가 있었다. 많은 사람들을 만나서 함께 지내다 보면, 감동적인 일을 만나는 경우가 적지 않았다.

2개월 동안 한국에서 일하고 돌아가면서 고맙다며 나에게 5만 원을 주고 간 친구가 있었다. 이 친구는 처음 제주도로 갔는데, 그곳에서는 고생만 할 뿐 돈을 벌 수가 없다고 했다. 그 말을 들은 나는 그를 그곳에서 데리고 나와서 농기계를 고치는 곳에 일자리를 찾아주었다. 2개월 동안의 일을 마친 후에 그가 러시아로 떠나는 날, 공항버스 터미널에서 고맙다면서 나에게 봉투를 주었다. 그에게는 분명 적은 돈이 아니었을 것이다. 나는 그의 그런 마음이 예뻐서 기쁜 마음으로 돈을 받아 자동차에 기름을 넣었다.

막심과 보바 또한 하롤에서 6년 전에 만난 친구들이다. 두 친구가 한국에서 일을 하고는 목돈을 만들어서 고향으로 가게 되었다. 그들을 보내고 나니 나는 너무도 마음이 뿌듯하였다. 돈이 꼭 필요한 보바와 막심이 힘들게 일을 했고, 회사 사장님이 한꺼번에 2개월치 월급을 챙겨주어서 그 돈을 갖고 고향으로 돌아간 것이다. 이런 그들을 보면서 나는 마음이 무척 기뻤지만 한편으로는 조금 서운한 마음도 생겼다. 지난날 내가 도와준 일이 너무 많았는데, 한국에 처음 올 때의 마음과 돈을 벌어 가지고 갈 때의 마음이 달라진 것을 느꼈기 때문이다. 고마워하는 마음을 잘 표현해서 나에게 말을 해주면 나도 보람이 되고 기쁠 텐데 당연히 여기는 친구들의 행동이 서운했던 것이다.

"그들은 일해서 돈을 벌어 가는데 내 손엔 무엇이 남았지?" 순간 인간적인 생각이 고개를 내밀었다. 나도 곧 러시아와 캄차카에 가야 하는데 당장 비행기표 살 돈이 없었다. 친구들을 러시아로 보낸 후에 나도 선교여비를 마련하기 위해 다시 일터로 나갔다. 하나님께서 나에게 여러 가지 달란트를 주셨다. 무슨 일이든 내 손을 거치면 아름답게 되는 특별한 선물을 주신 것이다. 많은 달란트 중에서 나는 페인트칠 하는 일을 좋아한다.

페인트칠을 하러 어느 문화유적지에 갔다. 일당을 받는 아르바이트였다. "열심히, 성실히, 그리고 예쁘게!" 일하는 것이 나의 표어다. 내가 혼자 열심히 일하는 모습을 지켜보던 문화유적지 대표가 이곳 일이 끝나면 다른 목조주택에 가보라고 했다. 그곳도 페인트칠을 해야 하는데 나에게 일을 맡기고 싶다는 것이었다. 하루 일을 마치고 나서 그곳에 가보고 견적을 넣었다. 그런데 견적을 받아본 대표가 견적이 너무 싸고 재료도 적다며 혼자는 아무래도 일하기가 어려우니 인원을 추가하고 재료도 더 많이 사용해 달라고 주문하였다.

일반적으로 일하는 사람은 견적단가를 높게 책정하려고 하고 사용자는 낮추려고 하는데, 이분은 거꾸로 견적단가를 올려주겠다고 하시는 것이다. 이런 일은 있을 수가 없다! 감사함 가운데 다음날 다른 일꾼들과 함께 페인트칠을 하게 되었다. 일은 어렵지 않아 이틀 만에 마칠 수 있었다. 그런데 일을 마치고 나자 한 번 더 놀라운 일이 나를 기다리고 있었다. 마음에 들게 칠을 너무 잘했다면서 나에게 수고비로 150만 원을 주시는 것이었다. 돈을 받는 순간, 사흘 전에 러시아로 떠났던 친구들이 떠올랐다. 그들이 떠날 때 내 손에는 남는 게 아무것도 없다고 낙심한 적이 있는데, 하나님께서 다른 사람을 통해서 한 달 벌어야 할 돈을 이틀 만에 나에게 채워주셨던 것이다. 이 얼마나 놀랍고 감사한 일인가!

사랑에는 조건이 없어야 한다. 러시아 친구들을 돕는 일에 보이지 않는 조건을 달았다는 생각에 나 자신이 한없이 부끄러웠다. 고맙다는 마음이라도 늘 받고 싶어 하는 나 자신의 연약함에 예수님의 마음을 내주고 말았던 나 자신을 돌아보게 되었다. 어느 날이 되어야 '일개 인간'의 계산속에서 벗어나 내가 받은 '큰 사랑'만을 발산하면서 살 수 있을까!

기적적으로 새 생명을 얻은 할머니

　10여 년 전 어느 날 밤, 우리 마을에 이장님의 방송 소리가 울려퍼졌다. 방송의 내용은 이러했다. 우리 마을에 살고 계시는 70세 할머니께서 많이 아프시다, 그래서 병원에 갔는데 곧 돌아가실 것이라고 해서 집으로 돌아오시게 되었으니, 마을 주민 여러분이 찾아가서 살아 계셨을 때 따뜻한 손이라도 잡아주면서 이 세상을 떠나가는 길을 위로해 주시라는 것이었다. 그 좋으신 할머니께서 생사를 다투는 시간을 맞고 계시다는 방송을 듣고 나니 마음속 깊은 곳에서 슬픔이 밀려 올라왔다.

　나는 잠들기 전에 무릎을 꿇고 예수님께 기도했다. "생사화복을 주관하시는 주님! 정말 이 할머니의 삶이 끝인가요?"

　그런데 새벽에 아주 신기한 꿈을 꾸었다. 내가 그 할머니 집 방문을 열고 들어가 보니, 방 가운데에 검은 나무관이 있고 그 옆에 할머니가 누워 있었다. 나는 그 관을 들고 밖으로 나와서는 마당

콘크리트 바닥에 힘껏 내던졌다. 관이 산산조각이 났다. 그리고 꿈에서 깨어났다. 깨어나 보니 새벽 4시쯤이었다.

검은 관을 내던져 깨뜨렸다면, 이건 무슨 뜻일까? 이것은 사망을 내던져 버렸다는 뜻이 아닌가? 아주 좋은 예언이라는 확신이 들었다. 나는 얼른 아침이 되기를 기다렸다. 할머니에게 이 기쁜 소식을 전해주고 할머니에게 희망의 선물을 주고 싶었기 때문이다.

할머니 집은 우리 집과 아주 가까운 거리에 있었다. 6시쯤 되어 해가 떠올랐다. 나는 할머니에게 달려갔다. 할머니를 여러 차례 불렀지만 대답이 없어서 방문을 열고 들어갔다. 할머니는 정말 많이 아파 보이셨다. 누워 계셨지만 거의 움직임이 없었다.

"할머니! 할머니!"
큰 소리로 부르자 할머니는 눈을 슬며시 뜨시더니 나를 알아보셨다.
"할머니 많이 아프세요?"
할머니는 눈꺼풀을 깜빡이는 것으로 대답을 대신할 정도로 힘이 없으셨다. 나는 할머니의 손을 붙잡고 내 이야기를 잘 들으라고 당부하고는, 할머니는 절대 안 돌아가시니까 걱정하지 말라고 말씀드렸다. 하나님께서 할머니의 생명을 연장시켜 주신다고 새벽에 나에게 말씀하셨다고, 그러니까 할머니는 절대로 안 돌아가실 거라고 힘주어 강조했다. 이 병에서 일어나시거든 예수님 믿고 교회에 다니라는 말도 빼놓지 않았다. 그러자 할머니는 내 손을 꽉 붙잡으셨다. 나는 온몸으로 느낄 수 있었다. 할머니도 돌아가시기가 싫었던 것이고, 내가 하는 말을 다 듣고 있었다는 것을. 나는 할머니에게 하나님의 말씀을 전해주고는 집으로 돌아왔다.

두 달이 지난 후, 나는 할머니를 다시 찾아갔다. 할머니는 건강이 회복되어 누워 계셨던 이불을 걷어내고 방에 앉아 계셨다. 그러면서 나를 엄청 반겨주셨다. 너무 사랑스럽게 반겨주셔서 그날 내가 누린 기쁨을 잊을 수가 없다. 나는 지난 이야기를 다시 들려 드리고는, 예수님이 병을 낫게 해주셨으니 예수님 믿고 살아가야 한다는 것을 재차 말씀드렸다.

할머니는 벽에 붙어 있는 부처를 가리키며 자신은 부처를 믿으며 살아왔다고 했다. 나는 또다시 "할머니를 살려주신 분은 전능하신 하나님이시니 이제부터는 하나님을 믿는 사람이 되어야 해요."라고 말했다. 그랬더니 할머니가 내 손을 붙잡고는 알겠다고 하셨다. 그러고는 나에게 30만 원을 주시면서 이 돈으로 예쁜 양복을 사 입으라고 하셨다. 어느 누구도 자기가 아파서 죽어갈 때 희망적인 말을 해준 사람이 없었는데, 요셉이 와서 죽지 않을 테니까 걱정하지 말라고 해주어서, 그 말에 힘을 얻었다는 것이다. 30만 원은 그 고마움의 표시라고 하셨다. 나는 그 돈을 교회에 할머니의 이름으로 헌금했다.

83세가 되신 할머니는 지금도 건강하셔서 밭에서 일도 하신다. 하지만 할머니의 육신은 결국 검은 관 속으로 들어가게 될 것이다. 하지만 관이 깨지고 마는 놀라운 꿈을 통해서 할머니는 새 생명을 얻으셨다. 할머니는 육신의 죽음에 구애받지 않는 영원한 삶을 누릴 수 있게 되신 것이다.

허무로부터 생명을 건져주시는

한국과 러시아가 지금은 비자가 필요 없이 자유롭게 여행을 다니지만, 불과 몇 년 전만 해도 3일 이상 러시아나 한국을 방문하려면 반드시 비자가 필요했다. 러시아 대사관에서는 한 달, 두 달, 석 달짜리 등으로 비자를 발급해 주었다. 나는 비자 재발급을 위해 한국에 돌아올 때면 비자가 나올 때까지 시간이 비었다. 이 기간에는 집안일을 돕거나 아르바이트를 하여 선교비 확보를 위해 애를 썼다.

그러던 중, 한국에서도 전도를 해야겠다는 마음이 생겼다. 어느 날 저녁, "주님, 내일은 내가 어디로 가서 전도를 할까요?"라고 기도하고는 잠이 들었는데, 무서운 꿈을 꾸었다. 오래 전부터 알고 지내던 친구가 밧줄에 목을 매달아 자살을 하는 장면이었다. 이건 무슨 뜻일까? 죽었다는 것인가? 자살하려고 한다는 것인가? 아무튼 기분이 좋지 않았다. 그러나 의미 있는 꿈인 것은 분명했다.

아침에 아버지를 찾아가 지난밤에 꾼 꿈에 대해서 말씀드렸다.

아버지는 주님께서 그 사람을 찾아가 도와주라는 메시지를 보내신 것이니 빨리 그 사람을 찾아가보라고 하셨다.

친구의 연락처를 찾아서 연락을 취해 보았으나, 전화번호가 바뀌어 있었다. 어렵사리 그의 형의 연락처를 알아내어 새로 바뀐 연락처를 알게 되었다. 알려준 전화번호로 스무 번 이상이나 전화를 걸었지만 신호만 갈 뿐, 그의 목소리를 들을 수 없었다. 전화기가 망가졌나? 아니면 그가 벌써 죽은 건가? 별별 추측을 다하면서 2~3일에 걸쳐서 계속 연락을 취했다. 그러던 어느 날 밤, 다시 전화를 했는데 드디어 전화가 연결되었다.

"여보세요?" 하는 들릴 듯 말 듯한 낮은 목소리가 흘러나왔다. 나는 너무나 반가워서, 난 요셉인데 나를 기억하느냐며 확인을 시킨 다음 차분히 대화를 시작하였다. 친구는 왜 자기에게 전화를 했느냐고 물었다. 나는 곧 러시아로 떠나게 되었는데, 떠나기 전에 네가 꼭 보고 싶어서 연락을 하게 되었다고 했다. 내가 만나러 갈 테니 주소를 알려달라고 하자, 한참 동안 망설이던 그가 마지못해 집 주소를 알려주었다. 우리 집에서 자동차로 세 시간 정도 달려가야 할 정도로 멀리 떨어져 있었다.

러시아에서는 2~3시간 거리가 아무것도 아니지만 한국에서는 꽤 먼 거리이다. 집주소를 받아 적은 나는 다음날 아침 일찍 차를 운전해서 그의 집 앞에 도착했다. 그는 아파트 일층에 살고 있었다. 초인종을 누르니 그가 나왔다. 그런데 멀리서 온 나를 집안으로 맞아들이지 않고 나를 현관 앞에 세워놓은 채 이런저런 이야기를 늘어놓는 것이었다. 밖에 서서 이렇게 이야기를 하는 건 아니라고 생각하여 그에게 집으로 들어가자고 말했다. 그랬더니 집안에 들어가는 것은 안 된다고 만류하는 것이다. 잠시 들어가서 진짜 조금만 있다가 가겠다고 그를 설득하여 그의 아파트 안으로 들어가게 되었다. 현관문을 열고 들어가는 순간, 나는 기겁을 하지 않을 수 없었다.

그의 집은 문자 그대로 쓰레기장이었다. 모든 가구가 아무렇게나 놓여져 있었고, 이불과 옷들이 나뒹굴었다. 쓰레기 더미들이 가득했고, 먹다 남긴 음식들이 널려 있었다. 사람이 사는 곳이 맞나 싶을 정도로 아수라장이었다. 앉을 자리조차 없어서 발로 대충 쓰레기를 치우고는 서로 마주앉아 이야기를 나누었다. 처음엔 망설이는 듯 하더니 시간이 조금 흐르자 술술 이야기를 하기 시작했다.

3개월 전에 같이 살던 홀어머니께서 88세의 나이로 돌아가셨다고 했다. 갑자기 혼자가 되어 지내다 보니 "이렇게 살아서 뭐할까?"라는 생각이 자꾸만 들더라는 것이다. 그래서 나도 죽어 버려야지 하는 생각으로 수면제를 한 알 두 알 사서 모은 후에 한꺼번에 먹고 죽어야겠다는 계획을 세웠다. 심한 우울증에 걸려 있었던 것이다. 그러던 중 나에게서 계속 전화가 걸려왔지만, 받기 귀찮아서 핸드폰을 던져놓고 지냈다. 그런데 끊임없이 울려대는 전화벨 소리에 어느 순간 자기도 모르게 전화를 받았고, 내 목소리를 듣는 순간 "나도 살 수 있겠구나."라는 희망을 보게 되었다. 이렇게 고백하면서 그는 하염없이 눈물을 흘렸다.

내가 멀리서 자기를 찾아온 것만으로도 자기는 살았다고 생각했다고 했다. 나는 그를 꼭 안아주며, 이 쓰레기들을 모두 정리하고 내가 살고 있는 도시로 이사하자고 했다. 우리는 그날 그 집에 있는 쓰레기를 치우고 말끔하게 청소를 했다. 나는 그를 나의 다른 친구네 집으로 데려갔다. 나는 곧 러시아로 떠나게 될 형편이므로 그에게 함께 지내며 잘 돌봐 주기를 부탁했다.

사흘 후에 나는 그 친구를 다시 만나러 갔다. 그는 사흘 동안 건설현장에 일을 다녔다고 했다. 그동안 30만 원을 벌었다면서 죽으려고 마음먹었던 자신이 이렇게 살아서 돈을 벌었다는 사실에 감격해했다. 그러면서 하나님께 깊이 감사기도를 드렸다.

무엇이, 누가, 죽음으로 향하는 그의 발걸음을 돌려세웠을까? 허무주의의 거센 파도에 휩쓸려 표류하고 있는 그에게 나로 하여금 생명의 손길을 뻗치게 했던 주님의 그 신비한 인도를 상기할 때마다, 사람의 마음을 두루 감찰하시는 하나님의 크고 신비한 경륜과 은혜 앞에 엎드려 감사드리지 않을 수 없다.

사랑의 힘

연말연시, 한 해를 마무리하는 분주한 시기에 서울에서 외국인들에게 직업을 소개해 주곤 하는 우즈베키스탄 친구 알리나에게서 한 통의 다급한 전화가 걸려왔다. 두 명의 러시아 청년이 한국에 직업을 찾아 무조건 들어왔는데, 연말이라 일자리가 없어 어느 작은 도시 지하실 방에서 10여 일이나 지내고 있다면서 나에게 도움을 요청하는 내용이었다.

알리나는 자신이 도와줄 수 없으니 일자리가 생길 때까지 나에게 돌봐달라고 부탁했다. 한겨울 추운 날씨에 무작정 한국에 온 친구들을 도울 방법이 나라고 있을 리 없었다. 조금만 더 시간을 달라고 했지만, 두 청년의 딱한 사정을 생각하면 우선 내가 지내는 곳으로 오게 하여 일자리가 생길 때까지 돌봐줘야겠다고 판단했다. 이들과 직접 통화를 해보니 목소리에 간절함이 느껴졌다. 내가 살고 있는 김제로 버스를 타고 오게 했다.

우리는 다음날 전주 버스터미널에서 첫 만남을 가졌다. 모스크바에서 온 아르쫌은 30세로 두 자녀의 아빠였고, 블라디보스토크에서 온 에직은 20세로 앳되어 보이는 청년이었다.

러시아 사람들은 한국이 남쪽에 위치해 있기 때문에 항상 따뜻한 줄 알고 있지만, 12월의 겨울 날씨는 러시아 못지않게 춥다. 김제의 집에는 이들이 따뜻하게 숙박할 수 있는 공간이 없어서 한참 생각한 끝에 모텔 방을 얻어서 잠시라도 따뜻하게 지내게 해주고 싶었다. 직업을 찾아 멀리 한국까지 왔는데, 무조건 잘해줘야겠다는 생각으로 5일간의 숙박 비용을 선불로 지불하고 모텔에 투숙하게 해주었다. 지하실 방에서 지냈던 친구들은 침대와 욕실이 있는 따뜻한 방에 들어가자 무척이나 좋아했다.

그렇게 해서 우리는 2018년 새해를 함께 지내게 되었다. 5일 후면 일자리가 있을 것이라는 알리나의 말을 믿고, 그때까지만이라도 마음 편하게 잘 지내기로 했다. 여기저기 관광도 하고 맛있는 음식을 먹으면서 한국문화를 배우는 시간을 가졌다. 그런데 이 에피소드의 주인공은 아르쫌도, 에직도, 나도 아니다. 우리가 묵었던 모텔의 여사장님이다.

모텔에 두 명의 러시아 손님들이 새해에 숙박을 하고 한국인인 내가 함께 다니는 모습을 보면서 모든 것이 궁금했던 모양이다. 4일쯤 지났을 때, 그녀는 나에게 도대체 이들은 여기에 왜 왔으며 당신의 정체는 무엇이냐고 물었다. 조금 당황스러운 질문이긴 했지만, 나는 있는 그대로 차근차근 이야기를 해주었다. 한참을 듣고

있던 사장님은 이제야 알겠다며 궁금증이 풀렸다면서, 그러면 숙박
비도 식사비용도 모두 당신이 지불하느냐고 물었다. 당연히 어려움
에 처한 사람들이라 5일 정도는 내가 도와줄 것이라고 말했다.
내 말을 들은 사장님은 감동을 받았다면서 5일 숙박비는 이미 계산이
되었으니 앞으로 언제 일자리가 생겨서 떠날지 모르지만 그때까지의
숙박비는 받지 않겠다고 했다. 저녁식사 또한 자신이 직접 만들어
대접해 주겠노라고 약속했다. 처음 만난 러시아 청년들과 나에게
아무런 조건 없이 도움을 베풀겠다고 하니, 우리 모두 감동을 받지
않을 수 없었다.

　사실 두 청년을 계획 없이 도와준다는 것이 쉽지는 않은 일이었는
데, 뜻밖에 따뜻한 도움의 손길을 받고 보니 그 모든 것이 너무나
가볍고 훈훈한 시간들로 변해 버렸다. 사장님은 또 나에게 이런
말도 했다. 지금은 자기가 교회도 안 나가고 신앙생활을 하지 못하고
있지만, 돌아가신 엄마는 믿음 생활을 열심히 하셨다. 기도하다
평안히 돌아가신 어머니를 늘 생각했는데, 러시아 친구들에 대한
나의 이야기를 듣고는 엄마가 생각났다. 어쩌면 자기도 엄마의 기도
덕분에 지금껏 잘 살아왔는지도 모른다. 이제부터라도 믿음생활을
다시 할 수 있는 계기가 되었으면 좋겠다고 했다.

　5일이 지난 후부터 사장님은 약속대로 숙박비를 받지 않으셨다.
5일 후면 일자리가 생긴다고 했던 알리나는 사정이 생겨 고향 우즈베
키스탄으로 떠났고, 두 청년은 덩그러니 나에게 맡겨져 상황이 더욱
어렵게 되었다. 모텔 사장님도 걱정을 하시면서 자기가 알고 있는

모든 사람들에게 전화를 걸어서 일자리를 부탁했다. 우리는 서로 노력했고, 사흘을 모텔에 더 머문 뒤 좋은 일자리를 찾아서 떠나게 되었다.

사랑의 바이러스를 나는 믿는다. 러시아와 러시아 사람들을 향한 나의 사랑의 바이러스가 처음 만난 모텔의 사장에게도 전해졌던 것이 아닐까. 사장님은 돌아가신 어머니의 유품인 성경을 꺼내어 읽기 시작하셨다고 한다.

사랑 없이 세상을 걷는다는 것은 얼마나 힘든 일인가! 아주 작은 사랑으로도 거칠고 팍팍한 세상이 얼마나 쉽게 따뜻하고 온기가 넘치는 세상으로 변할 수 있는가! 우리 모두에게는 그렇게 세상을 바꿀 수 있는 힘이 내재되어 있다는 것은 얼마나 큰 축복인가!

관 속에 누워 있는 것 같은 삶이

한 청년이 우리 집에서 사흘 동안 휴가를 보내겠다며 찾아왔다. 예수님을 모르고 착하게만 살다가 나를 만나서 믿음을 갖게 되었던 형이었다. 그런 그가 사흘간의 휴가 동안 금식기도를 하겠다고 나를 찾아온 것이었다. 금식기도를 마친 그가 나에게 사흘간 기도하며 느낀 점을 이야기했다. 요셉과 요셉의 아버지를 보면서 많은 것을 깨달았다고 했다. "무엇을 깨달았느냐?"고 물으니 요셉과 아버지의 관계는 부자관계를 넘어 신뢰와 존중의 귀한 관계 같다면서, 자기 자신을 돌아보게 되었다고 했다. 그러면서 그는 자기 아버지의 이야기를 하기 시작했다.

그가 중학교 2학년 때였다. 그의 아버지는 공무원이었는데 술집 아가씨와 사랑에 빠지고 말았다. 급기야는 둘이서 살림을 차리고 살더니 어느 날은 어디론가 떠나버렸다. 그때의 충격으로 엄마와 형제들은 남편과 아버지를 잊고 살기로 했다. 형제들은 모두 죽을 때까지 아버지를 다시는 보지 않기로 목숨을 걸고 맹세했다. 세월이 흘러 어느새 15년이 지났다. 그런데 금식기도를 하면서 나와 아버지의 모습을 지켜보노라니 집을 떠난 아버지가 생각나더라고 했다.

나는 그에게 "집을 나간 아버지를 한번 찾아보자!"고 했다. 그는, 누구에게도 자기 아버지 이야기를 하지 않았는데, 요셉에게만 했고, 누구든 아버지를 찾으라는 이야기를 하면 화를 냈을 텐데, 요셉이 그렇게 말하니 왠지 따르고 싶다고 했다.

우리는 함께 아버지를 찾기로 했다. 주민등록번호를 갖고 동사무소에 가서 조회를 해보니, 경기도 어느 도시에 거주하고 있다는 것을 확인할 수 있었다. 우리는 그 주소를 들고 다음날 계란 10판을 선물로 구입한 후, 잃어버린 아버지를 찾아 떠났다. 오랫동안 아버지를 보지 않다가 막상 만나러 가는 길이 그에게는 쉽지 않았던 것 같다. 가는 내내 그는 생각에 잠겨 아무 말이 없었다.

주소를 들고 물어 물어 찾아간 곳은 어느 종교재단에서 운영하는 노숙자 센터였다. 15년 만에 찾은 아버지가 노숙자 센터에서 지내고 있다는 것이 너무 어이없고 황당했다. 우리는 우울했다. 센터 직원에게 아버지의 이름을 말하자 잠시 기다리라고 하더니, 잠시 후 그의 아버지가 만남의 공간으로 나오셨다. 젊고 멋진 아버지의 모습은 그의 기억 저편에서 사라지고 없는 듯, 아들은 한숨을 푹푹 쉬었다. 아들을 똑바로 쳐다보지도 못하는 아버지와 어색한 인사를 나눈 뒤, 센터 밖에 있는 작은 식당에서 식사를 했다.

"오늘은 늦었으니 나와 함께 잠을 자고 내일 떠나라!"는 아버지의 말씀에 우리는 눈빛을 교환한 뒤 그러겠노라고 했다. 무슨 할 말이 있겠는가! 집을 떠난 그의 아버지는 지금 상황이 말해주듯 순탄한 인생을 살지 못하고 고생고생하다 노숙자 센터에 이르게 되었다면서, 지난날을 후회하시며 아들에게 용서를 구했다. 우리는 작은 방에서 셋이서 함께 잠을 잤다. 나는 다른 곳에서 잘 테니 부자간에 좋은 시간을 지내라고 권했지만, 둘이 다 그럴 것 없다고 만류하여 같이 자게 되었다.

우리 셋은 뒤척거리며 쉽사리 잠을 이루지 못했다. 새벽녘에 모두 단잠을 조금 자고서 아침을 맞았다. 아들이 잠에서 깨더니 나에게 할 말이 있다고 했다. 새벽에 비몽사몽간에 신기한 꿈을 꾸었다고 했다.

사람이 죽으면 관에 넣어 매장하게 마련인데, 자기의 아버지가 관에 들어가 있었다. 그래서 자신이 관 뚜껑을 열고 아버지를 일으켜 세웠더니, 아버지가 벌떡 일어나 관 속에서 나오는 것이 아닌가.

얼마나 아름답고 신기한 꿈인가. 꿈의 의미는 너무나 분명했다. 나는 웃으면서 "당신이 당신의 아버지를 살리는 일을 했다."라고 말했다. 아들도 아버지도 살아생전에 서로 원수로 남지 않고 이렇게 만나서 한을 풀었으니 하나님이 보시기에 얼마나 기쁜 일인가. 그의 아버지도 아들이 찾아와 함께 잠을 자고 지난날을 회개하며 용서를 구할 수 있었으니 얼마나 마음의 짐을 덜었겠는가.

아버지와 아들은 그 이후 여러 차례 만남을 가졌고, 아버지는 노숙자 센터에서 나와서 따로 생활을 하게 되었다. 딸이 결혼을 하게 되자, 그렇게 반대가 심했던 다른 형제들도 결혼식에 아버지를 초대하는 일에 굳이 반대하지 않게 되었다. 결국 딸과 아버지가 함께 결혼식에 입장하는 놀라운 기적이 일어났다.

마음속에 원한을 품고 살아간다는 것은, 살아 있으면서도 사실은 관 속에 누워 있는 것이나 마찬가지일 것이다. 한때의 잘못으로 가족들에게 용서받지 못한 채로 지냈던 아버지도 사실은 관 속에 누워 지내는 시간을 보내고 있었다. 그에게 손을 내밀어 준 아들은 '살아 있으면서 죽은 것이나 마찬가지'인 아버지에게 생명의 온기를 불어넣어 주었다. 기적을 일으킬 수 있는 힘이 그에게는 내재되어 있었던 것이다. 그 사랑의 힘이 발휘되지 않았더라면, 인생이 얼마나 사막처럼 공허하고 쓸쓸하게 끝나버렸을 것인가!

작은 부활

"나의 소원은 자살입니다."

청년이 그렇게 말했을 때, 나는 너무나 의아스러웠다. 청년은
사실 누구나 부러워할 만한 환경 속에 있었기 때문이다. 홀어머니
밑에서 외아들로 자라긴 했지만, 아무것도 부족함이 없을 정도로
청년의 집은 부자였다. 더구나 내가 만났을 당시 청년은 일류 대학교
를 졸업한 상태였다. 단지 한 가지 흠이 있다면 아직 직업을 선택하지
못하고 있다는 것뿐이었지만, 그것은 어디까지나 자신의 선택의
문제일 뿐, 취직자리가 없어서는 결코 아니었다. 그런 그가 무엇
때문에 우울증에 걸린 것일까. 홀어머니의 아들에 대한 과도한 기대
와 그 기대에 부응하여 성공해야 한다는 압박감이 아마도 청년이
세상을 비관하게 된 배경인 것 같았지만, 그 정도는 얼마든지 극복할
수 있어야 하지 않을까. 하지만 그것은 어디까지나 내 생각일 뿐이었
다.

청년은 "죽어버리고 싶다"는 말을 입에 달고 살았다. 그런 무서운 말을 듣는 어머니의 마음은 얼마나 무서웠을까. 사람이 이렇게 무언가에 사로잡히면 죽음도, 자살도 두려워하지 않으며 죄로도 생각하지 않게 된다. 문명과 문화, 물질의 발달로 삶은 풍성해졌지만, 정신적·영적 나약함은 시간이 흐를수록 더욱 많은 사람들을 죽음으로 내몰아간다. 이런 극단적인 마음을 갖고 사는 이 청년을 어떻게 해야 할까? 도대체 무슨 말로 청년의 마음을 열 수 있을까? 여러 차례 만나서 이야기도 나누고 주님께 "주님, 굳게 닫힌 청년의 마음을 열어주세요!" 하고 기도도 했지만, 그의 심령 안에서 주장하고 있는 나쁜 세력은 쉽게 떠나지 않았다.

한번 만나서 쉽게 해결될 문제가 아니었다. 나는 청년에게 금식기도를 권했다. 청년은 우울증에서 벗어나고 싶어서 여러 가지 치료를 받아보았고, 유명한 교회를 찾아다니기도 했다. 성지순례도 부지런히 쫓아다녔다. 나름대로 신앙적으로 해결하려고 부단히 노력해왔지만, 알 수 없는 수렁에 빠져 허우적대곤 하는 자기 자신을 어쩔 수가 없었다.

"주님은 커다란 성당이나 교회에 계시는 것이 아닙니다. 이름난 순례길에서 당신을 만나려고 기다리고 계시는 것도 아닙니다. 자기를 부인하고 주님을 영접하려고 기다리는 마음이 중요합니다. 주님이 임하는 자리는 바로 그런 마음의 자리입니다."

청년은 물도 마시지 않는 사흘 동안의 단식에 돌입하기로 결심했다. 나는 그런 청년에게 특별한 기도문을 가르쳐주었다. 예수님은 당신의 마음상태를 이미 다 아시는 분이시니 미주알고주알 아뢰지 말고, "예수님, 나를 도와주세요!" 딱 이렇게만 기도하라고 했다. 청년은 내가 특별한 사람이라고 해서 소개를 받았는데, 그래서 무슨 대단한 기도문을 가르쳐줄 수 있을 것이라고 기대했던 모양이었다. 내가 너무도 간단한 기도문을 제시하자 나를 빤히 쳐다보기만 할 뿐이었다. 나는 그런 청년에게, 무엇보다도 자기를 비우고 내려놓는 것이 중요하다는 것을 강조했다. 무엇이 내가 가야 할 길인지, 나 자신의 모든 견해를 내려놓고 주님이 나에게 바라는 것을 물어야 마음의 평화를 찾을 수 있을 것이라고 말했다.

늘 마음이 불안하고 죽고 싶은 심정으로 살아왔던 청년의 삼일 단식은 순조롭게 시작되었다. 나도 단식을 여러 차례 해보아서 익히 잘 아는 바이지만, 물 한 모금 마시지 않고 삼일을 지낸다는 것은 쉽지 않은 일이다. 타는 목마름으로 죽음까지도 각오하고 주님의 뜻을 기다리고 있다는 적극적인 의사표시이니, 단식하는 그 자체가 간절한 기도행위라고 할 수 있다.

첫날은 피곤했는지 단잠을 잘 잤던 청년은 둘째 날부터 허기와 목마름으로 자기와의 싸움을 해야 했다. 둘째 날 밤, 가르침 받은 대로 기도를 하고 잠을 잤는데, 아주 놀라운 꿈을 꾸었다.

청년의 몸속에 시한폭탄이 설치되어 있었다. 전자시계가 폭발시각을 향해 째깍째깍 소리내며 달려가고 있었다. 청년 스스로 그 시한폭탄을 들여다보면서 너무 불안하고 놀라지 않을 수 없었다. 청년은 꿈속에서도 "예수님, 도와주세요!"라고 기도했다. 그러자 누군가의 손이 자기의 가슴속으로 슬며시 들어오더니 째깍째깍 돌아가고 있던 시한폭탄을 꺼내어 놀라운 속도록 분해해 버렸다. 이제 얼마 지나지 않아 폭발될 예정이었던 폭탄은 낱낱이 분해되어 고물이 되고 말았다.

잠깐동안의 꿈이었지만, 불안하고 우울하고 죽고 싶어 했던 마음이 완전히 사라져버렸다. 실로 기적과도 같은 일이 아닐 수 없었다. 시한폭탄을 끄집어내어 분해해 버린 그 손은 누구의 손이었을까? 그 손의 임자는 보이지 않았다. 하지만 청년은 그 손이 분명 '예수님의 손'이었다는 것을 믿을 수 있었다. 청년은 꿈속에서 예수님을 만났고, 예수님이 자기를 살려주셨다는 것을 알았다.

청년은 사흘 동안에 놀랍도록 변화되었다. 처음 만났을 때에는 우울하고 어두웠던 청년의 인상이, 주님을 만나고 나서는 햇살 가득 머금은 잎사귀처럼 싱싱해지고 밝아졌다. 밝아진 청년의 얼굴을 나는 지금도 잊지 못한다. 청년은 3일 단식기도를 통해 사망의 권세를 이기고 부활하신 주님처럼 '작은 부활'을 경험한 것이다.

마음의 문을 여는 만능 열쇠

아무리 많은 재산을 모아도 사람의 마음을 얻은 '마음의 부자'보다 못하다는 말이 있다. 손자병법에도 "적군의 성을 공략하는 것은 하책이고 마음을 공략하는 것이 상책"이라는 말이 있다고 한다. 그만큼 누군가의 마음을 열게 하여 한마음이 된다는 것은 쉽지 않은 일이다.

한국인으로서 러시아 사람들과는 많은 것이 다른데도 불구하고 내가 러시아에서 러시아 사람들과 친하게 지낼 수 있는 것은, 무엇보다도 그들의 마음을 열 수 있었기 때문이라고 본다. 어떻게 그들의 마음을 열 수 있었을까?

나는 하나님의 뜻 가운데 살려면 세상을 통째로 버리지 않으면 안 된다고 생각한 적이 있다. 세상을 버리고 주님의 길을 선택하기로 결단을 내리던 날 밤, 주님께서 나에게 천국 열쇠, 사랑의 열쇠를 선물로 주시는 꿈을 꾸었다. 나는 그때 받은 사랑의 열쇠가, 어린아이부터 노인에 이르기까지 닫힌 마음을 모두 열 수 있는 만능열쇠라고 믿고 있다. 물론 '보이지 않는' 이 사랑의 열쇠는 언제 어느 때나 작동하는 것이 아니다. 내 마음 상태에 따라 때로는 작동하지 않는 경우도 있을 것이다. 이 사랑의 열쇠가 작동하여 마음의 문들이 열릴 수 있도록 나는 언제나 내 마음을 조율하고 또 조율해야 한다. 그러한 조율의 기준은, 예수님이 가장 중요하다고 가르쳐주신 "하나님을 사랑하고 네 이웃을 네 몸처럼 사랑하라!"라는 말씀이다.

사람은 근본적으로 모두가 똑같다. 먹고, 마시고, 잠자는 본능은 말할 나위도 없이 똑같지만, 모두가 어김없이 사랑받기를 원한다는 점에서도 놀랍도록 공통점을 드러낸다. 아무리 악한 사람도, 전과자도, 살인자도, 사랑받기를 원하고 사랑해주는 사람을 좋아하게 마련이다. 모두를 공평하게 대해야 하는 성직자조차도 사랑받기를 원하고 사랑해주는 사람에게 마음을 쓰게 마련이다.

누구나 사랑받기를 원하지만, 그렇다고 해서 아무나에게 쉽게 쉽게 마음을 열어주는 것도 아니다. 그것이 사람이 지니고 있는 오묘한 특성 중의 하나인 것 같다. 사람만이 옷을 걸치고 살지만, 그 옷 또한 홑옷인 경우가 거의 없다. 겹겹의 옷을 껴입고 살아간다. 육신의 옷뿐만 아니라 마음의 옷 또한 마찬가지다.

저마다 겹겹의 옷을 껴입고 있어서 그런 마음의 옷을 벗기는 데에는 시간이 필요하다. 가볍게 입고 다니는 사람도 있지만, 두껍게 여러 겹을 껴입고 다니는 사람이 더 많다. 서로가 치장하고 다니는 옷을 벗어야 마음이 통하게 되는데, 겹겹으로 껴입고 다니는 사람은 옷을 벗기는 데에 훨씬 더 많은 시간이 걸린다.

"해와 바람"이라는 이솝 이야기를 알 것이다. 얌전하고 온화한 해님과 달리 바람은 거만하고 샘이 많았다. 어느 날 바람은 해에게 누가 더 힘이 센지 내기를 하자고 했다. 지나가는 나그네의 외투를 먼저 벗기는 쪽이 이기는 게임이었다. 바람은 먼저 나서서, 나그네를 향해 힘껏 바람을 불어댔다. 하지만 바람의 세기가 세어질수록 나그네는 외투를 더욱더 부여잡기만 할 뿐이었다. 결국, 바람은 나그네의 외투를 벗기지 못했다. 그러자 해님이 나서서, 뜨거운 햇볕을 쨍쨍 내리쬐기 시작했다. 내기의 결과는 너무나 자명하다.

날씨가 더워지자 나그네가 스스로 외투를 벗어 던졌다는 이 이야기는 우리에게 매우 중요한 메시지를 전해주고 있다. 사람의 마음을 여는 것 또한 따뜻한 태양의 작전이 절대적으로 필요한 것이다.

태양처럼 변함없는 사랑을 퍼부어주었을 때, 나에게 돌아오는 것을 계산하거나 구하지 않고 사랑을 주고 있다는 것을 깨달을 때, 사람들은 스스로 마음의 문을 열게 된다.

마음을 여는 만능열쇠는 사랑이다. 사랑은 햇빛과 마찬가지로 사람들로 하여금 스스로 옷을 벗게 만든다. 스스로를 드러내고 표현하여 마음과 마음이 통하게 한다. 사랑은 언제나 오래 참고, 언제나 온유하며, 시기하지 않으며, 자랑도 교만도 아니하며, 무례히 행치 않고, 자기의 이익을 구하지 않고, 성내지 않고, 진리와 함께 기뻐한다. 모든 것을 감싸주고, 모든 것을 바라고, 모든 이들을 지켜준다.

성경에서도 예언이나 지식은 그칠 때가 있겠지만 사랑은 떨어져서 마르는 일이 없을 것이라고 하였다(참조 고전 13:8). 중요한 것은, 사람이 나누는 사랑도 주님의 변함없는 사랑을 닮아야 한다는 것이다. 아낌없이 주는 해님처럼 우리 사랑도 남김없이, 조건없이 줄 수 있어야 한다. 그러기에 사랑은 모든 율법의 완성이다. 우리 모두 예수님의 사랑 안에서 사랑의 열쇠를 선물로 받아서 살아가길 기도한다.

● 새로운 시작을 위하여

나는 천국 후보

중학교 2학년 겨울방학 때, 아버지의 권유로 40일 기도를 했다. 긴 겨울방학 동안 아침(새벽) 저녁(밤)으로 성경을 읽으며 기도하는 시간을 가졌다. 그 40일 기도 기간 중에 내 인생의 갈 길과 신앙의 목표가 정해졌다고 할 수 있다. 특별한 기도는 하지 않았다. 그저 "주님, 나를 인도하여 주세요."라고만 했다.

기도 기간 중에 꿈을 통하여 하나님으로부터 세 가지 메시지를 받았다. 살아가는 동안 내내 간직하고 살아야 할 메시지들이었다.

첫 번째는, "하나님 아버지께 순종하라!"는 것이었다. 아무것도 따지지 말고 아버지의 명령에 순종하라는 메시지였다.

두 번째는, "하나님 아버지를 경외하라!"는 것이었다. 그런 메시지가 내 마음의 동굴에 울려 퍼졌다.

세 번째는, 나의 손을 내밀라고 하시더니 "천국 후보"라고 적힌 메모지를 주셨다.

첫 번째, 두 번째는 어린 나이에 받아들여졌지만, 세 번째 "천국 후보"라는 말은 아무래도 너무 섭섭하게 들렸다. 다른 친구들은 방학이라고 자유롭게 놀면서 여행도 가는데, 나는 주님 앞에 기도하며 40일을 지냈지 않은가. 그런데 "천국 백성"도 아니고 "천국 티켓"도 아니고 겨우 "천국 후보"라니, 많이 서운했다. 그런데 시간이 지나갈수록 그 말씀의 의미를 점점 더 깊이 새길 수 있게 되었다. 내가 주님 앞에서 주님과 함께 어떻게 살아가느냐에 따라 천국의 주전선수가 될 수도 있고 영원히 후보로 살 수도 있다는 것을 깨달았다.

우리는 늘 불같은 시험 속에서 살아간다. 시험이라고 하면 무조건 나쁜 것이라고 생각하기 쉽지만, 무조건 나쁜 것만은 아니다. 피하는 것이 상책인 것도 아니다. 시험을 통과하면 상급이 높아지기 때문이다. 시험을 이기면 천국에도 갈 수 있지 않은가.

하나님은 영이시다. 육이 있은즉 육의 양식을 먹어야 하듯이, 영이 있은즉 영의 양식을 먹어야 한다. 가장 영양가 있는 영의 양식은 무엇일까? 예수님은 "사람이 빵으로만 사는 것이 아니요, 하나님의 입에서 나오는 말씀으로 산다"라고 하셨다. 아버지의 말씀이 예수님의 양식이었던 것이다. 우리도 마찬가지이다. 하나님을 믿고 하나님의 말씀을 먹고 하나님의 뜻대로 순종하면서 살아야 한다.

나는 내가 천국에 들어갈 자격을 이미 획득한 것이 아니라 천국 후보에 지나지 않다는 메시지를 들은 후, 그 말씀을 두고두고 음미하고 묵상하면서 살아왔다. 나의 내면이 성장함에 따라 그 메시지에 대한 해석도 달라져 왔던 것 같다.

그리스도인들 중에는 이미 천국에 들어간 것이나 다름없다고 여기면서 살아가는 이들이 적지 않다. 그러나 나는 나 자신이 천국 후보라는 것을 오히려 다행으로 여길 때가 많다. 천국 후보이기 때문에 자만하지 않고 더욱 더 낮은 자세로 살아갈 수 있기에, 나는 바로 거기에서 내 인생의 소망을 발견하곤 한다. 지금은 비록 천국의 후보이지만 하나님이 기뻐하시는 삶을 살아간다면 시험을 통과하여 후보딱지를 떼고 천국이라는 그라운드의 주전선수가 될 수 있을 것이다.

40일간의 기도를 마친 후, 나의 가치관은 완전히 달라졌다. 순종과 경외, 그리고 천국 후보로서의 삶이 오늘까지도 이어지고 있다. "누구든지 나를 따르려거든 자기를 부인하고 자기 십자가를 지고 따르라!" 예수님께서 하신 그 말씀이 내 삶의 중심에 자리잡게 된 것은, 그 40일간의 기도 덕분이다.

나는 고등학교 1학년을 마치고 학교를 자퇴하기로 결심하고, 이를 실행에 옮겼다. 아무리 이리저리 헤아려 보아도 학교공부에 가치를 느낄 수가 없었다. 학교공부는 필요치 않을 것 같았다. 학교를 자퇴하고 더욱더 신앙생활에 매진하여 주님의 인도대로 살 것을 다짐했다.

그런데 학교를 막상 그만두니까 신기한 일이 벌어졌다. 학교를 그만두고 나니, 나 자신이 90퍼센트 정도는 없어져버린 것 같았다. 어떻게 그럴 수가 있을까? 가족들, 이웃들, 친구들, 교회 사람들 모두가 다 나를 나쁘게, 좋지 않게 바라보거나 걱정하면서 충고들을 했다. 그리고 그렇게 생각하는 사람들 때문에 나 자신이 딴 사람이 된 것 같았다. 나의 본질은 눈곱만큼도 변하지 않았는데!

하지만 그들이 나를 어떻게 생각하든, 학교공부가 그다지 중요하지 않다는 것에 대해서는 생각을 바꿀 생각이 추호도 없었다. 학교를 그만두니, 막상 사회에서는 그 나이에 할 일이 없었다. 그래서 나는 처음으로 성경을 완독했다. 그리고 그것이 내 인생을 인도해 주었다.

학교를 자퇴한 것에 대해서는 지금까지 단 한 번도 후회한 적이 없다. 오히려 잘한 결정이었다는 것을 고백한다.

주님만 의지하며 순종하고 경외하며 살고 싶은 나의 소망은, 미래에도 변함이 없을 것이다. 오직 주님께 붙들려 한 걸음 한 걸음 살아갈 것이다. 천국 후보로서!